META FEELING

메타
필링

성공과 행복을 결정짓는
감정의 기술

메타
필링
META FEELING

송오현　　　김성태

한국경제신문

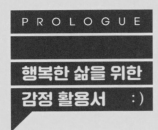
"Engineering Serendipity"

필자 중의 한 사람이 몇 해 전 과천 산기슭에 갖고 있던 공부방 이름이다. '한 땀 한 땀 노력하며 목표를 이루어가는 과정'의 공학적 개념인 '엔지니어링Engineering'과, 당시 세계적인 K팝 그룹이었던 BTS 가 불렀던 노래 제목이자 '자기가 원하는 목표를 위해 최선을 다하면 전혀 생각지도 않은 멋지고 좋은 일이 생기는 것'을 뜻하는 '세렌디피티Serendipity'가 합쳐진 말이다. 흔히 옥시모론oxymoron(모순어법)이라고 하는, 즉 서로 모순되거나 어울리지 않는 두 단어가 결합하여 새로운 의미를 만든 것이다. 과학과 인문학, 실용적인 단어와 추상적인 개념을 조합한 이름이다.

'세렌디피티'는 원래 18세기 영국 작가 호러스 월폴이 소개한 단어다. 페르시아 동화 《세렌디프의 세 왕자The Three Princes of Serendip》에서 영감을 받아 만들어진 말이다. 이는 우연한 발견이나 예상치 못한 행운을 의미하지만, 그 이면에는 단순한 기다림이 아닌 철저한 준비와 통찰력이 필요하다.

저자는 BTS 팬클럽인 아미다. BTS의 〈세렌디피티〉노래 가사에 등장하는 '푸른 곰팡이'에서 인류 최초의 항생제인 페니실린이 발견된 이야기는 흥미롭다. 영국의 세균학자 알렉산더 플레밍은 오랫동안 인류를 괴롭혀 온 세균을 이겨내는 연구에 몰두하며 수차례의 실패를 거듭했다. 그러던 중 잠시 휴식을 위해 실험실을 떠나 몇 주 여행을 다녀왔는데 방치된 세균 배양 접시 위에 곰팡이가 피어 있었다. 그런데 이 곰팡이가 주변의 세균을 죽이고 있다는 것을 발견했다. 오랜 노력에도 안 되던 것이 포기하고 싶은 마음이 드는 노력의 끝자락에 와서야 우연처럼 찾아온 것이다. 이 푸른 곰팡이^{Penicillium}에서 페니실린이라는 인류 최초의 항생 물질이 추출되었다. 이는 준비된 마음이 우연한 기회를 만났을 때 얼마나 큰 성과를 이룰 수 있는지를 잘 보여주는 일화다.

이 책을 쓴 우리는 2021년 가을 우연하게 만나 이야기를 나누던 중 이 말에 매료되었다. 과연 우리 인생은 어떻게 오고 가는지, 삶에서 무엇이 중요한지, 감정은 무엇이고 어떻게 만들어지는지, 진정한 행복은 무엇인지, 또 이를 위해 어떤 노력이 필요한지 이런 물음을 갖고 지내던 때였다. 어쩌면 그때부터 만남, 인연, 관계, 감정, 행복, 성공, 성장 등에 대한 담론은 시작되었는지 모른다. 물론 지금도 이에 대해 대화를 나눈다. 담론이라고 하지만 어쩌면 그냥 내뱉는 생각의 향유이자 공유인지도 모른다. 지난 4년 동안 우리가 나눴던 그런 이야기들을 그냥 흘려보내기 아까워 정리한 것이 이제야 책으로 나오게 되었다.

인간은 이성적인 존재인 동시에 감정적인 존재다. 우리는 논리와 이성으로 세상을 이해하려고 노력하지만, 동시에 사랑, 분노, 기쁨, 슬픔과 같은 다양한 감정에 휩싸여 살아간다. 감정은 우리 삶의 모든 측면에 영향을 미치는 강력한 힘을 지니고 있다. 행복한 순간에는 세상이 아름답게 보이고, 슬픈 순간에는 모든 것이 무의미하게 느껴진다. 감정은 우리의 생각과 행동을 결정짓는 중요한 요소이며, 우리가 어떤 사람인지, 어떻게 살아갈지를 결정하는 데에도 큰 영향을 미친다.

우리는 각자의 감정에 대해 얼마나 잘 알고 있을까? 그것은 느낌일까 생각일까? 단순히 마음속에서 일어나는 불가사의한 현상일까, 아니면 과학적으로 이해하고 조절할 수 있는 대상일까? 이 책은 인간 감정의 본질과 힘을 탐구하고, 감정을 더 잘 이해하고 활용할 수 있도록 돕는 감정 안내서이자 활용 지침서다. 특히 '메타필링Meta-Feeling'이라는 새로운 개념을 통해 삶을 더욱 풍요롭게 만드는 방법을 제시하고자 한다.

이 책의 1부는 인간 감정에 대한 폭넓은 이해를 위해 구성되었다. 인간 감정의 미스터리를 풀어내고, 감정이 우리 삶에 미치는 영향을 살펴보고자 한다. 감정의 철학적 논의, 감성지능, 뇌 공학적 접근을 중심으로 감정이 학습, 기억, 의사결정, 사회적 상호에 어떻게 관여하는지 알아볼 것이다.

2부와 3부에서는 '메타필링'이라는 개념을 소개하고 그 활용 가능성을 얘기할 것이다. 학업에서부터 비즈니스, 그리고 창의력의 영역까지 다룰 것이다. 또한 지성에 메타필링의 따뜻함을 더해 메타캐릭터라는 인성의 중요성을 강조하고자 한다. 미국의 경영전문가이자 컨설턴트인 스티븐 코비가 얘기했던 'Sharpen the Saw', 작가 조지 버나드 쇼가 언급한 '피그말리온 선물' '슈필라움Spielraum' '토포필리아Topophilia' '페르마PERMA' '이키가이IKIGAI'와 같은 개념과 감정 활용 방안들이 포함될 것이다.

이마누엘 칸트는 인간의 본성을 "뒤틀어져 굽은 나무crooked timber of humanity"에 비유했다. 이는 인간이 이성과 감정 사이에서 끊임없이 갈등하며, 도덕적 이상과 현실적 욕망 사이에서 번민하는 복합적인 존재임을 시사한다. 현대 철학자 로베르트 웅거는 "인간은 자신의 맥락을 뛰어넘는다human beings transcend their context"는 역설적인 표현을 남겼다. 이는 인간이 본능적으로 논리와 과학의 틀을 벗어나기도 한다는 의미로 해석될 수 있다.

이러한 관점에서 필자인 우리들은 독자들이 이 책을 통해 인간의 복잡한 내면을 탐구하고 이해하는 데 조금이라도 도움을 받기 바란다. 또한 자신의 감정을 더 잘 이해하고 조절하고 활용함으로써 이전보다 더 성장하고 성공적인 삶을 살아가면 좋겠다. 이 책은 행복한 삶을 위한 감정 지침서다.

우리가 특별히 좋아하는 영어 문장이 있다. "Fortune favors the prepared mind(행운은 준비된 자에게 온다)." 이 책을 통해 행복과 성공은 우연히 다가오는 것이 아니라, 철저하게 준비된 자에게 찾아온다는 것을 독자들에게 전하고 싶다.

2025년 봄이 오는 어느 날
송오현, 김성태 드림

이모션 and 필링

'감정'이란 어떤 대상이나 현상에 가지는 감각이나 정서, 즉 기쁨과 슬픔, 즐거움과 불쾌함, 좋음과 싫음 등을 말한다. 보통 언어나 표정, 태도, 행동으로 표현된다. 느낌, 감정, 감성 등은 비슷한 단어 같지만 개념상 약간의 차이가 있다. 영어에서 감정과 관련된 말은 emotion, feeling, affect, mood, sensitivity, sentiment, atmosphere 등이 있다. '이모션emotion'은 감정 혹은 정서, '어펙트affect'는 정동情動, '필링feeling'은 감정과 감각을 포함해서 갖는 느낌이다. '이모션'은 상호간에 주고받는 감정 상태를 얘기하는 반면, '필링'은 한 개인이 느끼고 경험하는 동적인 감정이다. 이 책에서는 이러한 감정에 대한 다양한 사전적 정의를 고려하여 정서와 느낌을 총합해서 감정으로 정의하고, 영어로는 'feeling'을 중심으로 이야기하려고 한다.

메타필링 vs. 메타인지

메타인지^{Meta Cognition}는 '개인이 자신의 사고 과정을 인식하고 통제하며, 이를 기반으로 자신의 행동을 조정하는 고차원적 능력'이다. 즉 '자신의 생각에 대해 생각하는 힘^{thinking beyond thinking}'이다. 반면에 메타필링^{Meta Feeling}은 '자신의 감정에 대해 느끼는 힘^{feeling beyond feeling}'이다. 이는 자신의 감정을 한 단계 더 높은 차원에서 인지하고 조절함으로써 우리 삶이 좀 더 나은 방향으로 갈 수 있도록 인도하는 방법적 노력이다.

메타필링의 강력한 마법

메타필링의 쓸모

이성이 인간을 만들어낸다면 감정은 인간을 이끌어간다.
•장 자크 루소•

나는 느낀다. 그러므로 존재한다.
•안토니오 다마지오•

인간의
감정,
그 특별함

감정이란 무엇일까?
1부에서는 인간의 감정에 대한 다양한 사전적 정의와 소크라테스부터 니체에 이르기까지 위대한 철학자들의 사유를 바탕으로 감정의 본질과 역할, 경이로운 감정의 세계를 탐구한다. 이에 대한 이해가 선행되어야 자기 이해, 대인관계 개선, 정신 건강 증진, 그리고 더 나아가 인류 사회의 발전에 기여할 수 있기 때문이다. 그러기 위해서는 감정의 생성과 조절, 관리 메커니즘을 이해해야 한다. 1부에서는 이를 위해 세계적인 뇌과학자와 신경과학자들의 다양한 실험과 이론을 바탕으로 뇌의 구조와 작동 방식을 설명한다. 감정의 미스터리를 풀고, 그 복잡하고 아름다운 세계를 더 깊이 이해하기 위한 탐구의 첫발을 내딛어 보자.

감정의 생성과 작동 원리에 대한 깊이 있는 이해는
자기 성장, 대인관계 개선, 정신 건강 증진,
더 나아가 인류 사회의 발전에 기여할 것이다.
감정의 미스터리를 풀고 그 복잡하고 아름다운 세계를
더 깊이 이해하기 위한 탐구가 필요한 이유다.

01

미스터리한
인간의 감정

How Are You Feeling?

미국 어느 조그마한 시골 동네에 또래 친구들에게 따돌림을 받고 학교에서도 늘 왕따인 꼬마가 살았다. 성적은 바닥이라서 평소에 학교 가는 걸 싫어했고, 동네 아이들로부터 자주 놀림을 받는, 뚱뚱하고 볼품없는 아이였다. 수십 년이 흐른 지금 이 아이는 어디서 무엇을 하고 있을까?

이 아이는 지금, 필자가 이 책을 쓴 동기를 제공한 베스트셀러 《감정의 발견Permission to Feel》을 쓴 저자이자, 예일 대학 감성지능 센터장이며, 100개국 이상에서 글로벌 기업의 경영 코치로 활약하고 있다. 그의 이름은 마크 브래킷.

그는 자신의 책에서 인생을 완전히 바꾸게 된 특별한 시점에 대해 언급한다. 인생의 변곡점이 되었던 그 찰나의 순간은 평소 그가 좋아했던 삼촌의 말 한마디였다고 한다.

어느 날 외삼촌 마빈이 아주 힘들게 지내고 있던 브래킷을 찾아왔다. 브래킷의 힘든 상황과 불평을 다 들은 뒤 마빈은 그에게 물었다. "How are you feeling?(지금 네 기분은 어때?)"라는 짧은 질문이었다. 그런데 이 일상의 간단한 물음 하나는 아무도 관심을 주지 않았던 브래킷의 차가운 마음을 녹인다. 브래킷은 이때를 "나 같은 사람의 감정에 대해 궁금해하는 그 누군가가 있고, 또 현재 내 상태가 어떤지도 한번 더 생각해 볼 수 있게 만든 놀라운 순간"이었다고 회상했다.

그는 또 책에 이렇게 적었다. "Uncle Marvin gave me permission to feel." 이 말은 곧 '내가 마음껏 느껴도 된다, 즉 내가 느낄 수 있는 존재라는 사실을 깨닫게 해주었다'로 번역할 수 있을 것이다. 나중에 브래킷은 감정이 만들어내는 이 놀라운 기적을 강조하면서, 특별한 감정이 동하고 내적 움직임이 생기는 그 특별한 찰나의 순간을 '메타 모멘트^{meta-moment}'라고 적었다. 아마도 누구에게나 인생에서 그런 순간은 있을 것이다.

사랑하는 사람을 만난 그날 그 순간, 사랑하는 아이가 태어나서 기쁨의 눈물을 흘렸던 그때 그 순간, 꿈에 그리던 대학에 합격한 그날 그때처럼 말이다. 이 모든 상황이 메타 모멘트다. 그저 많은 시간 중 하나가 아니다. 내 삶의 여정에서 특별함을 만들고, 그 경험이 내 인생에 지속적으로 영향을 미치게 만든 그 시작의 순간, 놀라운 감동을 받았던 그 짧은 특별한 시간이 바로 메타 모멘트다.

우리 모두는 각자만의 감정 세계를 갖고 다른 사람들과 정서적으로 상호 교류하고, 또 자신이 속한 조직과 사회 속에서 감정을 표현하며, 그 속에서 자신의 존재 이유를 찾고 행복 또한 추구하는 '감정이 이끄는 인생'을 살고 있다. 그렇다면 도대체 감정이란 무엇일까?

보통 사람들에게 이런 질문을 하면 매우 난감해하는 경우가 많다. 다 알고 있는데 정확하게 답하기가 쉽지 않다. '사랑이 무엇인가? 자유가 무엇인가? 행복이 무엇인가?'라는 질문과 비슷하다. 살아가면서 가장 중요한 질문이라는 것은 알지만 정의 내리기는 쉽지 않다. 우리는 일상 속에서 끊임없이 다양한 감정을 느끼며 살아간다. 그런데도 이 감정이 무엇인지에 대해 진지하게 생각해 본 적은 별로 없다. 이제 한번 생각해 보면 어떨까? 감정이 무엇인지에 대해 다른 사람들이 내린 정의는 수도 없이 많다. 그렇지만 우리 스스로 그 질문에 대해 다시 생각해 보는 것은 중요하다. 각자의 삶은 각자가 정의하기 때문이다.

축구 경기 결과에 울고 웃는 독일 판사

2011년, 독일 뮌헨 대학 연구팀은 분데스리가 축구 경기 결과가 판사들의 판결에 미치는 영향을 분석했다. 이를 위해 1993년부터 2009년까지 독일 10개 지역 법원에서 내려진 1만 2,000건 이상의 소년범 판결문을 조사했고, 흥미로운 결과를 내놓았다. 놀랍게도 판사가 응원하는 축구팀이 경기에서 승리한 그다음 주 월요일에는 그렇지 않은 경우보다 소년범에게 평균적으로 10퍼센트 정도 가벼운 형량을 선고했다는 것이다. 반대로 좋아하는 팀이 패배한 경우에는 평균 10퍼센트 정도 무거운 형량을 선고하는 경향을 보였다.

이는 개인적인 감정이나 편견을 배제하고 공정하고 중립적인 재판을 해야 할 의무가 있는 판사도 완벽하게 자신의 감정 상태를 배제할 수 없고, 그들의 판단조차도 감정 상태에 영향을 받을 수밖에 없음을 보여준다. 일상생활에서도 경험하지만, 우리는 기분이 좋을 때는 주변 사람들에게 더 친절하고 관대하게 행동하고, 기분이 나쁠 때는 사소한 일에도 짜증을 내면서 예민하게 반응하곤 한다.

이를 설명하는 심리학 이론 중 하나가 바로 '감정 휴리스틱Emotional Heuristic'이다. 사람들이 특정 상황에서 빠르게 판단을 내리기 위해 감정에 의존하는 심리적 경향을 말한다. 예를 들어 공포 영화에서 느낀 불안감이 특정 장소에 대한 부정적 판단으로 이어지는 경우가 그렇다. 이는 어떤 대상이나 사건에 대한 판단을 내릴 때, 자신의 감정 상태에 의존할 수 있음을 보여준다. 복잡한 정보를 분석하고 이성적인 판단을 내리기보다는 순간적으로 느끼는 감정에 따라 쉽고 빠르게 판단하는 것이다.

또 다른 이론인 '기분 일치 효과Mood Congruence Effect'는 현재 자신의 기분과 일치하는 정보를 더 잘 처리하고 기억하는 경향을 가리킨다. 기분이 좋을 때는 긍정적인 정보에 더 주의를 기울이고, 기분이 나쁠 때는 부정적인 정보에 더 주의를 기울인다는 것이다. 이처럼 인간은 감정의 동물이다. 감정은 인간을 더 인간답게 만드는 중요한 요소이자 삶의 활력소가 되기도 한다. 하지만 감정에 지나치게 휘둘리면 이성적인 판단을 그르치고 정확하지 않은 판단을 할 수도 있다. 감정을 잘 알아야 하는 이유다.

그렇다면 과연 인간의 감정은 무엇일까? 감정 세계가 정확히 어떻게 작동하는지 설명하기는 쉽지 않다. 한마디로 감정은 복잡계Complex System다. 우리는 매 순간 감정을 느끼며 살지만 왜 그런 감정이 생기는지 다 알 수가 없다. 같은 영화 장면을 보더라도 다른 사람들은 담담해 보이는데 나만 눈물을 흘릴 때가 있다. 이유가 뭘까 궁금해진다. 기쁠 때 흘리는 눈물과 슬플 때 흘리는 눈물이 같은지 다른지도 궁금하고, 혹시 내가 다른 사람보다 예민한 기질이라면 나의 내면적 성향 때문인지, 아니면 주변으로부터 영향을 받기 때문인지도 잘 모르겠다. 감정은 대부분 설명하기 어렵고 명쾌하지 않으며 인과관계가 뚜렷하지 않기 때문이다.

감정이란 어떤 대상이나 현상에 가지는 심리적 상태다. 인간이 지니는 보편 감각이나 정서, 즉 기쁨과 슬픔, 즐거움과 불쾌함, 좋음과 싫음 등을 가리킨다. 보통 언어나 표정, 태도, 행동으로 표현된다. 칼 융은 감정이란 "자아와 대상 사이에 일어나는 상호작용이며, 인간이 가진 정신적 가치 판단"이라고 했다. '좋다' '싫다' '나쁘다'와 같은 결과를 부여하는 과정이라는 것이다.

느낌, 감성, 감정 등은 비슷한 단어 같지만 개념상 약간의 차이가 있다. 영어에서 감정과 관련된 말은 emotion, feeling, affect, mood, sensitivity, sentiment, atmosphere 등이 있다. 이중에서 한국심리학회와 대한의사협회에서 규정한 정의를 보면 '이모션emotion'은 감정 혹은 정서, '어펙트affect'는 정동情動, '필링feeling'은 감정과 감각을 포함하여 내가 갖는 느낌이라고 했다. '이모션'이 상대적으로 안정된 감정 상태인 것에 비해, '필링'은 느끼고 경험하는 동적인 감정이라고 할 수 있다.

조금 더 자세히 살펴보자. 감각이 외부 자극에 반응하면 신체적인 변화와 흥분이 일어난다. 이때 내면에서 만들어지는 심리 상태나 외부로 보여지는 게 '정서emotion'다. '정동affect'은 정서가 밖으로 드러나서 타인들이 동적인 움직임으로 관찰할 수 있는 상태를 말한다. 정동의 개념에서 보면 사람은 기쁘면 웃고, 화가 나면 공격적인 행동을 한다. 그렇다면 '필링'은 어떤 감정일까? 《인간의 모든 감정》을 쓴 의학박사 최현석의 개념 정의가 도움이 될 듯하다. 그는 '필링'에 대해 "수동적 혹은 주관적으로 경험하는 것뿐만 아니라 촉감 같은 신체감각을 능동적으로 경험하는 것까지도 포함한다"라고 적었다. 이 책에서는 이러한 감정에 대한 다양한 사전적 정의를 고려해서 정서와 느낌을 총합하여 감정이나 감성으로 정의하고, 대표적으로 '필링'을 그런 의미로 사용하려고 한다.

나는 느낀다, 고로 존재한다

신경과학자로서 다양한 감정 연구를 선도하고 있는 안토니오 다마지오는 수년 동안 임상실험을 통해 뇌 질환 환자들을 관찰해 왔다. 그리고 느낌과 감정, 정서가 마음의 토대를 이룬다는 사실을 확인했다. 그는 《데카르트의 오류Descartes' Error》에서 근대 철학을 출발시켰던 데카르트의 '심신 이원론'을 날카롭게 비판했다. 이성이 감정을 통제한다는 데카르트의 주장이 근대 이후 인간의 감정에 대해 잘못된 인식을 심어준 치명적인 오류였다는 것이다.

그래서 이 역사적 실수를 제대로 수정하기 위해서는 인간 행동을 결정하는 가장 중요한 요인이 감정이라는 것을 우리 모두 인정해야 한다고 주장했다. 그래서 데카르트의 제1명제 "나는 생각한다. 고로 존재한다Cogito, ergo sum"가 이제는 "나는 느낀다. 그러므로 존재한다I feel, therefore I am"로 바뀌어야 한다고 했다.

그에 따르면, 오류의 핵심은 서양과학이 데카르트 철학에 근거해 인간의 마음을 무시했고, 특히 과학과 의학 두 영역에서는 치명적인 악영향을 초래했다는 데 있다. 먼저 과학 분야에서는 수 세기 동안 인간의 마음을 일반 생물학적 측면에서 탐구하는 노력을 지연시켰으며, 불행하게도 내면세계를 심리학적으로 폭넓게 이해하지 못한 이유가 되었다. 의학 분야에서도 인간 유기체에 대한 잘못된 관점으로 마음에 대한 근원적이고 구체적인 접근 대신 추상적인 방법들만 확대시키는 오류를 범하게 되었다.

다마지오는 감정이 손상되면 합리적인 의사결정을 내리는 데 어려움을 겪게 된다고 언급하면서, 감정이 행동에 어떻게 영향을 미치는지 설명하기 위해 '신체 표지 가설Somatic Marker Hypothesis'을 제시했다. 과거 경험을 통해 학습된 감정은 신체 변화(심장 박동, 호흡, 근육 긴장 등)를 일으킨다. 이러한 신체 변화는 하나의 신체 표지로 작용하여 특정 선택지에 대한 긍정적 또는 부정적인 느낌을 우선적으로 구분한다. 예를 들어 과거에 어떤 음식을 먹고 탈이 났던 경험이 있다면, 그 음식을 다시 보았을 때 불쾌한 감정과 더불어 속이 메스꺼워진다. 이는 앞으로 그 음식을 피하도록 하는 신호 역할을 한다. 다마지오는 이러한 소매틱 마크가 복잡한 상황에서 모든 가능성을 일일이 분석하지 않고도, 과거 경험을 통해 축적된 감정 정보를 바탕으로 직관적인 판단을 내린다고 말한다.

그에 의하면, 어떤 생각이나 판단의 시간 순서는 감정이 이성에 앞선다. 우리는 보통 물건을 사거나 투표를 할 때 '좋다' '싫다'처럼 먼저 감정적인 고려를 한다. 그다음 이성적인 판단을 하고 최종 결정에 이른다. 그는 "이성은 우리 대부분이 생각하거나 바라는 것처럼 순수하지 않고, 감정과 느낌은 적어도 이성의 요새를 침범하는 공격자가 아니며, 좋든 나쁘든 이성, 감정, 느낌은 서로 그물처럼 연결되어 있다"라고 했다. 이는 감정을 이성과 동등하거나 오히려 판단을 좌지우지하는 더 중요한 근거로 본 것이다.

다마지오는 감정과 의식, 그리고 자아의 관계에 대해서도 깊이 탐구했다. 감정이 의식 출현에 필수적인 역할을 한다고 주장하며, '느낌'을 감정의 주관적인 경험이라고 했다. 즉 감정은 신체 변화와 함께 일어나는 주관적인 느낌에 대한 경험이라는 것이다. 또한 자아 형성에도 감정이 중요한 역할을 한다고 했다. 그는 '핵심 자아core self'와 '자전적 자아autobiographical self'를 구분했다. 핵심 자아는 감정을 통해 형성되는 기본적인 자기 인식이며, 자전적 자아는 기억, 경험, 사회관계 등을 통해 형성되는 확장된 자기라고 했다.

그렇다면 감정을 어떻게 연구하고 분석할 수 있을까? 인간의 감정을 이해하는 것은 인간 경험의 본질을 탐구하는 여정이다. 뇌 과학자들은 첨단 기술을 이용하여 뇌 속 깊은 곳을 들여다보고, 감정이라는 신비로운 악기의 작동 원리를 밝혀내려 한다. 마치 탐험가가 미지의 세계를 탐험하듯, 그들은 뇌 속 뉴런들의 연결망을 따라 감정 생성, 감정 작용 메커니즘을 추적한다. 감성공학 혹은 감정공학적 접근이다.

　하지만 감정은 단순히 뇌의 생물학적 작용만으로 설명하기에는 여전히 뭔가 부족하다. "우리를 괴롭히는 것은 사건 그 자체가 아니라, 그 사건에 대한 우리의 생각이다"라는 고대 그리스 철학자 에픽테토스의 말처럼, 감정은 외부 자극에 대한 우리의 해석과 평가에 따라 다르게 형성된다. 같은 상황에서도 사람마다 다른 감정을 느끼는 것은 개인의 경험, 가치관, 문화적 배경이 다르기 때문이다. "감정은 이성의 말을 듣지 않는 야생마와 같다"는 플라톤의 비유는 감정의 예측 불가능성을 잘 보여준다. 감정은 때로는 이성의 통제를 벗어나 격렬하게 폭발하기도 하지만, 동시에 삶의 원동력이 되는 에너지를 제공하기도 한다.

　감정이 이미 뇌 속에 내재된 것이 아니라 경험과 학습을 통해 구성된다는 '감정 구성론Emotion Construction Theory'이 최근 들어 주목받는 이유다. 이 이론에 따르면, 감정은 고정된 것이 아니라 유동적이다. 개인의 경험과 맥락에 따라 다르게 해석될 수 있다. 이를 통해 우리는 감정 조절의 가능성과 우리가 자신의 감정을 이해하고 다스릴 수 있는 힘을 갖출 수 있음을 추론할 수 있다. 흔히 자신의 감정을 잘 다스려야 성공한다는 말을 많이 한다. 감정 조절은 삶의 지혜이며 행복을 위해 필수적이라는 얘기다.

　드와이트 D. 아이젠하워는 34대 미국 대통령이자 제2차 세계대전을 승리로 이끈 당시 연합군 최고사령관이기도 한 인물이다. 그는 열 살 때 어머니로부터 들은 말 한마디가 인생에서 가장 중요한 가르침이 되었다고 일흔여섯 살에 쓴 회고록에서 밝혔다. "너는 너의 분노와 감정을 통제해야 한다You should control your anger and emotion." 아이젠하워는 어머니의 가르침이 담긴 이 문장을 평생 마음에 품고 위대한 인물이 될 수 있었다. 자신의 감정을 잘 조절할 수 있을 때, 우리는 내면의 성장을 이루고, 더 나아가 의미 있는 성공을 달성할 수 있다. 여기서 중요한 내면의 힘이 '메타필링'이다. 메타필링을 통해 우리는 감정의 폭풍 속에서도 흔들림 없이 중심을 잡을 수 있는 것이다.

아이젠하워는 또한 "계획은 중요하지 않다. 계획을 짜는 것 그 자체가 중요하다Plans are nothing, planning is everything"라는 말로 실천의 중요성을 강조했다. 변화하는 상황에서도 목표를 향해 나아가는 실천의 중요성을 강조한 말이다. 이는 단순한 계획보다 실행 과정에서의 통찰과 내면적 감정의 유연성이 더 중요하다는 의미다. 감정은 단순한 반응이 아니라, 개인의 사고와 행동에 깊은 영향을 미치는 심리적 요소이기 때문이다.

살다 보면 갑자기 욱해서 일을 망친 경험이 다들 있을 것이다. 자신의 감정을 잘 조절하는 사람은 타인의 감정에도 민감하게 반응하면서 원만한 대인관계를 형성하고 이를 잘 유지하곤 한다. "다른 사람에게 관심을 가지는 것은 성공하는 데 가장 중요한 요소 중 하나다"라는 데일 카네기의 말처럼, 타인의 감정을 이해하고 공감하는 능력은 사회생활에서 성공을 위한 필수적인 자산임은 두말할 필요가 없다.

인간의 감정,
그 특별함에 대하여

밤하늘의 별을 보며 경외감을 느끼고, 사랑하는 사람을 잃은 슬픔에 잠기며, 친구의 성공에 기뻐하는 것은 인간이 가진 고유한 감정 경험이다. 동물도 기본적인 감정을 느끼지만 인간의 감정은 훨씬 더 미묘하고 복잡하다. 감정은 단순한 생리적 반응을 초월하는, 존재의 핵심을 이루는 특별함을 갖고 있다. 기쁨, 슬픔, 분노, 두려움, 그리고 그보다 더 복잡 미묘한 감정들은 삶의 모든 측면에 스며들어 생각과 행동을 이끌고, 또한 관계를 형성하고 삶의 의미와 목적을 찾는 여정을 이끌어 간다. 그럼 이제 복잡하고 경이로운 감정의 세계를 같이 탐구해 보자.

먼저 감정은 매우 주관적이다. 같은 영화를 보더라도 누군가는 감동의 눈물을 흘리는 반면, 누군가는 지루함을 느낀다. 이는 개인의 성격, 가치관, 경험, 그리고 그날의 기분에 따라 감정이 다르게 해석되고 경험되기 때문이다. 이러한 주관성은 감정을 예측하고 이해하기 어렵게 만들지만, 동시에 각 개인을 특별하고 고유한 존재로 만들어준다. 획일적인 반응을 보이는 기계와 달리, 우리가 저마다의 고유한 감정 세계를 가지고 있다는 것은 각자에게 특별함을 부여한다.

또한 감정은 단순하게 좋고 나쁨을 넘어 매우 다양한 스펙트럼을 보여준다. 사랑, 질투, 후회, 죄책감 등 수많은 감정이 내면에서 끊임없이 상호작용하며 삶의 풍경을 만들어낸다. 이러한 감정은 때로는 상충하고 모순되기도 하지만, 경험에 풍부함과 깊이를 더하는 요소가 된다. 사랑하는 사람을 잃은 슬픔 속에서도 그 사람과의 좋았던 추억은 감정의 복잡성과 아름다움을 동시에 경험하게 만든다.

　나아가 감정은 사회적 연결과 공감의 기반이 된다. 우리는 타인의 표정, 목소리, 행동을 통해 감정을 읽고 의미를 공유하며 서로에게 공감하기도 한다. 친구의 기쁨을 함께 나누면서 더 큰 기쁨을 느낀다. 슬픔에 잠긴 누군가를 공감하며 위로를 건네는 것은 사회적 연결의 힘을 보여준다. 이러한 감정의 교류는 사회적 협력, 도덕적 행동을 가능하게 하는 중요한 토대다.

　또한 감정은 학습과 성장의 원동력이기도 하다. 모두 비슷한 경험이 있겠지만, 어릴 적 누군가에게 칭찬을 받았거나 야단맞은 순간은 쉽게 잊히지 않는다. 감정이 개입된 순간은 더 오래 기억에 남기 때문이다. 긍정적인 감정은 새로운 경험에 대한 호기심과 도전 의식을 자극하고, 목표 달성을 위한 동기를 부여한다. 반면, 부정적인 감정은 자신의 행동을 반성하고 개선하는 기회를 제공하곤 한다. 실패의 경험에서 느끼는 좌절감은 다음 도전을 위한 발판이 되고 상처를 통해 얻는 교훈은 우리를 더욱 성숙하게 만든다. 이처럼 감정은 삶의 굴곡 속에서 앞으로 나아가게 만드는 힘이다.

　지금은 인공지능 시대다. 기술 발전은 인간의 감정에 대한 다음과 같은 질문을 제기한다. '미래의 인공지능 기술이 인간의 감정을 완벽하게 이해하고 모방할 수 있을까? 인간과 기계의 감정적 상호작용은 정말 가능할까? 인간과 AI 로봇은 서로 사랑할 수 있을까?' 이런 의문은 감정의 본질과 의미를 더욱 깊이 탐구하도록 이끌고, 나아가 기술 발전이 감정에 미치는 영향에 대한 윤리적 고민 또한 제기한다.

'욱' 하는 시대,
자극과 대응 사이의 공간

　　우리는 지금 힘들고 불안하고 스트레스가 만연한 시대에 살고
있다. 주위를 돌아보면, 이유야 다양하겠지만, 힘들고 억울하고 화가
나서 살기 힘들다는 사람이 너무도 많다. 끊임없는 경쟁, 불확실한
미래, 숨 가쁘게 돌아가는 일상 속에서 우리는 늘 긴장하고 초조함
을 느낀다. 작은 자극에도 '욱' 하며 분노를 표출하기도 한다. 마치 시
한폭탄처럼 언제 터질지 모르는 상황의 연속일 때가 많다.

　　"자극과 대응 사이엔 공간이 있다Between stimulus and response there is a
space"는 신경과 의사 빅터 프랭클 박사의 말이다. 이 문장은 인간이
자신의 행동을 선택할 수 있는 중요한 여지를 설명한다. 또한 그는
"자극에 대해 반응하지 말고 대응하라Do not react to stimuli, respond to them"
라는 말로, 단순한 본능적 반응이 아닌 의식적이고 주체적인 대응의
중요성을 강조했다. 매우 공감된다. 이는 우리가 직면하는 감정적 자
극에 대해 즉각적으로 반응하기보다는, 그 사이의 공간을 인식하고
더 나은 결정을 내릴 수 있는 능력이 우리에게 있음을 시사한다. 감
정적 자극에 대한 반응이든 대응이든 그 선택권은 온전히 각자에게
있으며, 이 선택은 개인의 성장과 성숙에 결정적인 영향을 미친다.

　　때로는 이런 분노가 개인의 삶뿐만 아니라 사회 전체의 안정을
위협하는 요소가 된다. 이러다 보니 감정 조절 능력은 단순히 개인의
성격 차원에서 뿐만 아니라 행복과 성공을 위한 경쟁력이며, 더 나아
가 사회의 건강한 발전을 위한 필수 요소가 된다.

　　지금까지 인류는 과학 기술의 발전을 통해 광활한 우주를 탐험

하고 미지의 세계를 개척해 왔다. STEM(과학, 기술, 공학, 수학) 분야의
눈부신 성과는 인간의 지적 능력과 창의성을 증명하는 놀라운 결과
다. 그러나 우리는 종종 잊고 지낸다. 인간 내면에도 또 다른 우주,
즉 감정의 세계가 존재한다는 사실을 말이다. 내면의 우주는 외부 세
계만큼이나 복잡하고 광활하며 우리 삶의 모든 측면에 영향을 미친
다. 감정은 단순한 생리적 반응만은 아니다. 그것은 우리를 인간답게
만드는 가장 중요한 요소다.

과학 기술이나 지식은 학습을 통해 습득할 수 있다. 그러나 가
치는 지적 학습이라기보다는 책임이고, 그것을 추구하려는 노력의
문제다. 또한 감성과 인성의 문제이기도 하다. 단순히 지식을 쌓고 기
술을 연마하는 것만으로는 충분하지 않다. 흔히 인간은 행복을 추구
하며 행복해지기 위해 산다고 말한다. 그러나 행복은 전적으로 외부
조건이나 물질적 풍요에서 오는 것만은 아니다. 진정한 행복은 자신
의 내면을 이해하고, 긍정적인 감정을 키우고, 부정적인 감정에 슬기
롭게 대처하는 능력에서 온다.

감정 문제는 성공 여부와도 관계가 많다. 감정 조절 능력이 뛰어
난 사람은 매우 힘든 상황에서도 침착함을 유지하고 문제 해결에 집
중할 수 있다. 이는 업무 효율성을 높이고 성공적인 결과를 이끌어낼
가능성을 높인다. 조직의 훌륭한 리더는 자신의 감정을 잘 조절하고
구성원들의 감정에 공감하며 긍정적인 분위기를 조성한다.

미국 미시간 대학 로스 경영대학원 킴 캐머런 교수는 긍정적 리
더십과 조직 문화가 팀워크, 협업, 의사소통에 좋은 영향을 미친다
는 '긍정적 조직 장점Positive Organizational Scholarship' 모델을 제안했다. 연구

에 따르면, 직원들은 긍정적인 분위기 속에서 서로 협력하고 정보를 공유하며, 공동 목표를 달성하기 위해 노력하는 경향을 보인다는 것이다. 또한 긍정적 조직 문화는 직원들의 긍정적 감정을 증폭시켜 직무 만족도, 몰입, 생산성 향상으로 이어진다고 했다. 감성지능은 리더십의 핵심 요소이며 조직의 성과와 직결됨을 알 수 있다.

또한 감정 조절과 관리는 개인의 행복과 성공을 넘어서 사회 전체의 건강한 발전에도 필수 요소다. 감정적인 갈등, 폭력, 범죄 등은 사회 불안정을 야기하고 사회 발전을 저해한다. 반면, 상호 존중과 배려, 공감과 소통은 사회 통합을 이루고, 더 나은 미래를 향해 나아가는 원동력이 된다.

이런 측면에서 보면 감정 조절 교육은 어린 시절부터 시작되어야 한다. 가정, 학교, 사회에서 시행하는 감정 조절과 공감 능력을 키우는 교육은 개인의 성장을 돕고 다양한 갈등이나 분쟁을 예방해서 건강한 사회를 만든다.

분명 우리는 지금 스트레스를 받고 감정노동에 시달리는 시대를 살고 있다. 급변하는 사회 속에서 감정 조절과 관리는 더 이상 개인의 선택이 아닌 필수적인 생존 전략이 되고 있다. 이제 우리는 외부 세계를 탐험하는 것만큼이나 내면의 우주를 탐험하는 데에도 주목해야 한다. 감정의 생성과 작동 원리에 대한 깊이 있는 이해는 자기 성장, 대인관계 개선, 정신 건강 증진, 더 나아가 인류 사회의 발전에 기여할 것이다. 감정의 미스터리를 풀고 그 복잡하고 아름다운 세계를 더 깊이 이해하기 위한 탐구가 필요한 이유다.

'인간의 감정은 무엇이고 어떻게 만들어지고 작동하는가'라는 질문은 오랜 철학적 화두이기도 했다. 과학은 경험과 사실을 기반으로 하는 학문이다. 그럼에도 거기에는 옳고 그름을 판단하는 가치관이 당연히 따른다. 그래서 인간의 감정을 둘러싼 철학사의 여러 논쟁을 자세하게 살피는 작업도 매우 중요하다.

감성 미학,
철학의 변두리에서
중심에 서다

소크라테스 이후부터 현대까지 수많은 철학자들은
인간 감정의 중요성을 다양한 관점에서 조명해 왔다.
그들은 감정을 이성의 상대 개념으로 보는 전통적인 관점에서 벗어나
감정이 인지, 행동, 도덕, 예술, 사회 등
다양한 영역에서 중요한 역할을 한다는 것을 보여주었다.

이성과 감정,
어떤 관계일까?

철학 논쟁에서 인간 감정에 대한 화두는 다음과 같다. '감정은 어떻게 만들어지는가?' '정신과 육체는 어떤 관계인가?' '감정은 신체적 느낌인가, 아니면 마음의 지향성인가?' '인간에게 보편적인 감정은 있는가?' '이성과 감정은 같은 차원인가, 아니면 감정은 이성의 지배를 받는가?' '타인과의 공감대는 어떻게 형성하는가?' 등이다. 아마도 가장 지속적인 논쟁은 이성과 감정의 관계일 것이다.

역사 기록에 따르면 감정에 대해 가장 먼저 언급한 인물은 고대 그리스 철학자 소크라테스다. 그는 신체 감각으로 인식된 감정은 참되지 않다고 여겼다. 이성을 인간의 가장 중요한 능력으로 간주했다. 참된 지식과 덕은 이성을 통해서만 얻을 수 있다고 보았다. 감정은 이성적인 판단을 방해하는 불안정하고 믿을 수 없는 것이라고 했다. 그래서 감정에 휘둘리지 않고 이성을 통해 절제하고 조화로운 삶을 살

것을 강조했다. 이성을 통해 감정을 통제하고 다스려야만 진정한 행복과 덕에 도달할 수 있다는 것이다.

그는 육체는 사멸하지만 영혼은 영원하며, 죽음 후에도 영혼은 또 다른 육체의 모습을 하고 현재의 세계로 돌아온다고 생각했다. 불교의 환생설과 거의 유사하다. 이런 믿음 때문에 사형당하는 순간에도 죽음을 담대하게 받아들일 수 있었을 것이다. 그의 사상은 플라톤에게 계승되어 이성을 중시하는 서양 철학의 전통을 형성하는 데 큰 영향을 미쳤다.

플라톤은 정신과 육체의 이원론dualism으로 이성과 감정의 관계를 설명했다. 세계를 이데아와 현상계로 구분했는데, 이데아는 사물의 참된 실재다. 절대적이고 보편적이며 순수한 이성의 세계다. 반면에 현상계는 이데아를 모방한 것으로 가변적이고 개별적이며 불완전한 지각과 감각의 세계라고 했다. 플라톤은 "가장 위대한 업적은 이성과 열정의 완벽한 조화에서 나온다"라고 말하며 이성과 감정의 적절한 균형을 강조했다.

플라톤은 《파이드로스Phaidros》에서 인간의 마음이란 두 마리 말이 끄는 마차와 같다고 했다. 말들은 각각 감정과 욕구를, 마부는 이성을 뜻한다. 마부는 말들이 열정, 욕망, 두려움에 사로잡혀 날뛰지 않도록 조련한다. 또한 채찍을 휘두르며 말들이 앞으로 달려가게도 한다. 플라톤은 인간의 가장 아름다운 진실은 마음가짐을 바꾸면 현실 또한 바꿀 수 있다고 믿는 것이라고 했다. 이성의 절대 가치를 신봉하며 이성이 모든 것을 지배하는 유토피아를 꿈꾸었던 것이다.

그렇지만 플라톤의 제자인 아리스토텔레스는 '이데아-현상계',

036
037

'이성-감정'이라는 이분법에 동의하지 않았다. 정신과 육체를 다른 것으로도 구분하지 않았다. 오히려 이성으로 감정을 통제하기보다는 감정에 호소하고 그 장점을 이용할 것을 강조했다.

그는 《수사학Rhetorica》에서 사람들을 설득하는 세 가지 기술로 '에토스ethos'(도덕), '파토스pathos'(감정), '로고스logos'(이성)를 제시했다. 에토스는 발화자의 인격이나 공신력을 뜻한다. 로고스는 인간의 이성적 측면에 호소하는 지성적 소구訴求다. 반면에 파토스는 질병이나 고통을 통해 경험하거나 타인과 공유하는 감정을 말한다. 파토스는 '병리학pathology'이나 '공감empathy' 같은 단어의 어원이다. 더 나아가 당시에 아리스토텔레스는 이미 감각을 처리하고 담당하는 뇌의 기능과 활동에 대해 상당한 지식을 갖고 있었다.

아리스토텔레스 이전에도 '형상은 물질 속에 존재한다'고 믿었던 자연 철학자도 많았다. 그들은 감각과 경험으로 체득한 지식이 가장 확실하다고 믿으며 현상계를 관통하는 보편적인 법칙을 발견하려고 했다. 그래서 만물이 무엇으로 이루어져 있는지를 우선 질문했다. 피타고라스는 그것이 '수數'라고 했고, 데모클레이토스는 원자, 헤라클레이토스는 불, 탈레스는 물이라고 했다.

이렇듯 당시 자연 철학자들은 객관적인 자연의 근본과 원리를 발견하려 다양한 주장을 폈지만 큰 설득력을 얻지는 못했다. 자신들의 주장을 과학적으로 증명하지도 못했고, 그 시대의 관심사였던 인간의 영혼과 정신에 대한 주제가 아니었기 때문이다. 그런데 근대에 과학기술이 발달하면서 자연 철학자들의 이론과 개념이 다시 주목받기 시작했다.

데카르트에서 니체까지, 인간 감정에 대한 사유

　　근대 철학의 포문을 연 데카르트는 인간의 감정에 대해서도 본격적으로 연구한 철학자다. 그는 기존 철학이나 학문의 방법적 접근에 대한 문제점과 해결책에 많은 관심을 가졌다. 세계는 정신과 물질이라는 두 개의 실체로 이루어져 있는데, 오직 사유할 수 있는 인간만이 정신의 지배를 받는다고 했다. 그에게 정신은 마음이자 의식을 의미했다. 즉 사유하는 인간의 정신과 의식, 그리고 마음과 영혼을 같은 의미로 본 것이다. 정신은 사고하는 것으로도 존재를 인식할 수 있다. 반면에 몸은 오직 감각적인 지각을 통해서만 외부의 존재를 인식한다. 그렇기에 신체 기관을 통한 감각 경험과 감정은 개인에 따라 달라지는 주관적이고 단편적이라는 한계를 지닌다고 했다.

　　데카르트는 이성으로 통제하기 힘든 감정의 본능을 '동물 영혼esprits animaux'이라고 했다. 후에 현대 경제학의 창시자 존 케인스는 20세기 세계 대공황의 원인과 해법을 분석하면서 데카르트의 '동물 영혼' 개념을 빌어 인간의 비합리적이고 비경제적인 면모를 조명하기도 했다. 그는 인간이 경제 행위를 할 때 이성을 따르지 않고 감정과 직관에 의존하는 속성을 '야성적 충동animal spirits'이라고 칭했다. 대표적인 경제 활동인 주식 시장의 주가 동향은 '이율과 야성적 충동의 함수'인데, 야성적 충동이 더 결정적이라고 말했다.

　　그런데도 데카르트는 감정은 여전히 이성에 따라 달라질 수 있다고 믿었다. 두려움을 없애기 위해서는 의지만으로는 부족하기에 이성적인 판단을 동원할 필요가 있다는 것이다. 전쟁에서 군인들이

죽을 수도 있는 위험에 처했다고 가정해 보자. 이때 감정에 휩싸여 전장에 뛰어드는 것보다, 가족과 나라를 위해 싸운다는 이성적 판단이 개입되면 더 용감하게 전투에 임할 수 있다는 것이다.

그는 인간의 정념passion에도 주목했다. 정념을 정신의 감각, 지각, 감정 활동이라고 정의한 그는, 지혜를 통해 정념을 다스리는 기술을 배워야 한다고 강조했다. 플라톤과 중세 신학자들은 감정을 이성의 대척점에 두고 상대적으로 죄악시했다. 그렇지만 데카르트는 감정을 철학의 또 다른 주요 관심 영역으로 끌어 올렸다.

데카르트와 거의 동시대 철학자인 스피노자는 당시 주류였던 정신과 육체의 이분법을 비판했다. 오히려 이들은 동일한 실체라고 주장했다. 인간은 감각적 체험을 통해 만물의 법칙을 인식할 수 있다고 생각했는데, 이로써 플라톤과 데카르트의 사상을 과감하게 정리하고, 자연과 우주의 법칙을 신의 영역에서 인간의 영역으로 가져왔다. 스피노자 철학의 핵심 개념인 아펙투스affectus는 정동 혹은 감정을 말한다. 라틴어 'afficere'에서 나온 말로 '접촉하여 흔적을 남긴다'라는 뜻이다. 감정은 외부 대상이나 사람, 특정 상황이 나에게 주는 자극에 반응하는 것이다. 그 반응으로 인해 어떤 행동을 할 때 영향을 미치는 것들도 모두 감정에 포함된다고 했다.

스피노자는 《에티카The Ethica》에서 이성이 강조되는 도덕과 윤리 차원의 논의를 존재에 대한 논증으로부터 시작했다. 여기에서 그는 인간의 가장 원초적이고 근원적인 욕망은 살고자 하는 본능이라고 했다. 이것은 '자기 보존의 욕망'이며 감정과 긴밀하게 연관되어 있다고 했다. 우리는 다른 사람을 만날 때 주로 기쁨과 슬픔 두 가지 종류의 감정을 느낀다. 서로를 온전하게 만들어주는 관계에서는 기쁨을 느끼고, 파괴적이고 무기력한 관계에서는 슬픔을 느낄 때가 많다. 스피노자는 기쁨과 슬픔, 행복과 불행은 자기 보존이라는 생존 문제이기에 인간은 감정에 의존하며 살아갈 수밖에 없다고 했다. 기존 철학에서 이성에 종속되었던 감정을 해방시켜 새로운 영역으로 끄집어낸 것이다.

또한 그는 감정을 능동적 감정과 수동적 감정으로도 구분했다. 능동적 감정은 이성에 기반한 감정으로 기쁨, 사랑, 희망 등 적극적인 감정을 포함한다. 반면, 수동적 감정은 외부 자극에 의해 생겨나는 감정으로 슬픔, 분노, 두려움 등과 같은 부정적인 감정이 대표적이다. 그는 이성을 통해 수동적 감정을 능동적 감정으로 전환하고 감정의 노예가 아닌 주인으로 살 것을 강조했다.

영국 고전 경험론의 창시자인 프랜시스 베이컨은 타당한 추론 방식을 조직화해 하나의 새로운 방법적 체계를 제시했다. 그러면서 아리스토텔레스의 논리학적 삼단논법을 '오르가논^{Organon}'이라고 불렀다. 이후 그의 접근법을 비판하며 《노붐 오르가눔$^{Novum\ Organum}$》을 출간했다. 이것은 '새로운 기관'이라는 뜻인데, 아리스토텔레스의 논리학과는 다른 논리학, 즉 새로운 학문 방법을 의미한다.

그는 아리스토텔레스의 삼단논법과 연역적 방법이 새로운 사실을 발견하는 데 아무런 도움이 되지 않는다고 비판하며, 인류의 지식이 발달하려면 더 구체적이고 경험적인 방법이 필요하다고 강조했다. 그래서 인간의 감각기관으로 체험한 것이야말로 명확한 지식의 토대가 되어야 한다고 주장했다. 그는 "관찰이나 실험에 바탕을 두지 않는 명제는 우상일 뿐이다"라고 적었으며, 4우상론(종족, 동굴, 극장, 시장)도 참된 지식을 방해하는 편견이자 선입견이라는 생각에서 도출했다.

　더 나아가 영국의 경험론 철학자 데이비드 흄은 인간만의 특별함에 대한 단단한 과학적 체계를 세우고자 했다. 그는 《인간 본성에 관한 논고 A Treatise of Human Nature》 서문에서 인간학은 유일하게 다른 모든 과학을 뒷받침하는 학문으로 '체험과 관찰'이라는 경험적 방법에 의존해야 한다고 했다. 이성의 인식 능력은 경험의 한계 안에 있어야 하며, 나아가 "이성은 정념의 노예"라는 점을 강조했다. 여기서 정념은 감정과 욕구를 아우르는 말로 고통과 쾌락의 원천이며, 인간은 고통을 피하고 쾌락을 취하려는 욕구에 따라 행동한다고 했다.

　보통 우리는 행동하기 전에 먼저 외부세계를 접한다. 이때 외부 대상은 일차적으로 감각기관에 인상impression을 남긴다. 동시에 인간은 기쁨이나 불쾌함을 느낀다. 이는 '느낌으로의 감정feeling'이다. 흄은 이성이 경험을 통해 사유 체계를 세워간다고 여겼다. 이성이란 단지 객관적인 사실을 분석하고 상황을 이해함으로써 정념과 감정을 원하는 방향으로 갈 수 있도록 보조하는 능력에 불과하다는 것이다. 그는 이로써 오랫동안 진리를 인식하고 각자의 자유의지에 따라 감정을 지배하는 힘으로 여겨져 왔던 이성과의 결별을 선택했다. 즉 인간 본성에서 감정우위론을 강하게 주장한 것이다.

　18세기를 지나 19세기에 접어들면서 칸트, 헤겔, 니체로 이어지는 근대철학에서도 인간의 감정은 여전히 중요 쟁점이었다. 칸트는 서양 근대철학을 종합한 학자다. 계몽주의를 정점에 올려놓았고, 독일 관념철학의 기반을 확립한 인물이다. 이성 중심의 합리주의와 감각 중심의 경험주의 사이에서 통합적 길을 모색한 칸트는 자신의 저서 《순수이성비판The Critique of Pure Reason》에서 인간의 인식 능력을 크게 이성reason과 오성understanding으로 구분했다. 이성은 우주, 영혼, 신 등 초경험적 대상을 사유하는 능력인 반면, 오성은 주체가 구체적으로 경험할 수 있는 물질에 대해서 사유할 수 있는 능력이다. 따라서 오성은 객관적이고 보편타당한 진리를 추구하고 밝히기에, 단순히 이성에만 의존하는 것은 오류를 범하기 쉽다고 말했다.

또한 그는 "인간의 인식에는 두 개의 줄기만이 있다. 이 두 줄기는 하나의 공통적인, 그러나 알려지지 않은 뿌리에서 발생하는데, 그 두 줄기는 감성과 오성이다"라고 적었다. 오성은 자발적인 활동 능력이지만, 감성sensibility은 대상 자체와 직접 관계를 맺으며 감각적으로 주어지는 것을 수용하는 능력이라고 둘을 구분했다. 지금도 자주 인용되는 구절인 "내용 없는 사고는 공허하고, 개념(오성) 없는 직관은 맹목적이다Thoughts without content are empty, intuitions without concepts are blind"라는 말은 그의 생각을 아주 명쾌하게 보여준다.

독일 철학자 헤겔도 정신세계와 감정에 깊은 관심을 가졌다. 그는 《정신현상학Phenomenologie des Geistes》에서 인간의 정신이 형성되는 과정에 대해서 언급했다. 인간의 의식은 감각, 지각, 오성의 단계를 거친 후 자의식과 이성을 넘어 최종적으로 절대지로 불리는 '정신' 단계에 이른다고 했다.

헤겔은 인간의 감각적 경험이 어떻게 정신으로 내재화되는지에 대해 정교한 가설을 세웠다. 뇌에서 일어나는 의식 활동의 첫 번째 단계는 감각이며, 감각은 대상의 현재 상태를 파악한다. 대상의 보편적인 특징을 다 이해하지는 못하지만, 지속해서 변하는 현상을 인식하는 과정이다. 두 번째 단계인 지각은 감각을 통해 어떤 대상이나 자극에 대한 정보를 받아들이고, 그 정보를 바탕으로 물질의 존재 자체와 성질이나 특징 등을 파악하는 과정이다. 여기서 의미 없는 정보를 제거하는 의식 활동인 지양이 나타난다. 세 번째 단계인 오성은 대상에게 지속적인 특징을 부여하여 다른 객체와 구분되는 일반적인 개념을 형성하는 과정이다. 이 단계는 칸트가 주장한 오성론과 거의 비슷한 입장이다.

이후 인간은 자의식의 단계에 진입하게 된다. 자의식은 단순히 외부 세계를 인식하는 것이 아니라, 자신을 하나의 주체로 인식하는 고차원의 정신 활동이다. 자의식은 타자와의 관계 속에서 자신을 규정하며, 이러한 타자와의 변증법적 관계를 통해 자기를 정립해 나간다. 그다음 단계인 이성은 자의식을 넘어 보편적 이성을 추구하는 과정이다. 이성은 세계의 객관적 구조를 이해하고, 논리적 사유를 통해 개념을 형성하며, 윤리적 판단과 합리적 선택을 가능하게 한다. 마지막으로 절대지의 단계는 자의식과 이성의 변증법적 통합을 거쳐 도달하는 궁극의 정신 상태다. 절대지는 단순한 앎이 아닌 존재와 인식, 감정과 이성, 주체와 객체가 통합된 총체적 인식의 상태를 의미한다.

비슷한 시기 키에르케고르의 철학에서도 인간 감정은 실존의 본질을 이해하는 중요한 열쇠임이 보인다. 특히 불안, 절망, 두려움과 같은 부정적인 감정은 인간 존재의 근본적인 조건이다. 그는 이러한 감정을 통해 개인이 자신의 유한성과 자유, 그리고 신 앞에서의 책임

을 자각하게 된다고 보았다. 먼저 불안은 인간이 가진 무한한 가능성
과 선택의 자유로 인해 발생하는 필연적인 감정이며, 이는 개인을 진
정한 자신으로 이끌어주는 중요한 계기가 될 수 있다고 했다. 절망은
자기 자신이 되지 못하는 상태, 즉 자기와의 불일치로 발생하는 고통
이다. 그는 절망을 극복하기 위해서는 신에게 절대적으로 의존하는
믿음의 도약이 필요하다고 강조하면서 개인은 믿음을 통해 자신의
유한성을 넘어서고 참된 자아를 발견할 수 있다고 했다. 그의 철학은
인간의 감정을 실존적 차원에서 분석하고, 믿음을 통한 자기실현의
가능성을 제시한다.

이후 니체에 이르러 인간 감정에 관한 관심은 거의 정점에 이른
다. 그는 《차라투스트라는 이렇게 말했다Also sprach Zarathustra》에서 "신
은 죽었다"라고 선언하며, 인간은 고뇌와 죽음마저도 초월한 초인이
되어야 한다고 했다. 니체는 이 책에서 그의 철학의 핵심 개념인 '힘
의지Wille zur Macht'를 언급한다. 힘 의지는 풀어서 말하자면 스스로 인
생의 주인공이 되고자 하는, 그래서 더 강해지기 위해 자기 한계를
극복해 가는 마음이다. 우리 안에는 원초적인 충동과 본능적인 감정
이 살아 움직인다. 이런 본능과 감정이야말로 인간이 외부 환경에 대
응하고 상호작용할 수 있게 하는 동력이라고 했다.

나아가 니체는 기존의 도덕과 가치관에 대한 비판을 통해 새로
운 삶의 방식을 제시하고자 했다. 그는 이성 중심적인 서구 철학 전
통을 강하게 비판하면서 감정, 본능, 욕망 등 인간의 비이성적인 측면
의 긍정성을 강조했다. 니체는 그리스 신화의 디오니소스를 예술적
창조와 긍정적인 삶을 상징하는 존재로 보고 "디오니소스적 힘"을 강

조했다. 이는 이성의 통제를 벗어나 감정에 몰입하고, 삶의 고통과 환희를 온몸으로 경험하며, 창조적인 에너지를 발산하는 힘을 말하는 것이다. 니체는 감정의 억압이 아닌 해방을 통해 진정한 자유와 삶의 의미를 찾을 수 있다고 보았다.

다윈의 '진화론'과 제임스의 '감정론'

19세기를 지나면서 과학철학자들은 감정의 문제를 추상적 차원에서가 아니라 '감정계', 즉 감정을 시스템적 차원에서 살펴보는 본격적인 연구를 시작했다. 감정철학사에서 특히 찰스 다윈의 진화론은 거의 혁명적인 이론이다. 진화론은 창조론에 도전하면서 인간 중심의 세계관을 선포하고 과학적인 진보를 예고했다. 생물들은 끊임없이 변화를 지속하는 생태계 속에서 생존 경쟁을 한다. 주어진 환경에 적응하면서 번식하는 종들은 살아남아 진화하게 된다.

다윈은 《인간과 동물의 감정표현The Expression of the Emotions in Man and Animals》에서 인간과 동물들은 오랜 시간에 걸쳐 보편적인 감정 체계가 유전되었으며, 행동은 물론 감정 또한 진화의 산물이라고 했다. 인간과 동물들은 감정에 따라 특정한 표정을 짓거나 몸짓을 한다. 이런 표현을 통해 다른 종들과 의사소통을 하고, 시간이 지남에 따라 생존에 유리한 방향으로 진화한다.

현대 심리학의 아버지 윌리엄 제임스는 《심리학의 원리The Principles of Psychology》에서 인간 감정에 대한 획기적인 '사고의 전환emotional turn'이 필요하다고 주장했다. 그는 그동안 다소 폄하되어 왔던 감정을 좀 더 심층적인 차원에서 접근해야 한다고 했다. 깊은 밤, 골목길에서 누군가 내 뒤를 쫓아온다고 상상해 보자. 신경이 쓰여 빨리 걷기 시작하는데 뒤에 오는 사람도 속도를 낸다. 식은땀이 나고 심장이 쿵쿵 뛴다. 이 순간 세 가지 시나리오가 가능하다. 첫 번째는 심장이 빨리 뛰는 것을 느끼면서 두려움을 느끼게 되는 경우, 두 번째는 두려움을 느끼기 때문에 심장이 뛰는 경우, 세 번째는 두려움을 느끼는 동시에 심장이 뛰는 경우다.

이런 상황을 시나리오로 놓고 많은 학자들은 감정을 정의하기 시작했다. 우선 윌리엄 제임스와 칼 랭Carl Lange은 신체 변화가 감정의 변화를 불러일으킨다고 했다. 골목길에서 누가 나를 쫓아오면 두려워서 도망칠 것이다. 외부로부터 두려움을 느끼게 하는 자극이 주어지면 식은땀이 나거나 심장이 뛰는 신체 반응이 일어난다. 두려움이라는 감정은 이러한 반응을 느끼면서 생긴다. 즉 그 사람이 두려워서 도망가는 게 아니라 도망가면서 두려움을 느끼게 된다는 것이다. 어떤 물건이 내 쪽으로 빠르게 날아오면 본능적으로 몸을 피한다. 그게 무엇인지 인지하고 난 뒤에 가슴이 뛰고 식은땀이 나는 감정적인 반응이 뒤따른다는 것이다.

이에 반해 스탠리 샤흐터Stanley Schachter와 제롬 싱어Jerome Singer는 어떤 감정이 먼저 발생한 후 신체의 변화가 뒤따른다고 했다. 골목길에서 누가 나를 쫓아와서 두려움을 느끼기 때문에 심장이 뛰고, 그래서 결국 도망을 치게 된다는 것이다. 그 순간의 생각이 감정을 유발하고 행동으로 나타났다고 그들은 설명한다.

나아가서 샤흐터와 싱어는 인지심리학적인 접근으로 감정과 의식의 관계를 분석하면서, 인간이 상황을 어떻게 평가하는가에 따라서 감정이 달라진다고 했다. 친구가 약속 시간보다 늦었을 때 기다린 사람은 그 상황을 판단하게 된다. 친구가 늑장을 부렸을 수도 있고, 오다가 무슨 일이 일어난 것일 수도 있다. 그 상황에 대해 어떻게 인지하고 평가하느냐에 따라 불쾌함이라는 감정의 정도가 달라진다는 것이다. 따라서 어떤 일로 얼굴이 붉어지거나 심장이 뛰어도 생각을 어떻게 하는가에 따라서 즉각적인 생리적 반응과는 다른 감정을 느낄 수도 있다는 것이 그들의 설명이다.

이후 1920년대 미국의 생리학자인 월터 캐넌과 그의 제자인 필립 바드Philip Bard는 앞의 두 입장을 비교하며 감정의 변화와 신체 변화는 동시에 일어난다는 절충안을 제안했다. 그들은 동물들이 위험에 직면했을 때 나타나는 교감신경의 반응을 '싸움-도망fight-flight'이라는 개념으로 설명했다. 동물은 위험한 대상을 만났을 때 생명을 지키려는 방법을 고민하며 순간적으로 모든 에너지를 끌어 모은다. 그러면서 교감신경이 흥분하고 심장 박동이 높아지고 근력이 강해진다. 그리고 결국 싸우거나 도망치거나 둘 중 하나를 선택하면서 문제를 해결한다.

캐넌과 바드는 사람이 위험 상황에 직면했을 때 호흡이 빨라지거나 소름이 돋는 신체 반응이 오기 전에 먼저 두려움을 느낄 수도 있으며, 또한 실제로 위험 상황을 충분히 자각하지 않고서도 감정적 반응이나 신체 행동이 동반될 수 있다고 했다. 앞의 두 이론에 대한 동시 반론이면서 통합 설명이기도 하다.

어떤 대상에 대해 이성적으로 판단하는 것과 감정적으로 반응하는 것 중 무엇이 먼저인지를 가리는 문제는 의미가 있다. 그리고 이를 이론화하는 작업도 중요하다. 그러나 이런 일반적인 접근이 인간의 감정 시스템을 충분히 이해하는 데는 역시 한계가 있을 수밖에 없다. 사람들의 이성적 판단과 감정적 반응은 개인마다 천차만별이다. 각기 다를 수밖에 없기에 보편적인 패턴으로 설명하기가 결코 쉽지 않기 때문이다.

친구와 커피를 마신다고 가정해 보자. 같은 커피지만 취향이 다르기에 각자 다른 맛을 느낀다. 명품 커피 브랜드를 미리 알고 마시는 것과 다 마신 후에 알게 되는 것이 가져오는 맛 차이도 있다. 우리가 오감을 통해 받아들이는 정보는 커피의 실체와 같지 않다. 사람마다 발달한 감각 기관은 다르다. 우선시하는 기준도 다르기에 감각적 평가도 같지 않다. 우리는 평소에 커피에 대해 맛과 향이 어떠할 것이라는 보편적인 인식과 정보를 갖고 있다. 브라질 커피는 고소하고, 케냐 커피는 산미가 강하다고 생각한다. 하지만 커피를 직접 마셔보고 판단하면 평가는 달라질 수밖에 없다. 같은 케냐 커피라도 각자의 컨디션에 따라, 물의 온도에 따라 산미를 느끼는 정도가 다르기 때문이다.

오미자는 단맛, 쓴맛, 신맛, 매운맛, 짠맛이 고루 있어 마시는 사람에 따라 다섯 가지 맛이 난다고 해서 그런 이름이 붙여졌다. 사실 열매가 내는 맛은 하나일 것이다. 실체와 혀의 자극과 맛을 느끼는 뇌가 동시에 작동하여 감각적으로 '인식된 실체', 즉 맛이 달라진 것이다. 우리는 후자를 진짜라고 생각한다. 동일한 자극을 받아도 사람들은 각자 다른 감각을 느낀다. 그러니 실체에 대한 감정을 일반화하고 이론화하는 것은 결코 쉽지 않은 일이다.

무의식의 세계를 파고든 철학자들

인간의 감정은 분명 의식뿐만 아니라 무의식의 세계도 관여하고 있다. 무의식은 지그문트 프로이트 이후 지대한 관심을 받아왔다. 그 전에는 무의식을 통해 의식의 정체를 밝히려 했다. 무의식은 의식의 반대편에 있는 것이 아니라 의식이 확장된 영역에 있다. 프로이트는 무의식의 세계에 주목하며 인간의 정신세계를 빙산에 비유했다. 의식은 수면 위로 드러난 약 10퍼센트에 불과하고, 무의식은 수면 아래 잠긴 거대한 영역으로 약 90퍼센트를 차지한다고 말했다. 또한 의식과 무의식은 공존하면서 행동에 대한 명령을 내린다고 했다.

프로이트는 또한 인간의 생각과 행동을 결정하는 정신적 영역을 의식과 전의식, 무의식으로 구분했다. 의식consciousness은 '어떤 순간에 우리가 알거나 느낄 수 있는 모든 경험과 감각'이며, 전의식pre-consciousness은 '이용 가능한 기억'이다. 이는 의식과 무의식을 연결하는 것으로, 평소에 의식되지는 않지만 조금만 노력하면 곧 의식할 수 있는 경험이나 기억을 말한다. 예를 들면 우연히 낯익은 사람을 만났는데 잠시 후 그가 누구였는지 떠올리는 경우다.

무의식unconsciousness에 대해서는 "인간 정신의 가장 크고 깊은 심층에 잠재해 있으면서 의식적 사고와 행동을 전적으로 통제하고 있는 힘"이라고 프로이트는 정의했다. 전의식과 달리 무의식은 전혀 의식되지는 않지만, 태도나 행동을 결정하는 주된 원인으로 작용한다. 프로이트는 "의식 밖에서 억압되는 어떤 체험이나 생각은 소멸하는 것이 아니라 무의식으로 들어가 잠재하여 그 개인의 행동에 강력한 영향력을 행사한다"고 기록했다.

그리고 성격 구조 이론을 제시하면서 인간의 정신은 원초적 본능 이드^{id}, 현실 원리에 따라 표출되는 자아^{ego}, 사회 가치와 도덕이 내면화된 초자아$^{super\ ego}$ 등 세 가지 체계로 구성된다고 하면서, 무의식은 주로 본능과 초자아, 의식은 자아와 관련된다고 했다.

보통 우리가 '배가 고프다'고 느끼는 것은 의식이다. 외식을 할지 집에서 먹을지 정하는 것도 의식이다. 그런데 먹기 시작하면 의식은 더 이상 주된 역할을 하지 않는다. 젓가락을 쓰고 음식을 씹고 삼키는 것은 의식하지 않은, 즉 무의식에 따르는 행동이다. 이처럼 일상생활은 대부분 의식과 무의식이 함께 작동하며 이루어진다. 가끔 우리는 하루 중에 의식적으로 기억에 남는 시간이 별로 없을 때가 많다. 대부분 무의식적인 루틴으로 하루 대부분의 시간을 보냈기 때문이다. 어쩌면 인간의 감정 세계도 그런 것인지 모른다.

이후 프로이트의 제자이기도 한 칼 융은 의식이 사고, 감정, 감각, 직관이라는 네 가지 기능을 주로 한다고 했다. 의식은 내재된 기억과 새로운 경험을 통해 진화한다. 이 과정에서 감정과 감각이 가장 중요한 역할을 한다. 의식은 내가 이미 알고 있는 것을 생각하거나 무언가를 새롭게 알게 되는 것이다. 지금 내가 느끼거나 안다고 생각할 수 있는 것을 말한다. 의식은 어떤 외부 자극을 받고 각자가 추구하는 지향성을 반영한다. 여기서 의식 활동을 하는 주체는 바로 자아다. 즉 '나 자신'이다.

나아가 융은 무의식에 대해서도 생명력의 원천이자 지혜로운 그 무엇으로 보았다. 또한 무의식을 개인의 경험과 감정으로 이루어진 개인 무의식과 사회 구성원이 가지고 태어나는 집단 무의식으로 구분했다. 그가 언급한 집단 무의식으로는 남성의 무의식 속에 자리한 여성성인 아니마anima와 여성의 무의식 속에 있는 남성성인 아니무스animus가 대표적이다.

한편 아니마와 아니무스가 내적 인격이라면, 페르소나persona는 외적 인격을 가리키는데 가면이라는 뜻이다. 한 인간이 사회에 적응하기 위해 만들어진, 흔히 외부적으로 드러나는 모습을 말한다. 반면에 그림자shadow는 밝은 빛 아래 드리워진 가장 어두운 그늘처럼 의식 가까이 있으면서 무의식 속에 숨겨진 자아를 말한다. 윤리와 규범 아래 억압된 성격으로 은밀하게 내재한 성적, 동물적, 공격적 충동 등이 그것이다.

우리는 살아가면서 어떤 일을 겪으면 특별한 감정을 느낀다. 그런데 그 이유를 자세히 알지 못할 때가 많다. 어떤 감정이 일어났다면 특정한 자극을 받아서 그러겠지만 과거의 기억이나 집단 무의식이 반영되었기 때문일 수도 있다. 그래서 감정은 역사와 사상을 내포하고 있다고 말한다. 집단 무의식은 인간을 신비로운 내면 세계나 종교의 영적 세계로도 이끈다. 이처럼 인간의 감정은 의식과 무의식이 동시에 관여하는 복잡계임이 분명하다.

한편 오스트리아의 정신의학자 알프레드 아들러의 생각은 프로이트나 융의 이론과는 달랐다. 그는 인간의 행동과 감정의 중심에 무의식보다는 의식적인 목적성을 강조했다. 그래서 개인의 사회적 맥락과 열등감 극복을 중시했다. 인간의 감정이 단순히 억압된 무의식이나 본능적 충동에 의해 좌우되는 것이 아니라, 미래의 목표를 향한 개인의 의도와 의지가 핵심적인 역할을 한다고 주장했다.

아들러는 무의식을 완전히 배제하지 않았다. 그것을 인간 행동의 결정적 요인으로 간주하지도 않았다. 대신 무의식은 의식과 협력하여 개인이 자신의 삶에서 목표를 설정하고 이를 이루기 위한 과정에서 작용한다고 보았다. 그는 특히 인간이 사회적 존재로서 관계 속에서 성장하고 발전한다는 점을 강조했다. 무의식이 사회적 환경과 상호작용하면서 개인의 행동을 유도하는 역할을 한다고 설명했다. 이를 통해 그는 인간을 독립적이고 창조적인 존재로 바라보며, 심리학적 치료에서도 개인이 자신의 삶의 목표를 재구성하고 성장할 수 있도록 돕는 것을 중시했다.

감정은
만들어지는 것이다

앞에서 살폈듯이 감정이 무엇인지, 어떻게 만들어지는지에 대한 질문은 오랜 세월 동안 철학자, 심리학자, 그리고 신경과학자들의 탐구 대상이었다. 지금까지 대부분의 전통적 감정 이론들은 감정을 보편적이고 생물학적으로 결정된 것으로 보았다. 즉 특정 자극에 대해 모든 사람이 유사한 감정 반응을 보이며, 이러한 반응은 뇌의 특정 영역이나 신경 회로에 의해 자동적으로 생성된다는 것이다. 이러한 관점에서는 감정이 선천적으로 정해진 것이며, 진화의 결과로 형성된 본능적 반응이라는 해석이 지배적이었다.

그러나 최근에는 이러한 전통적인 관점에 도전하는 새로운 이론이 등장했는데, 바로 '감정 구성론Emotion Construction Theory'이다. 감정은 뇌에 미리 프로그래밍된 것이 아니라, 개인의 경험과 문화적 환경, 그리고 신체 상태와 인지적 해석이 결합되어 구성된다는 것이다. 이 이론은 감정이 특정한 신경 회로에 의해 직접 결정되는 것이 아니라, 뇌가 여러 감각 정보와 기억을 통합하여 구성한다고 본다. 즉 감정은 생물학적 반응일 뿐만 아니라, 학습과 사회적 맥락에 의해 변화하는 유동적인 개념이라는 점을 강조한다.

대표적으로 세계적인 석학 마사 너스바움은 감정과 이성의 통합, 감성 교육의 중요성을 강조한다. 감정이 단순한 생리 반응이 아니라, 인지 판단과 가치 판단을 포함하는 복잡한 현상이라는 점을 지적한다. 그녀는 감정이 이성과 독립적으로 작용하지 않고 서로 상호작용하며 인간의 경험을 풍부하게 형성한다고 설명했다. 나아가 도덕 판단과 행동 방향을 결정하는 데 중요한 역할을 한다고 주장했다. 또한 감정을 올바르게 이해하고 조절하는 과정이 윤리적 성찰과 사회적 유대감을 형성하는 데 필수적이라고 강조하며, 이를 위해 감성 교육이 반드시 필요하다고 강조했다.

감정 구성론을 대표하는 학자 리사 펠드먼 배럿은 감정은 뇌에 이미 내재된 것이 아니라, 개인의 경험과 학습을 통해 구성된다고 주장한다. 즉 감정은 외부 자극에 대한 신체 반응뿐만 아니라, 이를 해석하는 인지 과정과 사회문화적 맥락이 복합적으로 작용하여 만들어진다는 것이다. 인간은 이러한 요소를 바탕으로 감정을 구성하고 조절한다. 감정은 선천적으로 정해진 것이 아니라, 개인의 경험과 환경에 따라 변형될 수 있는 유동적인 개념인 것이다. 예를 들어 심장이 두근거리는 것은 보통의 생리 반응이다. 하지만 이를 위협적인 상황으로 해석할 때는 두려움을 느끼고, 흥분되는 상황으로 해석할 때는 기쁨을 느낄 수도 있다. 그래서 구성론은 감정의 다양성과 유연성을 설명하는 데 유용하다. 또한 구성론은 감정 조절의 가능성을 제시한다. 감정이 고정된 것이 아니라 구성되는 것이라면, 우리는 자신의 감정을 인식하고 해석하고 조절하는 방법을 배울 수 있다는 것이다.

소크라테스 이후부터 현대까지 수많은 철학자들은 인간 감정의 중요성을 다양한 관점에서 조명해 왔다. 그들은 감정을 이성의 상대 개념으로 보는 전통적인 관점에서 벗어나 감정이 인지, 행동, 도덕, 예술, 사회 등 다양한 영역에서 중요한 역할을 한다는 것을 보여주었다. 오늘날 인공지능, 양자 역학, 뇌과학 등 새로운 기술과 학문의 발전은 감정에 대한 더욱 깊이 있는 이해를 가능하게 한다. 감정은 인간 경험의 풍부한 지평을 여는 열쇠다.

감정은 우리가 세상을 경험하고 이해하는 방식을 형성하며, 타인과 연결되고, 의미 있는 삶을 살아가도록 이끈다. 감정의 생성과 작동 원리에 대한 깊이 있는 이해는 자기 이해, 대인관계 개선, 정신 건강 증진, 그리고 더 나아가 인류 사회의 발전에 기여할 것이다. 감정의 미스터리를 풀고, 그 복잡하고 아름다운 세계를 더 깊이 이해하기 위한 탐구는 앞으로도 계속되어야 할 것이다.

감정의 생성과 조절, 그리고 관리 메커니즘을 이해하기 위해서는
뇌의 구조와 작동 방식을 깊이 이해해야 한다.
뇌와 시냅스 가소성은 새로운 감정 경험과 학습을 통해
뇌가 변화하고 적응하는 능력을 의미하며,
이는 감정을 좀 더 효과적으로 조절하고 활용할 수 있는
신경학적 기반을 제공한다.

03

뇌가 바뀌어야
내가 바뀐다

스스로
치유하는 뇌

《스스로 치유하는 뇌The Brain's Way of Healing》를 쓴 노먼 도이지는 뇌 가소성의 혁신적 가능성을 탐구한 사례를 소개하면서 인간의 뇌가 지닌 회복력과 적응력을 강조한다. 그중 하나로 척수 손상으로 하반신이 마비된 한 환자의 이야기를 들려준다. 사고로 하반신 운동 능력을 완전히 잃은 이 사람은 전통적인 재활 치료만으로는 나아지지 않는 상황이었다. 하지만 도이지는 이 환자의 뇌가 여전히 움직임을 계획하고 실행하려는 신경 활동을 유지하고 있다는 점에 주목하며, 반복적인 시각적 상상 훈련과 특정 운동을 결합한 치료를 시행했다.

이 치료는 특정 움직임을 머릿속에서 지속적으로 생각하거나 그리도록 유도한 뒤, 실제로 가능한 미세한 신체 동작부터 움직임을 점차 늘려가는 시도였다. 도이지는 이 과정에서 뇌와 근육 사이의 신경 경로가 재구성되고 복원되는 과정을 목격했다. 시간이 지나면서 환자는 점차적으로 근육의 제어를 되찾아 스스로 걸을 수 있을 정도가 되었다. 이 사례는 뇌가 단순히 손상된 영역을 보완하는 것을 넘어 기존 경로를 강화하거나 새로운 뇌의 신경 경로를 개발하여 적응한다는 점을 보여주었다.

이러한 뇌의 놀라운 능력을 '뇌 가소성Neuroplasticity'이라고 한다. 특히 도이지는 이러한 과정을 설명하며 단순한 신경 회복을 넘어 인간의 의지와 집중력 향상으로도 확장될 수 있음도 강조했다. 뇌는 마치 찰흙과 같아서 끊임없이 모양을 바꾸고 변할 수 있다. 뇌 가소성은 경험, 학습, 환경 등에 의해 뇌의 구조와 기능이 변화하는 능력을 말한다. 이는 어린 시절의 발달 과정뿐만 아니라 성인이 된 후에도 평생 동안 지속된다. 이 덕분에 우리는 새로운 지식을 습득하고, 새로운 기술을 배우며, 심지어 뇌 손상으로부터 회복하기도 한다.

뇌 가소성,
치료 영역을 확장하다

미국의 신경과학자 폴 바흐-이-리타Paul Bach-y-Rita는 뇌졸중으로 시력을 잃은 환자들이 촉각을 통해 시각 정보를 처리하도록 훈련시키는 실험을 진행했다. 환자들은 특수 제작된 의자에 앉아 촉각 자극을 통해 주변 환경을 인지하는 훈련을 받았고, 이 과정에서 폴은 놀랍게도 뇌의 시각 피질이 촉각 정보를 처리하도록 재구성되는 것을 발견했다. 이는 손상된 뇌의 기능을 다른 영역에서 대신할 수 있는 뇌 가소성의 놀라운 능력을 보여준다.

원래 뇌 가소성 개념은 19세기 후반부터 등장하기 시작했다. 당시에는 뇌가 성인이 되면 고정된다는 국재주의localizationism 이론이 지배적이었다. 그러나 1890년, 미국 심리학의 아버지로 일컬어지는 윌리엄 제임스는 그의 저서 《심리학의 원리The Principles of Psychology》에서 뇌 가소성 개념을 처음으로 제시했다. 즉 뇌가 경험에 의해 변화할 수 있는 유연한 기관일 수도 있다고 언급한 것이다.

그러나 뇌 가소성 개념은 20세기 중반까지 주류 과학계에서 받아들여지지 않았다. 그런 중에 뇌 손상 환자를 대상으로 한 연구들이 뇌의 놀라운 회복력을 보여주면서 다시 관심이 높아지기 시작했다. 이후 신경심리학자 도널드 헵Donald Hebb은 "함께 활성화되는 뉴런은 더 강하게 연결된다"는 헵의 법칙Hebbian rule을 체계화했다.

현대의 뇌과학은 뇌 가소성이 뇌 손상 회복, 학습, 그리고 기억 형성에 필수적임을 보여주며, 환경과 유전적 요인에 따라 가소성의 정도가 변화한다는 것을 입증하고 있다. 이후 노벨 생리의학상을 수상한 신경과학자 산티아고 라몬 이 카할은 신경세포 사이의 연결 부위인 시냅스synapse의 중요성을 강조하며 뇌 가소성의 기본 원리를 더욱 발전시켰다. 그는 학습과 경험을 통해 시냅스 연결이 강화되거나 약화될 수 있다고 주장하면서 헵의 법칙을 더 다양한 이론으로 확장하면서 뇌 가소성에 대한 본격적인 관심을 불러 일으켰다.

감정 처리 영역에서도 뇌 가소성이 중요하다는 것을 보여주는 실험도 진행되었다. 위스콘신 대학 정신의학과 교수 리처드 데이비슨의 연구가 대표적이다. 그는 PTSD(외상후 스트레스장애) 환자를 대상으로 심리 치료와 명상 훈련을 병행하는 실험을 진행했다. 연구 결과,

환자의 뇌 편도체 활성도가 감소하고 전두엽과 편도체 간의 신경 연결이 강화되어 스트레스 반응 조절이 개선되는 것을 발견했다. 이는 긍정적 경험과 반복적인 심리 훈련이 뇌 가소성을 통해 감정 조절 능력을 향상시킬 수 있음을 입증한 것이다.

보통 뇌 가소성은 다양한 메커니즘을 통해 이루어진다. 그중 가장 중요한 기능은 '시냅스 가소성synaptic plasticity'이다. 시냅스 가소성은 뉴런 사이의 연결 강도가 경험에 의해 변화하는 것을 의미한다. 학습과 경험을 통해 시냅스 연결이 강화되는 장기 강화Long-Term Potentiation, LTP와 약화되는 장기 억압Long-Term Depression, LTD이 대표적인 예다. 또한 신경 발생neurogenesis은 새로운 뉴런이 생성되는 과정이다.

과거에는 성인의 뇌에서는 신경 발생이 일어나지 않는다고 여겨졌지만, 최근 연구 결과는 뇌의 해마와 같은 특정 영역에서도 신경 발생이 일어난다는 사실이 밝혀졌다. 신경 발생은 학습과 기억, 그리고 스트레스에 대한 저항성을 높이는 데 중요한 역할을 한다고 알려져 있다.

다음으로 뇌의 재조직화reorganization다. 이는 뇌 손상이나 새로운 경험에 대한 반응으로 뇌의 기능적 연결이 변화하는 것을 의미한다. 뇌졸중과 같은 뇌 손상 후, 손상된 영역의 기능을 다른 영역이 대신하는 경우가 대표적이다. 또한 새로운 기술을 배우거나 새로운 환경에 적응하는 과정에서도 뇌의 재조직화가 일어난다.

그렇다면 어떤 요인들이 뇌 가소성에 영향을 미치는 것일까? 그 요인들은 유전적일까, 후천적일까, 개인차일까, 환경적인 요소가 중요할까? 먼저 개인들이 일생에 걸쳐 갖게 되는 다양한 학습이나 경험이 뇌 가소성을 이끄는 가장 중요한 요인 중 하나임은 분명해 보인다. 새로운 것을 배우거나 체험하는 것은 지속적으로 뇌의 구조와 기능을 변화시키게 된다. 예를 들어 악기를 배우는 것은 운동 피질, 청각 피질, 그리고 시각 피질 등 다양한 뇌 영역의 활성화를 유도하고, 이는 뇌의 구조 변화로 이어진다. 운동 또한 유사한 효과를 나타낸다. 규칙적인 운동은 해마에서 신경 발생을 촉진하여 기억력과 학습 능력을 향상시킨다. 또한 좋은 학습 경험으로 대표되는 협력 학습은 사회적 상호작용을 통해 전두엽과 관련된 뇌 영역 활성화를 강화하여 인지적, 정서적 성장을 도울 수 있다.

유전적 요인 또한 뇌 가소성에 중요한 영향을 미치는데, 대표적으로 BDNF[Brain-Derived Neurotrophic Factor] 유전자는 신경 성장과 시냅스 가소성에 필수적인 단백질을 생성한다. 노벨 생리의학상을 수상한 에릭 캔델은 학습 과정에서 BDNF가 신경 연결을 강화하는 데 중요한 역할을 한다는 사실을 발견했다. 그의 연구에 따르면 BDNF의 활성화가 부족할 경우 학습 능력과 기억 형성이 저하될 수 있다는 것이다. 이는 유전자 변이가 뇌 가소성과 인지 능력에 어떻게 영향을 미치는지를 보여준다.

뇌 가소성은 다양한 동물 실험과 사람들을 대상으로 하는 연구를 통해서도 입증되어 왔다. 특히 학습, 재활, 그리고 정신 건강 증진에도 매우 중요하게 활용될 수 있다는 사실이 보고되었다. 먼저 학습 차원에서 새로운 지식과 기술을 습득하는 과정은 뇌의 신경 연결을 강화하고 새로운 신경 회로를 형성한다. 예를 들어 뇌 가소성 전문가인 마이클 머제니치[Michael Merzenich]는 감각 운동 훈련을 통해 원숭이의 뇌 감각 영역이 어떻게 재조직화 되는지 연구하여 학습과 뇌 가소성의 관계를 증명했다. 또한 미국의 신경과학자 엘리자베스 굴드^{Elizabeth Gould}는 새로운 환경에서의 학습 경험이 성인의 해마에서 신경 발생을 유도한다는 연구를 통해 뇌의 적응력을 보여주었다. 이처럼 반복 학습, 다양한 감각 자극 활용, 그리고 적절한 휴식은 뇌 가소성을 촉진하고 학습 효과를 높이는 데 중요한 역할을 한다는 사실이 밝혀졌다.

일상에서 보통 사람들을 대상으로 한 연구에서도 뇌 가소성의 증거가 발견되었다. 영국의 신경과학자 엘리너 매과이어^{Eleanor Maguire} 연구팀은 런던 택시 운전사들의 뇌 구조를 분석한 결과, 택시 운전 경험이 해마 크기를 증가시킨다는 사실을 발견했다. 이는 복잡한 공간 정보를 기억하고 처리해야 하는 택시 운전 업무가 해마의 신경 발생과 시냅스 가소성을 촉진함을 입증한 것이다. 일상에서의 학습과 경험이 뇌의 구조 변화를 유도할 수 있음을 명확히 보여주는 결과다.

이후 뇌 가소성은 뇌졸중과 같은 뇌 손상을 치료하는 데 핵심적인 역할을 하는 것으로 밝혀졌다. 대표적으로 행동신경과학자 에드워드 타우브^{Edward Taub}의 강제유도치료^{Constraint-Induced Therapy, CI Therapy}는 뇌졸중 환자의 재활을 돕는 데 뇌 가소성을 효과적으로 활용한 사례다. 이 치료법은 환자가 손상되지 않은 쪽 팔을 사용하는 것을 제한하고 손상된 쪽을 집중적으로 사용하도록 유도한다. 이는 손상된 뇌 영역의 재조직화를 촉진하고 기능 회복을 가능하게 한다는 원리에 따른 것이다. 물리 치료, 작업 치료, 그리고 언어 치료 역시 뇌 가소성을 활용하여 환자의 기능 회복을 돕는 대표적인 재활 치료 방법으로 지금도 널리 사용되고 있다.

뇌와 감정의 메커니즘을
해부하다

그럼 인간의 감정 시스템에 대해 좀 더 자세히 알아보기 위해 먼저 뇌의 구조와 작동원리를 살펴보자. 인류의 진화 과정에서 뇌는 오랫동안 미지의 영역이자 신비의 세계였다. 최근 뇌공학이 발전하면서 그 비밀이 조금씩 밝혀지고 있는데, 뇌는 인간이 하는 거의 모든 사고와 행위 과정에 관여한다. 뇌는 새로 입력된 정보들을 처리하면서 이미 저장되고 학습된, 혹은 유전적으로 전달된 관련 내용과 비교하면서 정리하고 분석하고 추가적인 명령을 내린다. 또한 우리가 아무 활동을 하지 않는 동안에도 감각기관들은 매초 수백만, 수천만 개 이상의 정보를 받아들이고 있는 중이다.

17세기 초 영국의 의사 토머스 윌리스Thomas Willis는《대뇌 해부학 Cerebri Anatomi》에서 '신경학neurology'이라는 말을 처음 사용했다. 그리고 1860년대 프랑스의 의사이자 해부학자 폴 브로카Paul P. Broca가 뇌를 처음으로 부검하기 시작하면서 뇌에 대한 관심이 본격적으로 뒤따르기 시작했는데, 뇌의 각 부분이 담당하는 기능에 관한 연구가 주를 이루었다.

인간이 태어났을 때 뇌의 무게는 평균 350그램에 불과하다. 성장하면서 뇌 용량도 커지고 뇌 연결망의 75퍼센트가 새롭게 확장된다. 뇌의 신경세포인 뉴런neuron은 세포체와 수상돌기, 축삭돌기 세 부분으로 구성된다. 세포체는 생명 활동에 필요한 물질을 합성하고, 수상돌기는 자극 정보를 받아들이고, 축삭돌기는 주변의 뉴런이나 근육 세포로 자극을 전달하는데, 감각기관으로 입력된 정보가 뉴런에 전달되는 중에 전기적 신호가 발생한다. 이 신호는 세포체에서 수상돌기를 통해 축삭돌기로 전달된다. 축삭은 뉴런에서 발생시킨 전기적 신호를 다음 뉴런에 전달하는 매개 역할을 한다. 축삭의 끝부분인 시냅스는 1초에 대략 100미터 속도로 정보를 주고받는다. 보통 성인의 경우 1,000억 개 내외의 뇌 신경세포가 있다고 한다. 큰 뉴런이면 보통 1만 개 정도의 시냅스가 있다고 한다. 따라서 성인의 뇌는 평균적으로 100조 개 내외의 시냅스가 존재한다. 그래서 인간의 모든 뇌는 바로 시냅스의 활동을 뜻하는 것이다.

그럼 뇌의 구조에 대해 본격적으로 탐구해 보자. 먼저 뇌에서 약 80퍼센트 용량을 차지하는 대뇌cerebrum가 있다. 대뇌는 신체 활동뿐만 아니라 인지, 사고, 기억, 감각, 감정 등 수많은 기능을 담당한다. 뇌간brainstem은 뇌와 척수를 연결하는 부분이다. 혈관의 수축과 이완, 심박수와 호흡, 수면과 각성 상태를 조절하는 역할도 한다. 뇌간 뒤쪽에는 두 개의 소뇌cerebellum가 있다. 소뇌는 일상적 움직임, 무의식적인 동작 같은 자발적 운동을 조절하고 몸의 균형을 잡는 역할을 한다.

해마hippocampus는 대뇌 아래쪽 관자엽 안쪽, 즉 우리 양쪽 귀의 안쪽에 위치하는데, 실제로 해마처럼 생겼다고 해서 붙여진 이름이다. 해마는 매일 경험하는 것들을 우선적으로 기억하는 저장고이며, 학습, 기억, 새로운 정보 인식 등을 담당한다. 기억은 해마의 신경세포 일부가 기억세포로 전환되면서 만들어진다. 이 세포들을 활성화하면 특정 기억들이 다시 살아난다. 이론상으로는 〈토털 리콜〉〈인셉션〉 같은 영화처럼 뇌세포를 조작해서 기억을 바꾸거나 새로운 기억을 만들어낼 수도 있다는 뜻이다.

일반적으로 포유류에는 대뇌 안쪽에 변연엽이라 불리는 속피질이 있다. 여기에서는 주로 다양한 감각을 담당한다. 변연계라고도 하며 감정과 관련된 기능을 하는 부분으로 알려져 있다. 변연계는 외부에서 받은 감각 정보를 각각 생각이나 사고 과정의 경로를 통해 대뇌피질로, 느낌이나 감정의 경로를 통해 시상하부로 내보낸다. 생각의 경로는 지각, 사고, 기억 등을 담당하고, 감정의 경로는 일반적인 감각과 느낌을 담당한다.

특히 변연계에는 '감정의 중추'라고 불리는 편도체amygdala가 있다. 공포, 분노, 불안과 같은 감정을 처리하며, 위험에 대한 빠른 반응을 일으키는 데 중요한 역할을 한다. 마치 오케스트라의 지휘자처럼, 편도체는 위협적인 상황을 감지하고 뇌의 다른 영역에 경고 신호를 보내 스스로 몸을 보호하도록 지시한다. 미국의 의사이자 신경해부학자 제임스 파페즈James Papez가 대뇌피질과 시상하부를 연결하는 뇌의 안쪽에 감정계가 있다는 연구 결과를 발표하면서, 이 부분은 '파페즈 회로Papez circuit'라 부르기도 한다.

이후 미국의 의사이자 신경과학자 폴 맥린Paul D. MacLean은 감정 생성을 일련의 연결구조로 본 파페즈의 이론을 더욱 발전시켰다. 그는 감정을 관리하는 뇌의 신경구조인 내장뇌visceral brain라는 개념을 새롭게 제시했다. 대뇌피질의 바깥쪽은 신피질이고 안쪽은 내장뇌라 불리는 구피질이다. 신피질은 근육운동이나 지적인 기능을 하고, 내장뇌는 소화, 종족 번식 등과 같은 본능적인 욕구나 감정과 관련된 행위를 담당한다. 이런 연구 결과를 바탕으로 맥린은 지금까지도 자주 인용되는 '삼위일체 뇌tribune brain' 모형을 주장했다. 인간의 뇌는 가장 안쪽에 파충류 뇌, 그 위에 원시 포유류 뇌, 가장 외벽에는 신포유류 뇌 혹은 영장류의 뇌로 이루어져 있다는 것이다.

감정은 단순히 하나의 뇌 영역에서 만들어지는 것이 아니다. 분명 여러 영역의 상호작용을 통해 생성되는 복잡하고 역동적인 현상이다. 이는 감정이란 것이 뇌의 다양한 영역에 편재omnipresent되어서 작동되는 복합적인 메커니즘이라는 의미다. 최근 뇌공학은 이러한 감정 생성의 메커니즘을 밝혀내고, 감정 조절 능력을 향상시키는 기술을 개발하는 노력을 하고 있다. 뇌 가소성을 이용한 훈련, 뇌-컴퓨터 인터페이스 기술, 인공지능 개발 등은 감정 조절, 감정 인식, 인공 감정 생성 등 다양한 분야에서 새로운 가능성을 제시하고 있다.

'느끼는 뇌', 조지프 르두를 만나다

세계적인 신경과학자이자 오랫동안 감정을 연구해온 조지프 르두 뉴욕 대학 교수는 그의 저서《느끼는 뇌The Emotional Brain》에서 감정이 단순히 한 개인의 주관적인 느낌이 아니라, 뇌의 생물학적 메커니즘에 의해 생성된다고 했다. 그는 뇌의 특정 영역과 회로가 감각 경험과 감정 반응에 결정적인 역할을 하고 있음을 뇌 손상 환자나 동물 실험 등 다양한 연구 사례를 통해 보여주었다. 특히 측면 뇌의 안쪽에 위치한 편도체가 인간의 감정에 놀라울 정도로 중요한 역할을 한다는 사실을 발견했다.

분리뇌split-brain 환자들은 우뇌와 좌뇌를 연결하는 뇌신경 연결고리 뇌량corpus callosum이 없다. 중증 뇌전증 환자 중에는 치료를 위해 일부러 뇌량을 절단할 때도 있다. 그들의 뇌는 좌뇌와 우뇌가 단절된 채 작동한다. 언어중추는 좌뇌에 있다. 보통 분리뇌 환자는 오른쪽 시야를 통해 들어오는 단어만을 인지하고 그 말에 감정적인 반응을 할 수 있다. 왼쪽 시야로 들어오는 단어는 읽을 수도 감정을 느낄 수도 없다.

일반적으로 분리뇌 실험은 좌뇌와 오른쪽 시야, 우뇌와 왼쪽 시야가 연결되어 있다는 점에 착안하여 진행한다. 피험자의 시야를 분리하고 각각 다른 정보를 입력하는 것이다. 르두는 분리뇌 환자들을 대상으로 뇌의 각 반구가 감정 처리에 어떻게 관여하는지 연구했다. 흥미로운 사실은 분리뇌 환자들은 좌뇌와 우뇌에서 서로 다른 감정을 경험할 수 있다는 것이다. 예를 들어 왼쪽 시야에 공포스러운 이미지를 제시하면 우뇌는 공포를 느끼지만, 언어 중추가 있는 좌뇌는 그 이유를 설명하지 못한다는 것이다.

유명한 사례가 있다. 한 분리뇌 환자는 왼쪽 시야로 '엄마'라는 단어를 보고 '좋다'는 감정을 표현했다고 한다. 물론 '엄마'라는 단어 정보는 글을 읽고 말을 하는 좌뇌로 전달되지 않기 때문에 그는 단어를 읽지는 못했다. 그런데 '엄마'라는 단어 모양과 관련된 감정 정보에서 '좋다'라는 반응을 보인 것이다. 흥미롭게도 좌뇌는 자극이 무엇인지 어떤 의미인지를 모른 채 그 자극으로 발생한 감정을 갖게 된 것이다. 르두는 이 환자의 사례를 통해 주로 언어로 생성되는 생각이나 의식 너머 무의식적인 차원에서도 감정을 느낄 수 있다는 사실을 보여주었다. 이를 통해 그는 뇌 구조나 기능과 관련해서 좌뇌와 우뇌의 이분법적 역할론을 강조한 기존 주장은 틀릴 수도 있다고 주장했다.

이는 감정 경험이 의식적인 인지 과정과 분리될 수 있는 가능성을 보여준다. 즉 우리는 왜 그런지 모르는 채 특정 감정을 느낄 수 있다는 것이다. 그는 이러한 현상을 통해 감정이 단순히 이성적인 사고의 결과물이 아니라, 뇌의 복잡한 메커니즘에 의해 생성되는 무의식적인 반응일 수도 있음을 보여주었다.

분리뇌 실험은 좌뇌와 우뇌가 감정 처리에 있어 서로 다른 역할을 한다는 사실도 밝혀냈다. 일반적으로 좌뇌는 긍정적인 감정, 우뇌는 부정적인 감정 처리에서 더 우세하다는 사실도 발견했다. 또한 감정이 뇌의 다양한 지능 활동에도 영향을 미친다는 사실을 찾아냈다. 주의, 기억, 의사결정과 같은 인지 기능에 영향을 미치며, 나아가서 학습과 문제 해결에도 매우 중요한 역할을 하고 있음을 증명한 것이다. 예를 들어 감정과 인지적 의식작용의 상호 메커니즘을 언급하며, 긍정적인 감정은 창의적인 사고와 문제 해결 능력을 향상시키는 반면, 부정적인 감정은 인지 능력을 저하시키고 편견과 고정관념에 사로잡히게 만들 수 있다고 얘기했다.

또한 르두 교수는 공포에 대한 뇌의 메커니즘을 심도 있게 다루었다. 편도체와 피질, 감각 입력, 그리고 감정적 행동 사이의 복잡한 관계를 명확히 설명하고 있다. 예를 들어 밤늦게 위협적인 동물을 보는 상황을 가정했다. 먼저 눈과 귀를 통해 감지된 정보는 신경 신호로 변환되어 뇌로 전달되고, 뇌는 이 신호를 해석하여 감정적 반응을 일으키고, 적절한 행동을 결정한다. 이 과정에서 편도체와 피질의 상호작용을 통해 생성된 감정은 다양한 행동으로 표출되는데, 공포를 느낄 때 심장 박동이 빨라지고, 숨이 가빠지고, 도망치는 행동을 보이는 것이 그 이유다.

르두의 주장을 좀 더 자세하게 살펴보자. 편도체는 뇌의 깊숙한 곳에 위치한 작은 아몬드 모양의 구조물로 공포 반응을 처리하는 데 중추 역할을 한다. 외부에서 감각 정보가 들어오면, 이 정보는 먼저 시상을 거쳐 편도체로 전달된다. 편도체는 이 정보를 빠르게 분석하여 위험하다고 판단되면 즉각적으로 공포 반응을 일으킨다. 반면에 피질은 뇌의 바깥층을 이루는 부분으로, 주로 고차원적인 인지 기능을 담당한다. 감각 정보는 편도체뿐만 아니라 피질에도 전달되는데, 피질은 감각 정보를 더욱 정교하게 분석하고 과거 경험이나 현재 상황 등을 고려하여 감정 반응을 조절한다. 그래서 감정과 뇌의 상호작용 메커니즘을 전제로 빠른 감정 처리는 편도체로 바로 가는 반면에 느린 감정 처리는 시상에서 추가적인 정교한 작업을 거쳐 편도체로 가기 때문에 상대적으로 시간이 더 걸린다는 것이다.

어쩌면 감정 반응에서 의식적이냐, 무의식적이냐의 문제도 이 차이에서 구분된다. 편도체와 피질의 상호작용을 통해 감정 반응이 나타나지만, 편도체는 빠르고 자동적인 공포 반응을 일으키는 반면, 피질은 이러한 반응을 상대적으로 느리지만 이성 개입을 통해 즉각적인 감정 반응을 억제하면서 조절하는 역할을 수행한다. 예를 들어 여러분이 어두운 밤길을 걷다가 갑자기 어떤 그림자를 발견했다고 가정해 보자. 이때 시각 정보는 편도체로 전달되어 공포 반응을 일으킬 수 있는데, 동시에 피질에서는 그림자를 분석하여 단순히 나무 그림자라는 것을 인지하면 공포 반응은 억제된다는 것이다.

　　감정의 생성과 조절, 그리고 관리 메커니즘을 이해하기 위해서는 뇌의 구조와 작동 방식을 깊이 이해해야 한다. 뇌와 시냅스 가소성은 새로운 감정 경험과 학습을 통해 뇌가 변화하고 적응하는 능력을 의미하며, 이는 감정을 좀 더 효과적으로 조절하고 활용할 수 있는 신경학적 기반을 제공한다. 이러한 뇌의 유연성과 적응력은 우리가 감정을 단순히 경험하는 것을 넘어, 이를 성장과 성공을 위한 도구로 활용할 수 있는 가능성을 보여준다.

감정의
진화 공식

지금 시대는 끊임없는 변화와 불확실성의 연속이다.
기술 혁신, 경제 구조의 변화, 사회 가치관의 변동 등 예측 불가능한 요인들이
삶의 모든 영역에 걸쳐 급격한 변화를 일으키고 있다.
이러한 격동의 시대를 살아가는 개인에게 '감정적 유연성'은
단순한 심리적 특성을 넘어 행복과 성공을 위한 필수 능력이 되고 있다.

진화하는 감정,
성장하는 자아

　　감정은 고정된 상태로 존재할까 아니면 시간과 환경의 변화에 따라 진화하고 변형될까? 안토니오 다마지오는 "감정은 단순히 즉각적인 반응이 아니라, 경험과 학습을 통해 변화하며 환경적 요구에 따라 적응하도록 돕는 복잡한 체계"라고 말했다. 그의 이러한 생각은 감정이 생리적, 사회적, 심리적 요소의 상호작용에 의해 변화한다는 사실을 명확히 보여준다.

　　찰스 다윈은 자신의 저서 《인간과 동물의 감정 표현The Expression of the Emotions in Man and Animals》에서 감정이 생존과 적응에 중요한 역할을 한다고 했다. 그는 감정을 단순히 개인 경험이 아닌, 진화 과정에서 형성된 적응 메커니즘으로 보았다. 예를 들어 두려움은 위협을 감지하고 신속하게 도망치거나 대처하는 행동을 유발하여 생존 확률을 증가시킨다는 것이다. 이러한 두려움의 표현은 동물의 몸짓과 인간의 표정에서 동일한 생리적 메커니즘으로 나타나며, 이는 감정이 생리적 반응과 진화적 적응 사이에 깊은 연결성을 갖고 있음을 반영한다.

다윈은 또한 감정 표현이 사회적 의사소통의 수단으로 작용하며 살아남기 위한 전략이 된다고 강조했다. 그는 웃음, 분노, 슬픔 등의 감정 표현이 타인과의 관계를 조정하고 협력을 촉진하는 데 중요하다고 보았다. 특히 "감정 표현은 단순한 본능적 반응이 아니라, 집단 생존과 상호 의존을 위한 중요한 신호"라고 언급했다. 이와 같은 주장은 현대 사회에서도 인간관계와 조직 내 소통의 중요성을 설명하는 근거가 되었다.

감정의 진화는 문화적 관점에서도 다양하게 관찰된다. 미국의 심리학자이자 세계 최고의 거짓말 탐지 전문가로 명성이 높은 폴 에크먼의 연구는 기본 감정(행복, 슬픔, 분노)이 문화적 맥락에서 전 세계적으로 다르게 나타날 수도 있음을 보여준다. 예를 들어 일본과 같은 동아시아 문화에서는 슬픔이나 분노와 같은 부정적인 감정을 억제하는 경향이 강하며, 이는 조화와 체면을 중시하는 집단주의 문화와 연결된다. 반면, 서구 문화에서는 감정 표현이 개인의 권리와 정체성을 만드는 수단으로 간주되며, 따라서 행복이나 성취감을 강하게 드러내는 경향이 두드러진다. 다양한 문화나 민족의 차이가 만드는 감정의 진화이기도 하지만, 감정에 대한 다양한 나라의 언어 표현이 그 감정에 대한 속성을 만들어내기도 한다는 것이다.

예를 들어 한국어에서 '정情'은 서양 언어에서 정확히 대응하는 단어를 찾기 어려운 감정이다. 정은 단순히 유대감이나 애정을 넘어 사람 간의 관계에서 오랜 시간 축적된 신뢰와 애착, 그리고 깊은 감정적 연결을 포함한다. 이는 한국 사회의 집단주의 문화와 밀접하게 연결되어 있으며, 정이 표현되는 방식은 매우 다층적이다. 이러한 정은 한국인의 생활 속에서 인간관계를 유지하고 갈등을 해결하는 중요한 정서적 메커니즘으로 작용한다. 서양 언어에서 이에 정확히 대응하는 단어가 없는 이유는, 정이 특정한 문화적 배경과 역사적 맥락에서 형성된 독특한 감정적 개념이기 때문이다.

독일어에서 사용하는 '샤덴프로이데Schadenfreude'도 다른 사람의 불행에서 기쁨을 느끼는, 때로는 이해하기 힘든 미묘한 감정을 나타낸다. 이 단어 또한 영어에서는 명확히 대응하는 단어가 없다. 샤덴프로이데는 경쟁 상대가 실패했을 때 느끼는 복잡한 기쁨 같은 감정을 포함하며, 이는 사회적 비교와 심리적 만족의 측면에서 흥미로운 연구 주제가 되기도 했다.

하이델베르크 대학의 클라우스 셀Klaus Zell 박사는 2014년에 수행한 연구에서 샤덴프로이데가 단순한 감정적 반응이 아니라, 인간의 진화적 맥락에서 상대적 위치를 평가하고 생존 가능성을 강화하는 메커니즘으로 작용할 수 있음을 발견했다. 이 연구는 200명의 참가자를 대상으로 진행되었는데, 경쟁 상황에서 상대방의 실패가 개인의 심리적 만족감과 사회적 평가에 미치는 영향을 분석했다. 연구 결과, 참가자들의 약 72퍼센트가 경쟁자가 실패했을 때 느끼는 샤덴프로이데를 통해 자신의 사회적 우위를 느끼고, 이러한 감정이 자신감을 증진시키는 데 기여하는 것으로 나타났다.

이는 감정이 단순한 생리 반응을 넘어서 인간의 사회적 행동과 관계에 깊은 영향을 미친다는 점을 시사한다. 또한 이 감정은 사회관계에 따라 긍정적 또는 부정적 영향을 미칠 수 있으며, 감정의 표현과 이해가 문화와 언어에 따라 크게 달라질 수 있다는 점을 강조한다. 이러한 사례는 언어와 문화가 어떻게 감정 표현과 감정에 대한 이해를 다르게 형성하는지 잘 보여준다.

감정 진화의 대표적인 실험 중 하나로, 2011년 스탠퍼드 대학의 심리학자 제임스 그로스James Gross와 그의 동료들이 수행한 연구를 들 수 있다. 이들은 참가자들에게 감정 조절 전략(재평가와 억제)을 사용하도록 지시한 뒤, 이러한 전략이 뇌의 활성화 패턴과 생리 반응에 어떤 영향을 미치는지를 분석했다. 결과적으로 감정을 재평가하는 전략은 부정적인 감정을 줄이고 긍정적인 감정은 증폭시키는 데 효과적임을 보여주었다. 이는 감정이 단순히 발생하는 것이 아니라, 인간의 경험과 학습을 통해 점진적으로 진화하고 변화할 수 있음을 시사한다.

감정이 진화한다는 주장은 철학 논의에서도 뒷받침된다. 니체는 "감정은 우리 존재를 풍부하게 만들고, 스스로를 초월할 수 있는 능력을 부여한다"라고 언급하면서 감정의 진화 가능성을 강조했다. 나아가 그는 감정을 단순히 반응적 요소로 보지 않고, 인간의 내적 성장과 진화를 이끄는 원동력으로 간주했다.

공존의 법칙,
호메오스타시스 vs. 알로스타시스

　　현대 생리학에서 인간의 신체나 정신, 그리고 감정 메커니즘을 설명해 줄 수 있는 매우 유익한 개념이 있다. 바로 호메오스타시스Homeostasis와 알로스타시스Allostasis. 호메오스타시스란 외부 환경의 변화에도 체내 환경을 일정하게 유지하려는 경향, 즉 신체의 '항상성'을 의미한다. 19세기 프랑스 생리학자 클로드 베르나르Claude Bernard는 "생명은 내부 환경의 안정성에 의해 유지되며, 생명체가 외부 환경의 변화에도 내부 환경을 일정하게 유지하는 능력이 생존의 기본 원리"라면서 항상성 개념을 정립했다.

　　항상성은 체온, 혈당량, 혈압과 같은 신체 요소뿐만 아니라 정서 안정에도 중요한 역할을 한다. 체온이 일정 범위에서 유지되지 않을 경우 신체 기능이 심각하게 저하되는 것처럼, 감정도 일정 수준의 균형을 유지하지 않으면 개인의 전반적인 정신, 신체 건강에 부정적인 영향을 미친다. 이 메커니즘은 신경계와 내분비계가 협력하여 감정 상태를 조절하고 안정화를 도모하는 과정을 포함한다.

　　비슷하게 감정의 항상성 메커니즘은 우리가 지나치게 흥분하거나 우울한 상태에 오래 머무르지 않고 평상심을 회복할 수 있도록 돕는다. 예를 들면 스트레스 상황에서는 코르티솔 분비가 증가하지만, 일정 시간이 지나면 항상성 메커니즘이 작동하여 이 수치를 정상 범위로 되돌린다. 이 과정은 뇌의 시상하부-뇌하수체-부신축HPA axis이 중심 역할을 하며, 특히 감정 안정과 복원력을 강화하는 데 중요한 기능을 한다. 따라서 항상성은 단순히 신체 안정성뿐만 아니라 정서 균형을 유지하며, 이를 통해 외부의 다양한 변화에도 유연하게 대처할 수 있는 기반을 제공한다.

반면, 알로스타시스는 항상성을 작동시키기 위해 체내에서 이루어지는 동적인 생리적 적응 과정을 설명한다. 미국의 생리학자 월터 캐넌은 이 개념을 발전시키면서 "변화를 통한 안정을 찾는 과정to seek stability through changes"이라고 정의했다. 즉 알로스타시스는 단순히 체내 환경을 일정하게 유지하는 것을 넘어, 다양하고 지속적인 외부 압박 요인에 적응하기 위해 변화와 조정을 통해 새로운 안정 상태를 만들어내는 능력을 의미한다.

이 두 개념의 철학적 기원은 인간이 환경과 상호작용하는 방식을 이해하려는 시도와 깊은 연관이 있다. 호메오스타시스는 고대 그리스 철학에서 우주와 인간의 조화로운 균형을 강조한 아리스토텔레스의 중용 철학과 맞닿아 있다. 아리스토텔레스는 모든 행위와 상태에는 균형이 필요하며, 극단을 피하고 중용을 추구하는 것이 이상적인 상태라고 했다. 그는 조화를 이루기 위한 내적 안정성이 삶의 질을 유지하는 핵심이라고 보았다. 이러한 관점에서 이 개념은 외부 환경의 변화에도 인간이 내적 균형을 유지하려는 본능적 경향을 잘 설명한다.

또한 알로스타시스는 헤겔의 변증법적 철학과도 연결될 수 있다. 헤겔은 모든 변화는 정반합正反合의 과정을 거쳐 새로운 질서와 균형으로 나아간다고 주장했다. 알로스타시스는 단순히 환경 변화에 저항하거나 회복하려는 항상성과는 달리, 변화 자체를 수용하고 이를 통해 새로운 적응 방식을 찾아내는 과정을 반영한다.

미국의 저명한 진화생물학자이자 작가인 스티븐 제이 굴드는 진화론의 비연속 균형 이론punctuated equilibrium의 공동 저자로도 알려져 있다. 그는 "생명체는 단순히 환경의 압박을 견디는 것이 아니라, 그 압박을 변화의 기회로 삼아 스스로를 조정한다"라고 언급하며 생존을 위한 진화론적 변화를 강조했다. 굴드는 진화가 지속적이고 점진적으로 일어나는 것이 아니라, 긴 정체기와 짧은 폭발적 변화 기간을 번갈아가며 진행한다는 점을 연구를 통해 밝혔다.

이는 생물체가 변화하는 환경에 대해 단순히 반응하는 것을 넘어 환경적 도전에 적응하고, 새로운 생태적 틈새를 찾아내며, 창의적이고 혁신적인 방식으로 진화한다는 것이다. 이는 헤겔의 변증법에서 나타나는 '대립의 종합'과 유사한 개념으로, 변화와 도전에 대한 유기체의 창조적 적응을 보여준다.

결국 호메오스타시스와 알로스타시스는 상호 보완적인 방식으로 작용하며, 인간이 환경과 조화롭게 공존할 수 있는 기초를 제공한다. 호메오스타시스는 내부 안정성을 통해 기본적 생리 요구를 충족시키고, 알로스타시스는 외부 압력에 대한 유연한 적응으로 새로운 균형을 만들어낸다. 이러한 맥락에서 알로스타시스는 단순히 환경 변화에 대응하는 과정일 뿐 아니라, 감정 조절의 핵심 원리로도 작용하며, 뇌의 적응 메커니즘을 설명해 준다.

신경과학적으로 볼 때 알로스타시스는 시냅스 가소성과도 깊은 연관이 있다. 시냅스 가소성은 신경 세포 간 연결이 학습과 경험에 따라 변화할 수 있는 뇌의 능력이다. 알로스타시스는 이 가소성의 원리를 통해 스트레스 상황에서 신경망을 재조정하고, 감정 경험을 처리하며, 새로운 환경에 적응하는 데 기여한다. 에릭 캔델은 "뇌의 가소성은 유기체가 변화에 적응하는 가장 강력한 도구 중 하나"라고 설명했는데, 이는 알로스타시스의 역할에 대한 설명과 맥을 같이한다.

회복탄력성이 높은 뇌는 따로 있다

감정 가소성 차원에서 트라우마 같은 부정적 감정이 긍정적으로 변화할 수 있음은 UCLA 교수 나오미 아이젠버거Naomi Eisenberger가 2006년에 수행한 연구에서 밝혀졌다. 트라우마와 부정적 감정의 조절 과정을 신경과학적으로 입증한 이 연구는, 왕따 같은 사회적 배척의 부정적 감정이 뇌의 신체적 고통과 관련된 전방 대상피질anterior cingulate cortex을 활성화시킨다는 것을 발견했다. 하지만 치료적 개입과 긍정적 정서 훈련이 도입된 참가자들은 이러한 뇌 활성화가 점차 감소하고, 긍정적 정서와 관련된 측두엽 및 전전두엽이 강화되는 변화를 경험했다. 이는 트라우마가 단순히 부정적 영향만을 주는 것이 아니라, 적절한 개입을 통한 기억이나 느낌의 재구성 과정을 통해 긍정적 감정으로 전환될 수 있음을 증명한다.

세계적인 신경과학자이자 록펠러 대학 교수로 재직하며 스트레스 생리학 분야에서 선구적인 연구를 이끌었던 브루스 맥쿠엔과 그의 연구팀이 1998년에 진행했던 '스트레스 반응과 뇌 변화 연구'도 감정가소성에 대한 흥미로운 결과를 보여준다. 그의 연구팀은 신경과학, 생물학, 행동과학 등 다학제적 접근을 통해 만성 스트레스가 신체와 뇌에 미치는 영향을 분석했다. 특히 스트레스 호르몬인 코르티솔의 역할과 신경세포 변화에 대한 메커니즘을 밝히는 데 주력했다. 쥐를 대상으로 진행된 실험에서 연구팀은 쥐를 특정 기간 동안 반복적으로 스트레스 상황에 노출시켰다. 연구진은 제한된 공간에 가두기, 예측 불가능한 소음 제공, 밝은 빛 노출 등의 스트레스 상황에서 쥐의 체온, 심박수, 혈압, 그리고 스트레스 호르몬인 코르티솔 변화를 정밀하게 측정했다. 또한 뇌의 해마를 중심으로 뇌 반응의 구조적 변화를 추적하기 위해 신경 이미징 기법을 활용했다.

실험 결과, 초기 스트레스 상황에서는 순간 체온이 상승했지만, 땀샘의 활성화 같은 항상성 메커니즘이 즉각적으로 작동하여 체온이 일정 범위 내에서 유지되었다. 또한 심박수와 혈압 역시 신경계의 조절을 통해 급격한 변화를 피하면서 안정성을 유지하려는 경향을 보였다. 그러나 스트레스가 반복적이고 만성적으로 지속되면서 항상성 메커니즘의 한계가 드러났다. 이 시점에서 알로스타시스 메커니즘이 주도적으로 작동하여 체내 균형을 유지하는 역할을 하기 시작했다. 스트레스 호르몬인 코르티솔의 분비가 증가하면서 혈당 수치가 상승하고, 에너지원이 신속히 동원되면서 정상을 찾았다는 것이다. 이 연구에서 항상성은 초기 단계에서 안정성을 유지하지만, 외부 자극이 지속되고 강도가 높아지면 알로스타시스가 변화에 적응하여 균형을 유지하게 만든다는 것이 확인되었다.

하지만 이러한 과정이 장기화되면 신체 자원이 고갈되고 건강에 부정적인 영향을 미칠 수 있다는 흥미로운 점이 밝혀지기도 했다. 즉 '알로스타시스 부담allostatic load'이 발생한 것이다. 특히 해마에서 신경

세포의 손실이 관찰되었는데, 이는 기억과 학습 능력의 저하로 이어졌으며, 장기적으로는 우울증과 불안장애의 위험을 증가시키는 요인이 되었다. 연구진은 이러한 신경학적 변화를 통해 만성 스트레스 상황에서 알로스타시스가 적응적 역할을 넘어 병리학적 결과를 초래할 수 있음도 언급했다.

회복탄력성resilience은 스트레스나 역경을 극복하고 새로운 환경에 적응하는 능력을 의미하며, 이는 신체적, 심리적, 사회적 요소가 결합된 복잡한 과정이다. 1970년대 초, 미국의 심리학자 에미 워너Emmy Werner는 하와이의 카우아이섬에서 약 700명의 아이들을 대상으로 장기 연구를 수행했다. 그녀의 연구에 따르면, 역경에 처한 아이들 중 약 30퍼센트는 극복과 성장을 통해 건강하고 성공적인 삶을 살아가는 데 성공했다. 워너는 이러한 아이들이 감정 조절 능력, 긍정적 사고, 사회적 지지를 활용하여 신체적, 정신적으로 어려운 상황에서 효과적으로 적응했다고 결론지었다. 회복탄력성은 단순히 외부 압력에 저항하는 능력일 뿐 아니라, 어려운 상황에서 배우고 성장하며 새로운 균형 상태를 찾아내는 인간의 독특한 역량임을 보여준다.

2004년, 존스홉킨스 대학의 마크 스튜어트Mark Stewart와 그의 연구팀은 스트레스와 회복탄력성 간의 관계를 조사하기 위해 쥐를 대상으로 한 실험을 수행했다. 연구팀은 쥐들을 만성 스트레스 상황에 노출시킨 후, 이들의 코르티솔 수치, 심박수, 그리고 행동 변화를 관찰했다. 실험 결과, 회복탄력성이 높은 쥐들은 스트레스에 노출되었을 때 코르티솔 수치를 효과적으로 조절하며 빠르게 정상 상태로 복귀한 반면, 회복탄력성이 낮은 쥐들은 부담이 증가하면서 기억력 저하와 같은 신경학적 손상이 나타났다.

2010년, 하버드 대학의 셰릴 레너한$^{Sheryl Lenahan}$은 사람들을 대상으로 심리적 회복탄력성에 대해 분석했다. 스트레스가 많은 환경에서 생활하는 참가자들을 대상으로 스트레스 호르몬 분비 패턴과 심리적 안정감의 변화를 분석했는데, 연구 결과 회복탄력성이 높은 참가자들은 스트레스 상황에서 더 낮은 코르티솔 수치를 유지하며, 명상과 같은 심리적 조절 기술을 통해 스트레스를 효과적으로 관리하는 능력을 보였다. 이는 알로스타시스를 통한 탄력성이 단순히 생리과정에 국한되지 않고, 정신적 회복력을 향상시키는 데도 중요한 역할을 한다는 점을 보여주는 결과였다.

유연한 자가
살아남는다

심리학자이자 펜실베이니아 대학 교수인 앤절라 더크워스의 베스트셀러 《그릿^{GRIT}》은 2016년에 출판된 이래 전 세계적으로 큰 주목을 받은 책이다. 생존과 성공을 위한 핵심 요소를 체계적으로 다룬 지침서인 이 책에서 'GRIT'은 Growth Mindset(성장 마인드셋), Resilience(회복탄력성), Intrinsic Motivation(내재적 동기), Tenacity(끈기)를 가리킨다.

성장 마인드셋은 능력과 지능은 고정된 것이 아니라 노력을 통해 개발될 수 있다는 믿음으로, 이는 자신의 가능성에 대한 긍정적인 정서와 연결된다. 이러한 감정은 도전에 대한 두려움을 줄이고,

실패를 성장의 기회로 받아들이도록 돕는다. 회복탄력성은 어려움과 좌절에 굴하지 않고 다시 일어서는 능력으로, 좌절과 실망 등의 부정적인 감정을 조절하고 극복하는 능력과 관련된다. 내재적 동기는 외부 보상이나 압력이 아닌 자신의 내면에서 우러나오는 동기로, 이는 자신의 일이나 목표에 대한 진정한 열정과 흥미와 연결된다. 마지막으로 끈기는 목표를 향해 포기하지 않고 꾸준히 노력하는 능력으로, 목표 달성에 대한 강한 의지와 인내심과 관련된다.

우리는 흔히 "강한자가 살아남는 게 아니라, 살아남은 자가 강하다"라고 말한다. 정말 그럴까? 긴 인류 역사를 보았을 때, 그리고 앞으로의 미래를 생각할 때 어떤 자가 진화하고 생존하게 될까?

이런 고민 속에서 최근 매우 흥미로운 책을 접했다. 미시간 대학 조직심리학자인 수잔 애쉬포드가 2021년에 출간한 《유연함의 힘The Power of Flexing》은 급변하는 세상에서 정서적 유연성이 개인의 행복과 성공을 위한 필수 능력임을 강조한다. 이 책의 부제는 '유연함으로 쓰는 새로운 성장 공식'이다. 변화와 불확실성이 일상이 된 현대 사회에서 정서적 유연성이 왜 중요한지에 대한 심도 있는 통찰을 제공한다. 그녀는 정서적 유연성을 '변화하는 상황에 맞춰 자신의 감정과 생각을 조절하고 행동을 바꿀 수 있는 능력'으로 정의하면서, 이를 통해 부정적 감정에 효과적으로 대처하고, 건강한 관계를 맺으며, 삶의 목표를 달성할 수 있다고 주장한다.

또한 저자는 자신의 감정을 인식하고 이해하는 것부터 고정된 사고방식에서 벗어나 다양한 관점을 수용하고 타인과의 공감 능력을 향상시키는 것까지 정서적 유연성을 키우기 위한 구체적인 방법도 제시한다. 특히 저자는 정서적 유연성은 우리가 불확실성과 도전을 기회로 바꾸는 데 필요한 가장 중요한 능력이라고 말한다. 정서적 유연성은 단순한 생존 전략이 아니라, 창의적 문제 해결과 개인의 성장에도 필수적인 도구임을 설명한다. 마음챙김, 긍정적 사고, 그리고 효과적인 의사소통 전략과 같은 실질적인 방법을 통해 변화에 대한 두려움을 극복하고 성장의 길로 나아갈 수 있다고 강조한다.

지금 시대는 끊임없는 변화와 불확실성의 연속이다. 기술 혁신, 경제 구조의 변화, 사회 가치관의 변동 등 예측 불가능한 요인들이 삶의 모든 영역에 걸쳐 급격한 변화를 일으키고 있다. 이러한 격동의 시대를 살아가는 개인에게 '감정적 유연성'은 단순한 심리적 특성을 넘어 행복과 성공을 위한 필수 능력이 되고 있는 것이다.

캘리포니아 대학 버클리 캠퍼스의 대처 켈트너Dacher Keltner 교수는 사회적 지능과 감정, 특히 공감, 연민, 사랑, 감사 등의 긍정적인 감정이 인간의 행동과 사회관계에 미치는 영향에 대한 연구로 널리 알려져 있다. 그는 정서적 유연성을 사회적 지능의 핵심 요소로 보고, 이와 관련된 다양한 연구를 수행했다. 특히 사회적 기능이 높은 사람들이 정서적 유연성 또한 높다는 것을 밝혀냈는데, 사회적 지능이란 타인의 감정을 이해하고 공감하며, 사회적 상황에 적절하게 대처하는 능력을 말한다. 그의 연구에 따르면, 정서적으로 유연한 사람들은 타인의 감정을 더 잘 이해하고, 갈등 상황에서도 건설적인 해결 방안을 찾는 경향을 보인다. 또한 사회관계에서 스트레스를 덜 받고, 더 큰 만족감을 느끼는 것으로 나타났다.

더 나아가 연구팀은 권력이 정서적 유연성에 미치는 영향도 분석했다. 권력을 가진 사람들은 타인의 감정에 덜 민감해지고 공감 능력이 저하되는 경향을 보이는 반면, 권력을 덜 가진 사람들은 타인의 감정에 더욱 주의를 기울이며 공감 능력이 더 뛰어난 것으로 나타났다. 켈트너 교수는 이러한 현상을 '권력의 역설paradox of power'이라 명명했다. 이는 권력을 가진 사람들이 더 많은 사회적 자원을 활용할 수 있음에도, 감정 교류와 공감 측면에서는 상대적으로 취약해지는 아이러니를 설명한다. 또한 권력의 역설 현상이 단순히 개인의 성격 문제가 아니라, 권력이 인간의 뇌와 행동에 미치는 생리적, 심리적 영향을 반영한다고 강조했다. 권력을 가진 사람들은 도파민 분비 증가로 보상 중심의 사고가 강화되지만, 동시에 타인의 신호에 대한 민감도는 감소한다는 것이다. 반면, 권력을 덜 가진 사람들은 생존을 위해 타인의 감정과 행동에 더 민감하게 반응하도록 진화했기 때문에 공감 능력과 정서적 유연성이 상대적으로 높아진다. 켈트너 교수는 "권력은 책임을 요구하며, 정서적 유연성을 유지하는 것은 그 책임을 효과적으로 수행하는 데 핵심적인 요소"라고 강조했다.

그의 연구는 현대 사회에서 권력과 감정의 상호작용을 이해하고, 이를 통해 더 나은 리더십과 인간관계를 구축하는 데 의미 있는 인사이트를 제공한다.

감성지능은 인간다움을 꽃피우는 핵심 능력이다.
그것은 우리가 자신을 이해하고, 타인과 공감하며,
세상과 조화롭게 살아가도록 돕는다.
감성지능을 높이는 것은 단순히 개인의 경쟁력 강화를 넘어
더 나은 미래를 위한 투자다.
우리는 감성지능을 통해 삶의 다양한 도전과 어려움을 극복하고,
더욱 풍요롭고 의미 있는 삶을 살아갈 수 있다.

05

감정도
똑똑할수록
좋다

마시멜로, 초콜릿, 사과를
먹을까 말까?

널리 알려져 있는 마시멜로 실험은 아이의 절제성과 미래의 성공을 연관 짓는 연구다. 이 연구는 1960년대 초부터 스탠퍼드 대학의 심리학자 월터 미셸Walter Mischel과 연구팀이 3~5세 아동을 대상으로 시작한 패널 조사다. 유아기의 만족 지연 능력이 장기적으로 개인의 성공과 성장에 어떤 영향을 미치는지 추적하기 위해 설계된 실험이다. 이 실험에서 아이들은 실험실 방에서 마시멜로 하나를 즉시 먹거나, 연구자가 돌아올 때까지 기다리면 마시멜로 두 개를 받을 수 있는 선택을 해야 했다. 아이들 가운데 약 3분의 1이 기다리지 않고 바로 마시멜로를 먹었고, 또 다른 3분의 1은 기다렸지만 15분을 채우지 못했고, 나머지 3분의 1은 15분 이상 기다려 추가 보상을 받았다.

미셸 교수의 연구는 단순한 만족 지연 효과를 넘어 아이들의 미래 성과와 관련된 중요한 인사이트를 제공한다. 연구팀은 30년 동안 참가자들을 추적 조사하여 유년기 만족 지연 능력이 성인기의 학업 성취, 건강, 사회 적응 등에 미치는 영향까지 분석했다. 결과적으로, 더 오래 기다린 아이들은 SAT 점수가 평균 200점 이상 높았으며, 대학 진학률과 학업 성취도가 유의미하게 높았다. 또한 이들은 성인기에서 낮은 체질량지수를 유지했으며, 직장에서 이룬 성과와 대인 관계에서도 높은 만족도를 보였다. 즉 행복하고 성공한 인생을 살고 있는 확률이 높았다는 것이다.

이후의 연구는 만족 지연 능력이 감정 조절과 밀접하게 연관되어 있음을 밝혀냈다. 2011년 예일 대학 감성지능 연구소의 마크 브래킷 교수가 주도한 연구에서도 감정 조절 능력이 높은 개인들이 어려운 상황에서도 더 나은 결정을 내리고, 사회관계를 효과적으로 유지하는 데 탁월하다는 결과를 보고했다. 만족 지연은 단순히 보상을 기다리는 의지력이 아니라, 자신의 욕구를 조절하고 목표를 달성하기 위해 감정을 효과적으로 관리하는 능력이라는 것이다. 월터 미셸 또한 그의 후속 연구에서 "지연된 만족 능력은 단순한 의지력이 아니라, 자신을 효과적으로 통제하고 목표를 향해 나아가는 감정 조절 능력에서 비롯된다"고 강조했다.

마시멜로 실험과 유사한 또 다른 연구도 있다. 2011년 독일 막스 플랑크 연구소의 에른스트 폰 마이어Ernst von Mayer 박사는 '초콜릿 테스트'라는 유사한 연구를 진행했다. 이 연구에서는 4~6세의 아동들에게 초콜릿 한 조각을 즉시 먹거나, 10분을 기다리면 두 조각을 받을 수 있는 선택지를 제시했다. 연구 과정에서 연구진은 아이들의 행동을 관찰하면서 초콜릿을 먹지 않고 기다린 아이들의 감정 조절 전략과 충동 억제 메커니즘을 분석했다. 결과적으로, 기다림을 선택한 아이들은 학업 성취도와 사회 적응에서 더 나은 결과를 보였으며, 성인이 되었을 때 문제 해결 능력과 목표 달성률이 약 30퍼센트 더 높았다.

　일본 교토 대학교에서 2018년에 '사과 테스트'라는 유사한 실험을 통해 유아기의 감정 조절 능력이 성인기의 성공과 행복에 미치는 영향을 심층적으로 분석했다. 연구팀은 3~5세의 아동들에게 즉시 사과를 먹는 것과 15분을 기다리면 더 큰 사과를 받을 수 있는 선택지를 제시했으며, 기다림을 선택한 아이들의 행동과 이후의 성과를 장기적으로 추적했다. 결과적으로, 기다림을 선택한 아이들은 성인이 되었을 때 대인관계 만족도가 25퍼센트 더 높았으며, 직장에서의 협업 능력 또한 평균 30퍼센트 더 우수한 것으로 나타났다. 흥미롭게도 연구팀은 기다림을 선택한 아이들이 충동을 억제하는 과정에서 긍정적인 자기 대화를 활용하거나, 자신을 다른 활동으로 분산시키는 전략을 사용했다는 점도 발견했다. 또한 교토 대학교 연구팀은 성인이 된 참가자들이 사회 환경에서 신뢰를 형성하고 갈등을 해결하는 데 감정 조절 능력을 활용한 사례를 다수 발견했다. 예를 들어 기다림을 선택했던 참가자들은 협상 상황에서 상대방의 입장에 공감하며 더 유리한 결과를 얻는 데 성공했으며, 이는 직업적 성공과 밀접하게 연결되었다.

　이처럼 교토 대학교의 연구는 감정 조절이 단순히 유아기 행동에 그치지 않고, 전 생애에 걸쳐 개인의 사회적, 직업적 성공을 결정짓는 핵심 요소임을 입증했다.

직감과 논리는
서로 대립하는 것일까?

브리티시 콜롬비아 대학교의 아라 노렌자얀 교수와 로버트 제르베Robert Gervais 공동 연구팀은 직감과 논리가 서로 대립되는 개념이 아니라, 오히려 상호 보완적인 관계임을 보여주는 흥미로운 연구를 수행했다. 연구팀은 실험 참가자들에게 풀기 어려운 수수께끼와 논리 퍼즐을 제시하고, 그들이 문제를 해결하는 과정에서 직감과 논리를 어떻게 활용하는지 관찰했다.

흥미로운 결과는 직감적인 성향이 강한 사람들이 복잡한 문제를 더 잘 풀어내는 경향을 보였다는 점이다. 문제를 보자마자 갖게 되는 첫 느낌인 직감은 문제 해결에 필요한 정보를 빠르게 처리하고, 잠재적인 해결책을 제시하는 데 도움을 주었다. 하지만 직감만으로 완벽한 답을 찾기 어려운 경우는 논리적 사고가 개입하여 직감이 제시한 여러 가능성을 검증하고, 가장 합리적인 답을 선택하도록 이끌었다. 즉 직감은 문제 해결의 시작점을 제시하고, 논리는 그 과정을 완성하는 역할을 수행한 것이다. 마치 두 사람이 협력하여 그림을 완성하는 것과 같다. 한 사람이 밑그림을 그리고, 다른 사람이 세부적인 부분을 채워 넣어 완벽한 작품을 만들어내는 것이다.

후속 연구에서는 반대로 조금 쉬운 문제를 내서 실험을 진행했는데, 논리적 사고가 개입하기 전에 첫 직감으로는 틀린 해답을 내놓는 경우도 많았다고 한다. 그들이 연구에서 사용했던 문제를 한번 살펴보자, 독자 여러분도 다음 문제를 읽고 정답을 맞혀보기 바란다.

문제 1	상품 A와 B는 총 1,100원이다. A는 B보다 1,000원이 더 비싸다. B는 얼마인가?
문제 2	어떤 기계 5대를 5분간 가동하면 5개의 제품을 만든다. 그렇다면 100대의 기계로 100개의 제품을 만들려고 하면 몇 분의 시간이 필요한가?
문제 3	하루에 2배로 증식하는 부초가 호수를 완전히 덮으려면 48일이 걸린다고 한다. 그렇다면 호수의 절반을 덮으려면 며칠이 걸릴까?

문제 1의 정답은 50원, 문제 2는 5분, 문제 3은 47일이다. 그런데 문제를 보자마자 거의 동시에 세 질문에 100원, 100분, 24일이라고 대답한 사람도 많았을 것이다. 연구팀의 분석에서 흥미로운 점은 이렇게 오답을 쓴 사람들은 종교를 가질 때 신앙심이 더 높은 경향이 있다고 한다. 문제에 대한 접근 방법에서 논리보다는 직감을 더 따르는 성향 때문이라는 것이다.

위 예시는 우리가 직감과 논리를 어떻게 활용해야 하는지에 대한 중요한 시사점을 제공한다. 직감은 창의적인 아이디어를 떠올리고 문제 해결의 실마리를 찾는 데 유용하지만, 논리적인 검증 없이는 오류에 빠지기 쉽다는 것이다. 반대로 논리만을 강조하면 새로운 아이디어를 떠올리기 어렵고, 문제 해결에 필요한 유연성을 잃을 수 있다. 따라서 직감과 논리를 조화롭게 활용하는 것이 문제 해결의 지름길이다. 직감을 통해 다양한 가능성을 탐색하고, 논리를 통해 최적의 해결책을 찾아내는 균형 잡힌 사고방식이 필요한 이유다.

감정도 지능이다

20세기 후반, 심리학자들은 인간의 감정적 측면에 주목하기 시작했고, '감성지능'이라는 새로운 개념을 제시했다. 1990년, 피터 샐러베이[Peter Salovey]와 존 메이어[John D. Mayer]는 인간의 지적 능력IQ 중심의 사고에서 벗어나서 감정을 이해하고 활용하는 능력의 중요성을 강조하면서, 감정의 힘에 대한 패러다임과 발상의 전환을 강조했다.

초기 연구는 다음과 같은 네 가지 영역에 집중됐다. 첫째, 감정을 정확하게 지각하는 능력, 둘째, 감정을 사고 과정에 통합하는 능력, 셋째, 감정을 이해하고 해석하는 능력, 마지막으로 감정을 조절하여 목표를 달성하는 능력이다. 이 네 가지 영역은 인간이 자신의 감정을 인지하고, 이를 통해 더 나은 결정을 내릴 수 있는 체계를 제공한다.

이후 2000년, 그들은 직장인 1,000명을 대상으로 수행한 후속 연구에서 감성지능이 높은 개인들이 낮은 사람들보다 업무 성과가 평균 20퍼센트 더 우수하며, 팀워크와 리더십 평가에서 35퍼센트 더 높은 점수를 기록했다는 흥미로운 결과를 보고했다. 또한 이 연구는 감성지능이 높은 사람들은 협상 상황에서도 상대방의 감정을 잘 읽고 대처하여 협상 성공률이 40퍼센트 이상 더 높았다. 반면에 감성지능이 낮은 사람들은 갈등 상황에서 부정적인 감정을 효과적으로 조절하지 못해 업무 성과가 평균 25퍼센트 더 낮아지는 경향을 보였다.

이후 감성지능에 대한 연구는 대니얼 골먼과 그의 동료들에 의해 본격적으로 진행되었다. 골먼은 자신의 저서 《감성지능:

EQ^{Emotional Intelligence}》에서 감성지능을 "자신과 타인의 감정을 인식하고, 감정을 구별하며, 이를 정보로 활용하여 사고와 행동을 이끄는 능력"이라고 정의하면서, 이것이 현대 사회에서 성공적인 리더십의 핵심 요소라고 평가했다. 이 책은 출간 즉시 전 세계적으로 주목을 받으며 〈뉴욕타임스〉 베스트셀러로 선정되었다.

골먼은 감성지능을 단일적 차원이 아니라 자기 인식^{self-awareness}, 자기 관리^{self-regulation}, 사회적 기술^{social skills}, 공감^{empathy}, 동기부여^{motivation} 등 다섯 가지로 구성된 복합 능력이라고 했다. 마치 오케스트라의 다양한 악기가 조화를 이루어 아름다운 음악을 만들어내듯, 이 요소들은 서로 유기적으로 작용하며 감성지능을 발휘한다는 것이다. 이에 대해 좀 더 자세히 알아보자.

• 자기 인식 self-awareness •

자신의 감정, 강점, 약점, 가치관, 동기를 정확하게 이해하는 능력이다. 이는 자신의 내면을 객관적으로 관찰하는 능력을 포함하며, 자신의 행동이 타인에게 미치는 영향을 명확히 이해하는 데 필수적이다. 자기 인식은 감성지능의 기초로, 자신을 이해하고 성장 방향을 설정하며, 대인관계에서 신뢰를 형성하는 중요한 요소다. 예를 들어 자기 인식이 높은 사람들은 갈등 상황에서도 자신의 감정을 통제하며 문제를 해결할 수 있다.

• 자기 관리 self-regulation •

자신의 감정을 효과적으로 관리하고 충동적인 행동을 억제하는 능력이다. 이는 단순히 부정적인 감정을 억누르는 것이 아니라, 감정을 긍정적으로 전환하여 스트레스 상황에서도 이성적인 판단과 행동을 유지하는 데 중점을 둔다. 자기 조절은 실패나 좌절을 성장의 발판으로 삼도록 돕고, 장기적으로 목표를 달성할 수 있게 한다.

• 동기 부여 motivation •

목표를 설정하고 이를 달성하기 위해 지속적으로 노력하는 내적 열정을 의미한다. 이는 단순히 외부 보상이나 인정에 의존하지 않고 스스로 동기를 부여하며 도전에 대한 즐거움을 느끼는 능력이다. "열정 없이 위대한 것은 이루어지지 않는다"라는 헤겔의 말처럼, 열정과 동기는 성공적인 삶의 필수 요소다. 예를 들어 내적 동기가 높은 사람들은 실패를 두려워하지 않고 학습과 성장을 위한 새로운 기회를 추구한다는 점에서 성공적인 결과를 도출할 가능성이 높다.

• 공감 empathy •

타인의 감정을 이해하고, 그들의 관점에서 세상을 바라보며, 그들의 감정에 깊이 공감하는 능력이다. 이는 단순히 감정적인 반응을 넘어 타인의 필요와 요구를 파악하여 적절히 대응할 수 있는 능력을 포함한다. 공감 능력은 인간 관계에서 신뢰를 구축하고, 협력을 촉진하며, 갈등을 해결하는 데 핵심적인 역할을 한다. '역지사지'라는 말처럼, 타인의 입장에서 생각하는 공감 능력은 대인관계와 팀워크에서 성공을 이끄는 중요한 요소다.

• 사회적 기술 social skills •

효과적인 의사소통, 협력, 갈등 해결, 리더십 발휘와 같은 다양한 능력을 포함한다. 이는 타인과의 긍정적인 관계를 구축하고 유지하며, 다양한 사회적 상황에서 적절히 대응할 수 있는 능력을 의미한다. 예를 들어 사회적 기술이 뛰어난 사람들은 팀에서 자연스럽게 리더십을 발휘하며, 상호 이해를 바탕으로 팀워크를 강화한다. 사회적 기술은 사회생활에서 성공을 위한 필수 능력으로, 이를 통해 우리는 복잡한 사회적 환경 속에서도 조화롭게 소통하고 협력할 수 있다.

골먼의 연구는 심리학뿐만 아니라 경영학, 교육학, 사회학 등 다양한 분야에 걸쳐 큰 영향을 미쳤다. 그는 특히 감성지능이 높은 리더들이 스트레스 상황에서도 침착함을 유지하며, 조직 내 갈등을 효과적으로 해결하고, 구성원들에게 동기를 부여하는 데 탁월하다고 강조했다. 나아가 감성지능의 중요성을 교육 및 훈련 프로그램에도 확장하여, 학교와 직장에서 이를 효과적으로 개발할 수 있는 방법을 제안하기도 했다.

똑똑한 감정, 인간다움을 꽃피우는 능력

먼저 감성지능은 개인의 성장과 발전에 중요한 역할을 한다. 자신의 감정을 이해하고 조절하는 능력은 어려운 상황에서도 자신의 감정 상태를 관리하고, 긍정적인 마음가짐을 유지하며, 어려움에 굴하지 않고 목표를 향해 나아가는 데 도움을 준다. 또한 타인의 감정에 공감하고 소통하는 능력은 원만한 대인관계를 형성하고 유지하는 데 필수적이다. 감성지능이 높은 사람들은 갈등 상황에서 자신의 감정을 조절하고 상대방의 입장을 이해하려고 노력하며, 건설적인 해결 방안을 모색한다. 이는 사회생활에서 성공을 거두는 데 중요한 역할을 한다.

또한 감성지능은 신체적, 정신적 건강에도 도움이 된다. 보통 만성적인 스트레스, 분노, 불안은 면역 체계를 약화시키고 심혈관 질환, 소화기 질환 등 다양한 질병 위험을 증가시킨다. 감성지능은 이러한 부정적인 감정을 조절하고 스트레스를 관리하는 데 도움을 주어 신체 건강을 유지하는 데 기여한다. 감성지능이 높은 사람들은 스트레스 상황에서 이성적인 사고를 통해 감정을 조절하고, 문제 해결에 집중하며, 건강한 생활 습관을 유지하려고 노력한다.

그리고 감성지능은 정신 건강에도 긍정적인 영향을 미친다. 연구에 따르면, 감성지능이 높은 사람들은 우울증, 불안 장애, 스트레스 장애 등 다양한 정신 건강 문제를 겪을 가능성이 낮다고 한다. 이는 감성지능이 긍정적인 감정을 유지하며, 어려움에 대한 회복탄력성을 높이는 데 도움을 주기 때문이다. 또한 감성지능은 자존감 향상에도 기여한다. 자신의 강점과 약점을 정확하게 인식하고, 자신을 긍정적으로 평가하는 것은 건강한 자존감을 형성하고 유지하는 데 중요하다.

나아가 감성지능은 학습 능력과 창의성을 향상시키는 데에도 중요한 역할을 한다. 2013년 마크 브래킷 박사가 주도한 연구에서는 감성지능이 높은 학생들이 학업 성취도에서 평균적으로 20퍼센트 더 높은 성과를 보였다. 연구에 따르면, 감성지능이 높은 학생들은 스트레스 상황에서도 자신의 감정을 효과적으로 조절하고, 학업에 대한 흥미와 집중력을 유지하며, 어려움에도 굴하지 않고 꾸준히 노력하여 더 나은 결과를 도출하는 경향이 있었다. 또한 이러한 학생들은 그룹 프로젝트나 토론 같은 협업 상황에서 동료와 의견을 나누고 협력함으로써 더 높은 수준의 창의적 결과물을 만들어냈다.

뿐만 아니라, 감성지능은 창의적인 사고와 문제 해결 능력을 촉진한다. 긍정적인 감정은 새로운 아이디어를 떠올리고, 다양한 관점에서 문제를 바라보며, 혁신적인 해결 방안을 모색하는 데 필수적이다. 실제로 브래킷 박사의 연구에서는 감성지능이 높은 학생들이 창의적 문제 해결 테스트에서 평균적으로 30퍼센트 더 높은 점수를 기록했으며, 이는 감정 관리와 창의적 사고 사이의 밀접한 연관성을 보여준다.

예술가, 과학자, 기업가 등 다양한 분야에서 성공한 사람들 또한 높은 감성지능을 바탕으로 창의적인 아이디어를 발상하고, 새로운 도전을 두려워하지 않으며, 끊임없이 혁신을 추구한다. 스티브 잡스는 감성지능의 중요 요소인 공감 능력을 통해 소비자들의 요구를 깊이 이해하고, 이를 반영한 혁신적인 제품을 개발했다. 감성지능이 개인의 학습과 창의성뿐만 아니라, 사회적 성공과 리더십에도 중요한 역할을 한다는 점은 다양한 연구와 사례를 통해 입증되고 있다.

또한 글로벌 사회에서는 다양한 문화적 배경을 가진 사람들과 소통하고 협력하는 능력이 점점 더 중요해지고 있다. 감성지능은 이러한 복잡한 사회 환경에서 성공적인 소통과 협력을 가능하게 하는 핵심 도구로 작용한다. 감성지능은 다른 문화의 관습, 가치, 커뮤니케이션 스타일을 이해하고 존중하는 데 중요한 역할을 한다. 이는 다른 문화에 대한 적응력을 높이고, 상호 이해를 기반으로 한 글로벌 리더십을 발휘하는 데 필수적이다.

특히 국제적 협상 전문가들은 높은 감성지능을 바탕으로 상대방의 문화적 배경과 가치관을 심층적으로 이해하며 공감대를 형성한다. 2017년에 〈하버드 비즈니스 리뷰〉에 발표된 대니얼 골먼의 연구에 따르면, 감성지능이 높은 협상가는 그렇지 않은 협상가에 비해 45퍼센트 더 높은 합의 성공률을 기록했다. 특히 이 연구에서는 공감과 감정 조절 능력이 국제 협상 상황에서 긴장 완화와 신뢰 구축에 중요한 역할을 한다는 점을 강조했다. 예를 들어 국제 기업 간 협상에서 감성지능이 높은 전문가들은 단순히 이익을 따지는 데 그치지 않고, 상대방의 우려와 니즈를 고려하여 상호 이익을 위한 창의적인 해결책을 도출해 냈다.

이렇듯 글로벌 팀을 관리하는 리더에게 감성지능은 필수적인 역량으로 꼽힌다. 다양한 문화적 배경을 가진 팀원들의 감정을 이해하고, 공감을 통해 신뢰를 구축하며, 문화 차이를 넘어서는 협력 구조를 만들어가는 데 감성지능이 핵심적인 역할을 하기 때문이다. 감성지능은 타고나는 것이 아니라 후천적인 노력을 통해 계발할 수 있는 능력이다. 마치 밭을 갈고 씨앗을 뿌려 가꾸듯 꾸준한 훈련과 연습을 통해 감성지능을 향상시킬 수 있다.

감성지능은 인간다움을 꽃피우는 핵심 능력이다. 그것은 우리가 자신을 이해하고, 타인과 공감하며, 세상과 조화롭게 살아가도록 돕는다. 감성지능을 높이는 것은 단순히 개인의 경쟁력 강화를 넘어 더 나은 미래를 위한 투자다. 우리는 감성지능을 통해 삶의 다양한 도전과 어려움을 극복하고, 더욱 풍요롭고 의미 있는 삶을 살아갈 수 있다.

"세상에서 가장 중요한 것은 마음으로 보는 것이다." 생텍쥐페리의 《어린 왕자Le Petit Prince》에는 이런 구절이 나온다. 이처럼 감성지능은 마음의 눈을 뜨게 하고, 세상을 더 깊이 이해하고 소통할 수 있도록 돕는다. 감성지능을 키우는 것은 인간관계를 풍요롭게 하고, 사회를 더 나은 곳으로 만들며, 궁극적으로는 우리 모두를 더 행복하게 만드는 길이다.

좋지 않은 첫인상이 편도체에 남았다면 이를 만회하기 위해서는
200배의 긍정적 정보를 추가로 제공하거나
60번 이상 좋은 만남이 필요하다는 보고가 있다.
부정적인 첫인상이 강렬하게 각인되는 이유는
편도체가 생존 본능과 관련된 위협을 우선적으로 처리하기 때문이다.
따라서 이러한 부정적인 기억을 덮기 위해
더 많은 긍정적인 경험이 필요하다.

06

첫인상, 감정에도
관성의 법칙이
작동한다

첫인상은
왜 오래 남을까?

　　미국의 정신분석학자 시어도어 루빈Theodore Rubin은 "좋은 첫인상을 남길 기회란 결코 두 번 다시 오지 않는다"라고 말했다. 이처럼 우리는 종종 무언가에 강한 자극을 받고 짧은 시간에 중요한 판단을 한다. 여행하며 창밖을 보다가, 또는 책을 읽다가 어떤 한 장면에서 심장이 멎는 듯한 느낌을 받는다. 그야말로 찰나의 순간이다. 사랑하는 사람을 처음 만났을 때를 떠올려보자. 그때 받은 첫인상은 긴 여운을 남긴다. 쉽게 바뀌거나 사라지지 않는다.

　　제인 오스틴이 쓴 《오만과 편견Pride and Prejudice》의 첫 제목이 '첫인상First Impressions'이었다는 사실을 아는 이는 많지 않다. 이 작품은 초기 제목처럼 첫인상에 관한 이야기를 중심으로 전개된다. 여주인공 엘리자베스는 무도회에서 대토지를 소유한 청년 다아시를 만난다. 그녀는 다아시가 그의 친구와 나누는 대화를 우연히 듣고 나서 그가

100
101

매우 오만하다는 인상을 받는다. 이후 다아시는 엘리자베스의 이런 판단을 뒤집기 위해 자신을 점점 더 드러내며 변화하고, 결국 두 사람은 서로를 진정으로 이해하면서 행복한 결말을 맺는다. 이 소설은 첫인상이 얼마나 강렬하고도 지속적이며, 그 편견을 극복하기 위해 얼마나 많은 노력이 필요한지 잘 보여준다.

첫인상의 중요성을 보여주는 또 다른 작품으로는 미국 작가 스콧 피츠제럴드의 《위대한 개츠비The Great Gatsby》가 있다. 이 작품 속 주인공 개츠비는 데이지와의 첫 만남에서 느낀 사랑의 감정을 평생 간직하며 그녀와의 관계를 이어가려고 노력한다. 개츠비의 이러한 집착은 첫인상이 얼마나 강렬한가를 보여준다.

어쩌면 첫인상은 관계와 소통의 시작이자 삶을 결정짓는 중요한 순간일지도 모른다. 소개팅에서 상대를 처음 만났을 때, 백화점에서 어떤 물건을 처음 봤을 때, 또는 새로운 직장에서 상사를 처음 대면했을 때 뇌는 순식간에 작동한다. 이토록 짧은 시간에 우리는 '좋다' 혹은 '별로다'라고 판단한다.

윌리엄 제임스는 "우리는 한 번의 첫인상으로 사람들을 영원히 판단한다"라고 말했다. 이는 첫인상이 얼마나 강렬하고 바뀌기 어려운지 보여주는 말이다. 첫 만남에서 받은 긍정적인 인상은 부드러운 관계의 출발을 만들어주는 반면, 부정적인 첫인상은 관계를 시작하기조차 어렵게 만든다. 성공적인 첫인상은 면접 합격이나 중요한 계약 체결로 이어질 수 있지만, 첫인상이 나쁘면 같은 기회를 다시 얻기까지 더 많은 시간이 필요하다. 이러한 이유로 첫인상은 개인적 경험을 넘어 직업적, 사회적 성공에도 중대한 영향을 미친다.

초기 판단의 순간,
0.017초, 2초, 그리고 8초

미국의 뇌과학자이자 심리학자 폴 왈렌Paul J. Whalen의 연구에 따르면, 뇌는 새로운 정보가 입력되자마자 감정 처리를 담당하는 편도체가 작동하며, 첫인상을 형성하는 데 걸리는 시간은 0.017초에 불과하다고 한다. 이 시간은 인간이 눈 한 번 깜박이는 것보다 짧은 순간이다. 이는 의식적으로 판단하기도 전에 첫인상이 이미 우리의 무의식 속에서 강력한 영향을 미친다는 것을 보여준다. 예를 들어 면접이나 첫 만남에서 상대방이 어떤 이미지를 가지는지에 따라 향후 관계의 방향성이 결정될 수 있다. 이런 초기 판단은 다양한 삶의 순간에서 중요한 역할을 하며, 빠르고 강렬한 감정적 반응을 만들어낸다.

세계적인 비평 작가 말콤 글래드웰은 《블링크: 운명을 가르는 첫 2초의 비밀Blink》에서 눈 한 번 깜박이는 순간인 첫 2초에 작동하는 직관에 대해 강조했다. 그는 첫 2초 동안 발생하는 판단이 이후 결정과 행동에 얼마나 큰 영향을 미치는지 설명하면서, 이를 의식의 표면 아래에서 작동하는 '적응 무의식adaptive unconscious'이라 불렀다. 사람들은 모든 정보를 다 검토할 시간이 없을 때 극소량의 초기 정보를 가지고 민첩한 결정을 내린다고 한다. 마치 첫인상의 직관적 느낌 같은 것이다. 따라서 첫인상은 단순한 초기 느낌 이상의 의미를 가지며, 우리의 의식적, 무의식적 선택과 행동에 깊은 흔적을 남긴다.

'8초의 기적'은 2019년 스포츠 과학자 존 브라운John Brown 박사와 하버드 대학 스포츠 연구소에서 주도한 프로젝트의 제목이다. 골프 스윙에서 이상적인 시간과 행동을 규명하는 데 초점이 맞춰진 이 실험에서 연구팀은 프로 골퍼 20명과 아마추어 골퍼 30명을 대상으로 각각의 스윙 전후 과정을 분석하여 이상적인 스윙이 8초 이내에 이루어지는 이유를 탐구했다. 실험에서는 고해상도 모션 캡처 시스템과 뇌파 측정 장치를 사용하여 스윙 준비에서 시작 동작, 그리고 샷을 마무리하는 단계까지 각 과정을 세밀히 기록했다. 이를 통해 연구진은 8초가 골프 스윙의 기술적 완성도뿐만 아니라, 심리 안정과 신체 협력을 최적화하는 데 핵심적인 시간임을 발견했다.

이 실험에서 또 다른 흥미로운 결과가 있다. 프로 골퍼는 8초 내에 시각 정보를 처리하고 이를 근육 움직임으로 변환하는 데 뇌의 감정 통제와 주의력 분배가 매우 쉽게 이루어지는 반면, 아마추어 골퍼는 이러한 과정에서 더 많은 시간이 소요되고 불안정한 모습을 보인다는 점이다. 프로 골퍼는 스윙 도중 발생하는 외부 소음이나 긴장 상황에서도 감정을 통제하며 집중력을 유지했지만, 아마추어는 외부 요인에 민감하게 반응하며 흔들리는 경향을 보인 것이다. 브라운 박사는 "8초는 단순한 시간 제한이 아니라, 골프 스윙에서 신체와 정신이 조화를 이루는 최적의 순간을 상징한다"라고 설명하며, 이 연구가 스포츠뿐만 아니라 일상생활에서 집중력과 시간 관리의 중요성을 이해하는 데도 도움이 된다고 덧붙였다.

한편, 2015년 마이크로소프트사는 디지털 기술이 미국인의 삶을 어떻게 변화시켰는지 분석하면서 "미국인들이 평균 집중할 수 있는 시간은 금붕어보다도 짧은 단 8초다The average American's attention span is only 8 seconds—less than a goldfish"라는 흥미로운 결과를 발표했다. 금붕어의 평균 집중시간인 9초보다 짧은 이 결과는 현대 사회에서 사람들이 주의력을 유지하는 데 얼마나 어려움을 겪는지 잘 보여준다. 특히 이 수치는 10년 전 조사에서 평균 집중 시간이 12초였던 것과 비교해 크게 줄어든 것으로 나타났다. 스마트폰과 소셜미디어 확산으로 정보 과잉과 지속적인 알림 속에서 우리의 주의력이 점차 약화되고 있음을 극명하게 보여주는 결과다.

이러한 변화는 단순히 일상적인 주의력 감소를 넘어 집중하는 데 어려움으로도 이어진다. 왜 현대인들은 집중력을 유지하기 힘들까? 심리학자들은 그 원인으로 우리 뇌가 짧은 순간마다 새롭고 자극적인 정보를 끊임없이 찾도록 설계되어 있기 때문이라고 설명한다. 특히 스마트폰, 태블릿, 그리고 소셜미디어 플랫폼은 이러한 본능을 활용해 사용자가 정보를 빠르게 소비하도록 유도한다. 이로 인해 사람들은 깊이 생각하거나 몰입해야 하는 상황에서조차 주의가 산만해지고, 더 짧은 시간 동안에만 집중력을 발휘하게 된다. 이는 현대인의 삶에서 몰입이 필요한 중요한 순간들이 점점 더 희귀해지고 있다는 사실을 보여준다.

도둑맞은 집중력, 몰입의 어려움

요한 하리의 《도둑맞은 집중력Stolen Focus》은 현대인이 왜 점점 더 집중하기 힘든 환경에 놓이게 되었는지에 대한 심층적인 분석과 통찰을 제공한다. 하리는 스마트폰, 소셜미디어, 끝없는 알림과 정보의 홍수 속에서 우리의 집중력이 어떻게 약화되고 있는지를 다양한 사례를 통해 보여준다. 예를 들어 페이스북과 같은 소셜미디어 플랫폼이 우리의 사고를 단편적으로 만들고, 깊이 있는 몰입을 방해하고, 우리의 주의를 분산시키고 더 많은 시간을 소비하도록 설계되었다고 지적한다. 저자는 이를 '주의 경제attention economy'라고 불렀다.

'주의 경제'란 기업이 사용자의 관심을 최대한 오래 붙잡아두기 위해 설계된 경제 체제를 의미한다. 이러한 플랫폼은 알고리즘을 사용하여 끊임없이 자극적인 콘텐츠를 추천하고, 사용자가 플랫폼을 떠나지 못하도록 만든다. 하리는 특히 소셜미디어의 '무한 스크롤' 기능이 사용자가 멈추고 쉬는 자연스러운 행동을 방해하며, 주의력을 지속적으로 소비하게 만든다고 지적한다. 이것이 사용자의 몰입 상태를 파괴하고, 깊이 있는 사고와 생산적인 활동을 방해하는 주요 원인으로 작용한다는 것이다.

책에서 하리가 인용한 대표 사례 중 하나는 미국 국방부가 수행한 레이더 연구다. 정보 과잉 상태에서 뇌가 어떻게 과부하에 빠지는지 잘 보여주는 이 연구는, 레이더 조작자들이 짧은 시간 안에 막대한 양의 정보를 처리해야 하는 상황에서 발생하는 뇌의 피로와 집중력 감소를 분석했다. 연구 결과, 정보의 양이 증가함에 따라 조작자들의 판단력과 의사결정 속도가 현저히 저하되었으며, 이는 실수의 빈도를 높이는 주요 원인으로 작용했다. 특히 지속적인 경고음과 시각 자극이 뇌의 과부하를 가중시켜, 중요한 정보를 놓치는 사례가 자주 발생한 것으로 나타났다.

저자는 이 사례를 현대인의 정보 처리 환경에 비유했다. 스마트폰과 소셜미디어는 레이더와 유사하게 끊임없이 새로운 정보와 알림을 제공하며, 사용자의 주의를 잡아둔다. 그러나 이러한 과잉 정보는 뇌의 한계를 초과하게 만들고 깊이 있는 사고와 집중력을 방해한다. 그는 "우리가 정보의 홍수 속에 살면서 단순히 더 많은 정보를 얻는 것이 아니라, 중요한 것을 놓치고 있다"라고 지적했다. 또한 "우리가 끊임없이 전환하며 살아가는 것은 단지 우리의 생산성을 떨어뜨리는 것만이 아니라, 우리 자신에 대한 성찰의 기회를 빼앗고 있다"라고 말하며, 단순히 집중력 감소를 넘어 우리 삶의 질과 인간관계에도 심각한 악영향을 미친다는 점을 강조한다.

'선택의 역설paradox of choice'이라는 개념이 있다. 심리학자 배리 슈워츠가 2004년 같은 제목의 저서에서 처음 제안한 것이다. 슈워츠는 선택지가 많아질수록 사람들은 결정을 내리기 어려워하며, 이로 인해 스트레스와 후회, 심리적 피로를 경험한다고 했다. 그는 특히 현대 소비사회에서 과잉 선택이 오히려 행복감을 감소시키는 주요 요인임을 지적했다. 과도한 선택 상황은 단순히 개인적인 피로를 초래하는 것에 그치지 않고 사회적, 직업적 생산성 저하로 이어질 수 있다. 특히 그는 알고리즘이 사용자에게 무의식적으로 추천하는 정보와 선택지가 사용자의 자율적 선택을 방해하는 중요한 요인임을 강조하며, 이러한 환경에서 벗어나기 위해 기술 사용을 통제하는 노력이 필요하다고 주장했다.

처음 얻은 정보의
강력한 여파

심리학에 '초두 효과primary effect'라는 개념이 있다. 처음 얻은 정보가 나중에 얻은 정보보다 평가 과정에서 더 강한 영향력을 발휘한다는 것이다. 우리 뇌는 본능적으로 한순간에 상대방에 대한 호감 여부를 결정한다. 즉 사람들은 한번 감정적 결정을 내리고 나면 쉽게 바꾸지 않으려는 경향이 있다는 것인데, 첫인상에도 관성의 법칙이 작용하는 듯하다. 심리학자 솔로몬 애시Solomon Asch는 오래전에 이 경향성을 검증하기 위해 흥미로운 실험을 했다. 그는 A와 B 두 인물에 대한 정보를 실험 참가자들에게 다음과 같은 순서로 제시했다.

A 똑똑하다. 근면하다. 충동적이다. 비판적이다. 고집스럽다. 질투심이 많다.

B 질투심이 많다. 고집스럽다. 비판적이다. 충동적이다. 근면하다. 똑똑하다.

그런 다음 참가자들에게 두 사람을 각각 평가해 보라고 했다. 위에서 보듯 A와 B에 대한 정보는 제시된 순서만 다를 뿐 내용은 똑같다. 그런데 사람들은 A에게 더 많은 호감을 느꼈다고 한다. 뇌가 처음 받아들인 정보를 일관성 있게 유지하려 하기 때문이다. 초두 효과 때문에 긍정적인 정보를 먼저 제시한 A에게 더 좋은 평가를 한 것이다.

초두 효과와 함께 '점화 효과priming effect'도 관성의 법칙이 작동하는 감정 세계에서 중요한 심리학적 개념으로 주목받는다. 초두 효과는 처음 얻은 정보가 이후 판단 과정에서 강력한 영향을 미치는 반면, 점화 효과는 특정 자극이 이후의 반응과 행동에 영향을 주는 심리 현상을 말한다. 점화 효과는 우리의 무의식이 환경적 단서에 의해 활성화되면서 나타나며, 이는 행동과 사고에 깊은 영향을 미칠 수 있음을 보여준다. 심리학자 존 바그는 점화 효과를 연구하며 이를 뒷받침하는 다양한 실험을 수행했다. 대표적인 실험 중 하나는 실험 참가자들에게 특정 단어를 노출한 후 그 단어와 관련된 행동을 관찰하는 것이다. 예를 들어 참가자들에게 '예의 바름'이나 '공손함'과 같은 단어를 읽게 한 그룹은 실험 종료 후 실험자와의 대화에서 더 친절하고 예의 바른 태도를 보인 반면, '무례함'이나 '거칠다'는 단어를 읽은 그룹은 반대의 행동을 보였다. 이는 특정 단어가 사람들의 무의식에 영향을 주어 행동 패턴을 변화시킬 수 있음을 보여주는 사례다.

점화 효과는 마케팅, 교육, 심리치료 등 다양한 분야에서 활용된다. 따라서 광고에서 긍정적인 이미지를 반복적으로 노출하면 소비자는 해당 브랜드에 대해 긍정적인 감정을 갖게 된다. 점화 효과는 인간의 인지와 행동을 미세하게 조정하는 데 강력한 영향을 미치는 심리적 메커니즘이다.

첫인상에서
상대의 마음을 훔치는 법

　좋지 않은 첫인상이 편도체에 남았다면 이를 만회하기 위해서는 200배의 긍정적 정보를 추가로 제공하거나 60번 이상 좋은 만남이 필요하다는 보고가 있다. 미국의 신경과학자 조지프 르두의 연구에서도 언급된 결과인데, 르두 교수의 연구에 의하면 부정적인 첫인상이 강렬하게 각인되는 이유는 편도체가 생존 본능과 관련된 위협을 우선적으로 처리하기 때문이다. 따라서 이러한 부정적인 기억을 덮기 위해 더 많은 긍정적인 경험이 필요하다는 것이다.

　르두는 다양한 실험을 통해 부정적인 자극이 편도체를 더욱 강하게 활성화시키며, 이로 인해 사람들은 부정적인 경험을 더 오래 기억한다고 주장했다. 이러한 발견은 첫인상의 중요성을 과학적으로 설명하며, 인간관계와 소통에서 부정적인 첫인상을 극복하는 데 얼마나 많은 노력이 필요한지를 보여준다.

　세계적인 컨설턴트 폴 헬먼은 2017년 발간한 《상대의 마음을 바꾸는 기적의 8초You've Got 8 Seconds》에서 첫 8초의 중요성을 강조하며, 이 짧은 시간이 첫인상을 제도로 형성하는 결정적인 순간이라고 했다. 그는 짧은 순간에 매력적이고 설득력 있는 메시지를 전달해야만 상대의 관심을 끌 수 있다고 말하며, 이러한 원칙은 면접, 발표, 심지어는 상품 판매에도 적용된다고 설명했다. 실제로 국내 의류 브랜드 '에잇 세컨즈'의 이름은 이러한 이론을 기반으로 한 마케팅 전략에서 비롯된 듯하다.

　한편, 수많은 연구자와 유명인들이 첫인상을 좋게 가져가기 위한 다양한 접근법을 제안했는데, 세계적인 심리학자 에이미 커디는 자신의 TED 강연과 저서 《자존감은 어떻게 시작되는가Presence》에서 신체 언어가 첫인상을 형성하는 데 얼마나 중요한 역할을 하는지를 강조했다. 그녀는 개방적이고 자신감 있는 자세를 취하는 것이 상대방에게 긍정적인 신호를 보낼 뿐 아니라, 자기 자신에게도 심리적으로 긍정적인 영향을 미친다는 사실을 발견했다. 특히 그녀의 유명한 '파워 포즈Power Pose' 연구는 사람들에게 자신감을 불어넣고 중요한 순간에 심리적 안정감을 제공하는 방법으로 잘 알려져 있다. 예를 들어 면접이나 중요한 발표 전 몇 분간 파워 포즈를 취하면, 스트레스 호르몬인 코르티솔 수치가 낮아지고, 자신감을 높이는 호로몬 테스토스테론 수치는 증가한다는 것이다.

커디는 이러한 자세 변화가 단순히 신체 표현에 그치지 않고, 내면의 태도와 행동까지 변화시킨다고 주장했다. 그녀는 "자신감이 없다고 느낄 때조차도 자신감 있는 자세를 취하라"고 조언하며, 이것이 상대방에게 좋은 첫인상을 줄 뿐 아니라, 스스로 더 강한 사람으로 느끼도록 도와준다고 설명했다. 실제로 그녀의 실험 결과는 면접이나 대인관계에서 이러한 자세 변화가 긍정적인 평가를 얻는 데 큰 도움이 되었음을 입증했다.

또 다른 중요한 요소는 온화한 미소와 듣기 좋은 목소리다. 심리학자 마틴 셀리그만은 미소가 상대방과 신뢰감을 형성하는 데 중요한 역할을 한다고 했다. 그의 연구에 따르면, 첫 만남에서 미소를 짓는 사람은 더 친근하고 신뢰할 수 있는 인물로 인식되며, 이는 이후의 관계 형성에 긍정적인 영향을 미친다는 것이다. 미소는 단순한 표정 이상의 강력한 심리적 메커니즘으로, 상대방에게 호감을 유도하고 긍정적인 분위기를 조성하는 데 매우 효과적이다.

청각적인 요소로서 목소리의 중요성은 심리학자 알렉산더 토도로프Alexander Todorov가 2005년에 진행한 연구를 통해 더욱 명확히 드러난다. 그는 목소리가 첫인상 형성에 미치는 영향을 실험으로 분석했는데, 낮고 안정적인 톤의 목소리를 가진 사람들이 더 신뢰받고 유능한 인물로 평가받는 경향이 있다는 결과를 도출했다. 그의 연구는 참가자 500명을 대상으로 목소리 톤과 신뢰성에 대한 평가를 진행했으며, 낮고 안정적인 목소리 톤을 가진 사람이 높은 목소리를 가진 사람보다 60퍼센트 더 신뢰받는다는 결과를 제시했다. 특히 면접을 보거나 발표를 해야 하는 상황에서는 목소리의 안정감이 상대방의 판단에 큰 영향을 미친다는 점이 강조되었다. 면접관들은 낮고 안정적인 톤으로 이야기하는 후보자를 더 유능하고 준비된 인물로 평가했다.

토도로프는 "목소리는 단순히 정보를 전달하는 수단이 아니라, 메시지의 신뢰성과 감정을 전달하는 중요한 매개체"라고 설명했다. 그는 또한 목소리의 속도와 억양이 신뢰성에 미치는 영향도 분석했는데, 너무 빠르거나 느린 속도는 상대방에게 불안감을 줄 수 있다는 사실도 발견했다. 이러한 연구는 우리가 첫인상을 형성할 때 시각적 요소와 함께 청각적 단서가 얼마나 중요한 역할을 하는지 과학적으로 뒷받침하며, 실생활에서 목소리를 효과적으로 사용하는 방법에 대해 관심을 가질 필요가 있음을 보여준다.

마지막으로, 첫인상을 좋게 하기 위해서는 경청하는 태도를 갖는 것이 매우 중요하다. 《데일 카네기 인간관계론How to Win Friends and Influence People》의 저자 데일 카네기는 상대방의 말을 진심으로 경청하고 그들의 관심사에 공감하는 것이 좋은 인상을 남기는 핵심 요소라고 강조했다. 그는 "사람들은 자신에게 관심을 보이는 사람을 자연스럽게 좋아한다"며, 경청이 단순한 대화 기술을 넘어 관계의 기반을 다지는 중요한 도구임을 강조했다. 심리학자인 리처드 니콜스Richard Nichols는 2003년 경청의 효과를 분석한 연구에서, 진심 어린 경청을 받은 사람은 대화 후 70퍼센트 이상이 상대방에게 더 긍정적인 감정을 느끼고, 그 관계를 더 깊이 발전시키고자 한다는 결과를 제시했다.

경청은 단순히 상대방의 말을 듣는 행위가 아니라, 상대방의 입장과 감정을 이해하려는 적극적인 태도다. 연구에 따르면, 진정성 있는 경청을 통해 대화 상대는 존중받고 있다는 느낌을 받으며, 이는 신뢰와 친밀감 형성으로 이어진다. 이처럼 경청은 상대방의 자아를 존중하며 긍정적인 관계 형성에 기여하는 강력한 도구다.

지성에 감성을 더하지 않으면 천재는 만들어지지 않는다.
• 아리스토텔레스 •

성공은 당신이 얼마나 똑똑한지가 아니라,
당신이 얼마나 많은 사람을 사랑하는지에 달려 있다.
• 워런 버핏 •

메타필링의 강력한 마법

이제는 메타인지를 넘어 메타필링의 시대다. 2부에서는 메타필링이란 무엇이며 이를 활용해 나와 세상을 어떻게 바꿀 수 있는지 살펴본다. 메타필링을 통해 스스로의 감정 시스템을 이해하고 조절하는 능력을 배우고, 지금보다 더욱 효과적으로 학습하며, 복잡한 문제를 창의적으로 해결하고, 주체적으로 삶을 개척해 나갈 수 있는 방법을 찾아본다. 특히 메타필링을 통한 학습과 기억 능력을 향상시키기 위한 구체적인 일곱 가지 실천 전략은 메타필링이 개인의 능력을 극대화할 수 있는 실용적인 개념임을 보여준다. 더불어 어려운 문제를 해결하는 데 집단지성의 힘보다 집단감성의 힘이 훨씬 효과적일 수 있음을 증명해 보임으로써 메타필링이 가진 강력한 마법의 세계 속으로 독자들을 초대한다.

메타필링은 마치 자신의 숨은 잠재력을 깨우는 열쇠와 같다.
우리가 더욱 효과적으로 학습하고, 복잡한 문제를 창의적으로 해결하며,
주체적으로 삶을 개척해 나갈 수 있는 강력한 도구가 된다.
메타필링은 정서적 안정과 함께, 대인관계에서 신뢰를 구축하고,
조직 내 협력을 강화하며, 나아가 글로벌 차원에서
협력 문제를 해결하는 데도 궁극적으로 기여할 수 있다.

07

메타필링,
나와 세상을
바꾸는
특별한 힘

누군가에게
시선이 머무는 동안

　역사적으로 보면 현대인들은 상대방의 시선을 읽는 능력이 경이로운 수준까지 도달해 있다. 멀리서도 상대방이 어디를 쳐다보는지, 지금 나를 보고 있는지 구별할 수 있는 정도다. 조그마한 눈동자의 미세한 움직임까지도 파악한다. 그뿐만이 아니라 나를 바라보는 시선이 호의적인지 적대적인지까지 구분해 내니 놀라운 일이다.

　흔히 동물 세계에서 시선을 받는다는 것은 먹잇감으로 찍혔다는 것을 보여주는 신호다. 이는 오랫동안 상대방의 시선을 정확히 알아채야 하는 인간의 생존 본능에서 진화했을 것이다. 어쩌면 인간은 육감까지 포함한 다양한 감각의 진화를 통해 생존 가능성을 확장해 왔을지 모른다. 이런 인간의 감각 능력이 지금 얘기하고자 하는 메타 필링에 대한 관심을 불러일으키지 않았나 싶다.

　특히 새로운 사람과 만났을 때 서로 바라보는 시선은 더 중요하다. 일반적으로 동물들은 눈을 마주치는 행동을 꺼린다. 그러나 인간이 나누는 시선 교환은 많은 것을 내포한다. 2013년, 시드니 대학의 이사벨 마셜Isabelle Mareschal 교수팀 연구에 따르면, 시선을 교환하며 대화한 그룹이 신뢰도와 호감도가 더 높았다. 이는 시선이 상대방에 대한 긍정적인 첫인상을 강화한다는 점을 보여준다.

2015년 하버드 대학의 크리스토퍼 데이비스Christopher Davis 박사는 시선이 협력과 신뢰에 미치는 영향을 연구했다. 실험 결과, 시선을 자주 교환한 그룹이 협력 성공률과 신뢰도가 높게 나타났다. 이는 시선이 협력적인 상호작용을 촉진한다는 점을 시사한다. 또한 하버드 대학 심리학과 대니얼 브라운Daniel Brown 교수는 2018년에 시선이 감정과 자아 인식에 미치는 영향을 분석했다. 연구 결과, 긍정적인 시선을 받을 때 자신감이 상승하고, 부정적인 시선을 받을 때 불안과 스트레스가 증가했다. 브라운 교수는 적절한 눈 맞춤과 시선 회피의 균형이 중요하다고 강조했다.

여기서 궁금증 하나가 생긴다. 이성 친구를 처음 만날 때, 그 사람에 대한 호감이 생겨서 시선을 두는 걸까, 아니면 시선을 두기 시작하면서 호감을 갖게 되는 걸까? 캘리포니아 공과대학의 시모조 신스케 교수팀은 실험 참가자들에게 동시에 여러 장의 사진을 보여주고, 그중에서 가장 마음에 드는 사진을 한 장 고르게 했다. 그 결과, 사람들은 마음에 드는 사진을 고르기 전에 예외 없이 좋아하는 사진을 오랫동안 바라봤다. 처음에는 여러 사진에 비슷한 시선을 주었지만, 시간이 지나면서 호감을 가진 사진에 시선이 더 오래 머물렀다. 연구팀은 후속 실험을 통해 처음에 선택한 사진을 제외한 후, 남은 사진 중에서 하나를 골라 그 사진을 오래 쳐다보도록 시선을 강제로 고정시켰다. 실험 결과, 시선을 고정해서 오래 보게 한 두 번째 사진이 처음 선택한 사진보다 더 마음에 든다고 선택한 실험 참가자들도 꽤 많았다.

이 연구 결과는 다시 한번 우리에게 물음을 던진다. "그 사람이 좋아서 자꾸 보게 되는 걸까, 아니면 자꾸 쳐다보니 나도 모르게 좋아지는 것일까?" 이 의문에 대한 명쾌한 정답은 아직까지도 여전히 도출되지 않고 있다. 뇌의 활동으로 생성되는 눈의 움직임이기에 정확한 메커니즘과 시선의 의미를 알기 어렵기 때문이다. 거기에 감정까지 개입되었기에 이 질문에는 시선 실험에 참여한 사람들조차 답변하기 힘들 것이다. 어쩌면 사진을 처음 본 순간 생기는 뇌에서의 감정 생성과 그 이후 만들어지는 시선, 또 이 시선이 강화시키는 뇌 속에서의 호감 등이 발생시키는 복잡한 현상일 것이다.

이제는 메타필링의 시대

메타인지와 메타필링은 현대 사회를 살아가는 우리에게 필수적으로 요구되는 능력이다. 이 두 가지는 단순한 인지적 기술이 아니라, 삶을 풍요롭고 의미 있게 만들어주는 핵심 요소라 할 수 있다. 우선 메타인지는 자신이 무엇을 알고 무엇을 모르는지를 파악하는 능력이며, 우리는 이를 통해 문제를 효율적이고 주체적으로 해결할 수 있다. 반면에 메타필링은 자신의 감정을 파악하고 활용하는 능력이다. 이를 통해 우리는 다양한 감정이나 정서적인 갈등과 문제를 해결할 수 있다. 그래서 이 책에서는 '메타필링'을 다음과 같이 정의하고 설명하려고 한다.

메타^{meta}는 고대 그리스어에서 '~를 넘어서' 또는 '초월'을 의미하며, 메타필링은 이러한 어원을 반영하여 '자신과 타인의 감정 상태를 폭넓게 인지하고 이를 적절히 해석하며, 다양한 맥락에서 감정을 조율하여 문제를 해결할 수 있는 능력'을 뜻한다. 감정이 '느끼는 기분'이라면 감성은 감각을 통해 느낀 것을 인식하고 표현할 수 있는 능력이다.

메타필링 개념을 새롭게 던지는 이유는 어떤 감정을 느끼고, 다른 사람과 감정을 교류하고, 조직과 사회 속에서 주고받는 감정의 맥락을 파악하고, 또 스스로 자신의 감정을 표현하면서 대인관계를 유지하고, 그 과정에서 자신의 판단을 결정하는 모든 과정이 매우 동적이고 다이내믹하기 때문이다. 그런 면에서 내면에 자리 잡고 있다가 밖으로 표현되는 정서, 즉 '이모션^{emotion}'보다는 자신이 느낌을 통해 인식하고 행동하는 차원에서 동적인 '필링^{feeling}'이 더 적합할 것이다. 안토니오 다마지오가 《느끼고 아는 존재^{Feeling & Knowing}》에서 "우리의 경험과 의식을 가능하게 하는 것은 느낌^{feeling}"이라고 말한 것과 같은 이유에서다.

흔히 감성지능은 'Emotional Quotient^{EQ}'로 번역되는데, 'emotion'이라는 영어 단어가 '감성'이라는 의미를 다 담기는 어려울 수 있을 것이다. 대니얼 골먼에 따르면 "인간은 언제 감정에 휩쓸리고 언제 자신의 감정을 발생시킬 것인지를 통제할 수 없지만, 자신의 감정을 얼마나 지속시킬 것인지는 통제 가능하다"고 한다. 그런 면에서는 분명 감성도 하나의 능력이며, 오히려 지금 시대에는 이성적 지능보다도 더 중요할 수도 있을 것이다.

2020년 하버드 대학의 에이미 에드먼드슨Amy Edmondson 박사가 1,200명 직장인을 대상으로 진행한 연구에서는 감성지능이 높은 사람들이 그렇지 않은 사람들에 비해 스트레스 관리 능력이 50퍼센트 더 뛰어나며, 직장에서의 번아웃 위험이 35퍼센트 감소했다는 결과를 제시했다. 또한 감성지능이 높은 사람들은 팀워크 평가에서도 평균 45퍼센트 더 높은 점수를 기록했으며, 동료 간의 신뢰 구축에서 중요한 역할을 하는 것으로 나타났다. 에드먼드슨 박사는 "높은 감정 조절 능력은 단순히 자신의 감정을 이해하는 것을 넘어, 감정을 생산적으로 활용하여 복잡한 상황에서도 효과적으로 대처하는 능력을 의미한다"라고 설명했다.

한편, 메타필링은 폭넓은 감정 작동 메커니즘feeling mechanism이기에 횡적인 차원horizontal에서 다양한 영역에서 적용될 수 있다. 그러면서도 때로는 종적인 차원vertical에서 어떤 특별한 감정이 왜 생기고, 어떻게 하면 그 감정이 해소될 수 있을 것인가와 같이 '깊이deeply' 있는 접근이 필요할 때도 있을 것이다.

감정에 대한 특별함을 오랫동안 연구해 온 고려대학교 김성태 교수는 자신의 저서 《데이톨로지Datalogy》에서 '딥필링deep feeling'이라는 개념을 소개했는데, 메타필링과 매우 상호 보완적이다. 그는 딥필링을 "인간의 복잡한 내면 세계와 다양한 외부 환경이 상호작용하며 만들어내는 감정 체계를 스스로 인지하고 구현해 나가는 과정"이라고 했다. 지능적 차원에서 적용되는 딥러닝의 원리를 감정계 차원에 적용한 것이다. '딥deep'은 감정에 표면적으로 접근하는 것이 아니고 복잡하고 심오한 구조를 자세히 본다는 뜻이다. '필링'은 어떤 경험에서 순간적으로 갖게 되는 느낌으로 시각, 청각, 촉각 같은 신체 감각 기관이나 이미 갖고 있는 감각의 기억에 대한 지각적 회상까지도 포함한다.

또한 저자는 육감을 일종의 지각 능력으로 본다. 누구나 한번쯤 '앞으로 이런 일이 일어날 것 같다'라는 느낌을 가진 적이 있을 것이다. 우리는 육감으로 상대방의 생각을 간파하거나 어떤 상황에서 분위기를 파악한다. 일이 잘될 것 같다고 느끼거나 이사할 집을 보러 갔을 때 집안에서 특별한 기운을 느낄 때도 있다.

그렇다면 메타필링과 딥필링은 어떤 과정을 거쳐 상호 구현되는 것일까? 우리는 매일 무엇인가에 자극을 받으며 살아간다. 새로운 느낌이 형성되는 입력 단계다. 색, 모양, 냄새, 소리 등이 나를 자극하면 무언가를 느낀다. 바로 '감정'이다. 외부 자극과 함께 의식과 무의식이 동시에 작동하면서 순간적으로 어떤 느낌을 받는다. '이 노래 좋은데 가슴이 설렌다.' '저 사람 낯설지가 않네. 왠지 친해질 것 같아.' '이 냄새 어렸을 때 마당에서 낙엽 태우던 냄새와 비슷하네.' 등이다.

이 모든 것이 순간의 감정에 기반한 느낌이다. 때로는 특별한 외부 자극을 받지 않아도 기억을 되새기는 중에 불현듯 어떤 감정 메커니즘이 작동하기도 한다. 플라톤이 말한 '상기론theory of recollection'이다.

감정계는 스스로 지각할 수 있는 의식의 한편에 무의식의 영역도 있다. 예상치 못한 순간에 잠재되어 있던 감정이 불현듯 발동하기도 한다. 평소에는 절대로 의식 밖으로 끄집어 낼 수 없는 느낌이다. 그만큼 복잡하고 설명하기 힘든 부분이다.

다음으로 입력된 감각이 처리되는 중간 단계다. 이 과정에서는 다양한 내면적, 외부적 영향 요인들이 추가로 개입한다. 감정은 개인에게 잠재된 기억이나 각자의 성향에서 만들어진 것만은 아니다. 실시간으로 변화하는 사회 환경 속에서 감정이 형성된다. 결국 어떤 감정이 만들어지는지의 여부는 이 중간 단계에 어떤 요소가 어떻게 영향을 미치는가에 달린 것이다. 감정 메커니즘의 작동은 여기에서 끝나지 않는다. 보통은 기존 감정에 대한 새로운 개념화가 이루어지거나, 혹은 다른 감정으로 진화한다. 그리고 이러한 감정은 다시 의식과 무의식의 영역으로 내면화된다. 이런 일련의 동적인 과정을 감정 작동 메커니즘이라고 할 수 있다.

그럼 작동의 예를 한번 들어보자. 자기 자신이 소중하다는 자각이 들면 어떤 감정 경험을 하게 될까? 자존감이 높아지면서 얼굴 표정도 밝아지고 매사에 자신감도 생길 것이다. 그로 인해 사람들에게 좋은 평가를 듣고, 이는 또다시 긍정적 경험으로 작용하여 내가 지닌 생각을 더 강화한다. 반대로 사랑받지 못한다는 생각이 들면 자존감이 낮아져 부정적인 감정을 형성하고 타인과의 관계에도 나쁜 영향을 미친다. 그로 인해 사람들에게 좋지 않은 평가를 듣게 되고, 이것이 또 다른 자극으로 작용하면서 부정적 생각이 스스로를 더 위축시킨다.

이런 과정을 통해 새롭게 생성되고 표출되는 감정은 다시 기존 감정과 합쳐지면서 또 다른 변화를 겪게 된다. 이처럼 감정 메커니즘은 끝이 있다기보다는 순환적인 구조로 지속적으로 작동한다. 따라서 메타필링은 단순하게 감정에 대한 이해나 조절 능력만을 뜻하는 게 아니다. "인간의 삶 속에서 광범위하게 영향을 미치는 복잡하고 심오한 감정 작동 메커니즘에 대한 이해와 전반적인 활용 능력"을 포함하는 것이다.

간단하게 메타필링의 적용 차원을 살펴보자. 먼저 메타필링은 개인individual 수준에서는 자신의 감정을 명확히 이해하고 스트레스와 같은 부정적 정서를 조율하는 능력을 포함하며, 대인interpersonal 관계에서는 상대방의 감정 신호를 민감하게 인식하고 공감을 통해 긍정적 교류를 촉진한다. 더 나아가 조직inter-organization 차원에서는 상이한 이해관계를 이해하고, 신뢰를 구축하며, 갈등을 효과적으로 조정하는 능력으로 발휘된다. 사회적social 차원에서는 다양한 집단 간의 이해와 화합을 촉진하며, 글로벌global 차원에서는 국제적 협력과 지속 가능한 발전을 위한 감정적 기반을 제공한다. 분명 메타필링은 현대 사회에서 정서적 안정과 사회적 성공을 촉진하는 데 핵심적인 역할을 하는 다차원적인 감정 능력이라고 할 수 있다.

생각에 대한 생각의 힘, 메타인지

"나는 생각한다. 고로 존재한다." 데카르트의 유명한 말처럼, 인간은 생각하는 존재다. 하지만 단순히 생각하는 것만으로는 충분하지 않다. 스스로의 생각을 돌아보고, 이해하며, 더 나은 방향으로 이끌어갈 수 있어야 진정한 성장을 이룰 수 있다. 즉 '생각에 대한 생각 thinking about thinking'의 힘이다.

이를 심리학 분야에서는 '메타인지meta-cognition'라고 부른다. 미국의 심리학자 존 플라벨John Flavell은 1976년 메타인지라는 개념을 처음으로 제시하며 문제 해결에서 메타인지가 얼마나 중요한 역할을 하는지 다양한 연구를 통해 입증했다. 플라벨은 메타인지를 "개인이 자신의 사고 과정을 인식하고 통제하며, 이를 기반으로 자신의 행동을 조정하는 고차원적 능력"이라고 정의했다. 메타인지는 단순히 인지 과정을 경험하는 것을 넘어 자신이 인지하고 있는 것을 스스로 인식하고, 평가하며, 조정하는 고차원적인 능력을 포함한다.

메타인지는 자기 통제와 의사결정뿐만 아니라, 학습 전략 수립과 문제 해결 과정에서도 중요한 역할을 한다. 학습 중간에 자신의 이해 정도를 주기적으로 점검하고 부족한 부분을 보완하기 위해 새로운 접근 방식을 도입하는 학생은 메타인지 능력이 뛰어난 경우다. 이는 단순히 학습의 효율성을 높이는 것을 넘어 자기 자신을 객관적으로 평가하고 성장할 수 있는 기반을 제공한다.

플라벨의 대표적인 연구는 초등학생들을 대상으로 메타인지 훈련을 도입한 실험이었다. 연구 결과, 메타인지 훈련을 받은 학생들은 그렇지 않은 학생들에 비해 문제 해결 능력이 30퍼센트 더 높았으며, 학업 성취도에서도 평균 25퍼센트 더 우수한 성과를 기록했다. 예를 들어 수학 문제를 풀 때 자신의 오류를 인식하고 수정할 수 있는 학생들은 동일한 문제를 반복적으로 틀리는 비율이 현저히 낮았다. 그는 메타인지를 통해 학생들이 자신이 '무엇을 알고 무엇을 모르는지'를 정확히 이해할 수 있으며, 이를 기반으로 더욱 효과적인 학습 전략을 설계할 수 있다고 했다. 이는 단순한 암기와 반복 학습보다 자기주도적 학습을 촉진하며, 학생들이 학습 과정에서 더 큰 자율성과 책임감을 가질 수 있도록 돕는다고 강조한다. 나아가 현대 심리학자들은 메타인지가 비판적 사고와 창의성 개발에 이르기까지 폭넓게 도움이 된다고 보고 있다.

국내에서 '메타인지' 개념이 본격적으로 알려지게 된 것은 한 방송의 힘이 컸다. EBS가 2010년에 방영한 〈학교란 무엇인가-0.1퍼센트의 비밀〉이라는 프로그램에서 재미있는 실험을 진행했다. 모의고사 전국 석차 0.1퍼센트 학생 800명 그룹과 평균 근처의 보통 성적을 가진 700명 학생 그룹을 대상으로 성적에 차이가 나는 이유를 분석했다. 그런데 예상과 다르게 IQ 점수나 부모의 경제력 같은 환경 요소는 유의미한 차이가 없었다. 두드러진 차이점은 바로 메타인지 능력이었다.

제작진은 두 집단의 학생들에게 연관성이 전혀 없는 25개 단어를 하나에 3초씩 총 75초 동안 보여주었다. 그런 다음 기억하고 있는 단어를 쓰게 했다. 그런데 답을 하기 전에 '자신이 몇 개의 단어를 기억해낼 수 있는지' 먼저 밝히도록 했다. 흥미로운 결과가 나왔다. 두 그룹의 학생들이 맞힌 평균 단어의 개수는 통계적으로 유의미한 차이를 보이지 않았다. 그런데 0.1퍼센트 학생 그룹은 자신이 맞힐 수 있다고 예측한 수와 실제 적어낸 단어의 수가 거의 일치한 반면, 평균 성적의 학생 그룹은 양자 간에 차이가 크게 났다. 즉 기억력 자체는 비슷했지만, 자기 기억력에 대해서는 0.1퍼센트 그룹의 학생들이 더 정확하게 평가하고 있었다. 바로 메타인지 능력이 만들어낸 차이였다.

즉 메타인지는 '자신의 인지 과정과 능력에 대한 통찰력'이라고 할 수 있다. 내가 무엇을 알고 무엇을 모르는지, 어떤 방식으로 학습하는 것이 효과적인지, 문제 해결에 어려움을 느낄 때 어떤 전략을 사용해야 하는지 등을 아는 것이다. 이는 단순히 지식을 쌓는 것과는 다르다. 자신의 학습 과정을 주도적으로 인식하고 조절하며, 능동적으로 지식을 활용하고 문제를 해결해 가는 능력을 의미한다.

삶을 개척하는 강력한 도구, 메타필링

메타인지와 함께 메타필링은 자신의 숨은 잠재력을 깨우는 또 다른 열쇠다. 스스로의 감정 시스템을 이해하고 조절하는 능력은 단순한 자기 관리 차원을 넘어선다. 우리가 더욱 효과적으로 학습하고, 복잡한 문제를 창의적으로 해결하며, 주체적으로 삶을 개척해 나갈 수 있는 강력한 도구가 된다. 끊임없이 변화하는 세상에서 메타필링은 우선적으로 자신의 감정 메커니즘을 제대로 이해함으로써 본인의 정서 안정과 함께, 대인관계에서 신뢰를 구축하고, 조직 내 협력을 강화하며, 나아가 글로벌 차원에서 협력 문제를 해결하는 데도 궁극적으로 기여할 수 있다.

이는 우리의 감정이 단순한 순간적 반응이 아니라, 선택과 행동의 방향성을 제시하는 나침반 역할을 하기 때문이다. 예를 들어 메타필링을 효과적으로 활용하면 스트레스 상황에서도 평정심을 유지하며, 좌절 속에서도 긍정적인 대안을 찾는 능력을 발휘할 수 있다. 따라서 메타필링은 단순히 현재의 감정을 다루는 데 그치지 않고, 장기적인 성장과 성공을 위한 핵심 자산이 된다. 우리는 지금 이 힘을 제대로 알고 활용해야만 미래의 도전과 변화 속에서도 끊임없이 성장할 수 있다.

메타인지를 감성적 차원으로 보면 메타필링이 된다. 우리가 어떤 상황에서 불안을 느꼈다고 하자. 그럴 때 거리를 두면서 그 감정을 바라보면, 이전에 이와 비슷한 경험을 했는데 그 후유증 때문에 현재 불안이 증폭되었음을 깨닫게 된다. 자신의 감정을 알면 스스로를 달래고 불안을 가라앉힐 수 있는 여유를 얻게 된다. 인간의 기억이나 감정은 개인에 따라 다르지만 공통된 부분도 있다. 인간의 감정은 단순한 뇌 활동이 아니다. 그래서 내재된 감정을 언제든 의식 바깥으로 끄집어내 느낄 수는 없다. 하지만 감정계 작동 과정을 살펴보면 감정은 자의식을 통해 어떤 기억을 떠올리고 잠재된 감정을 실제 감정에 동원하는 것을 의미하기도 한다.

감정은 외부 자극을 받거나 새로운 경험과 함께 일어나지만, 그 속도와 강도는 모두 다르다. 각자가 메타필링을 동원하여 스스로 감정 메커니즘을 작동시키면서 일련의 감정이 발생되는 것이다. 따라서 감정의 기술에서 '메타 감정'은 중요한 요소가 된다. 아마도 이제부터는 메타필링이 메타인지와 함께 학습, 문제 해결, 자기주도 학습, 비판적 사고 등 다양한 영역에서 긍정적인 영향을 미치는 핵심 능력이 될 것이다.

안토니오 다마지오는 자신의 연구에서 감정이 이성보다 더 중요한 역할을 한다는 주장을 제시했다. 그는 뇌 손상 환자들을 대상으로 진행한 심층 연구에서 감정이 결핍되었을 때 사람들은 논리적인 결정을 내리지 못하며, 단순한 선택조차 혼란스러워 한다는 사실을 발견했다. 대표 사례로 전두엽 손상을 입은 환자들은 이성적 사고와 기억력에는 문제가 없었지만, 감정을 동반한 의사결정에서는 극도의 어려움을 겪었다. 이러한 연구 결과는 감정이 단순히 이성을 보조하는 요소가 아니라 인간의 의사결정 과정에서 필수적인 역할을 한다는 점을 강조하는 것이다.

특히 그는 "감정이 없다면 인간은 의사결정의 방향을 잃는다"라고 설명하면서 감정이 이성과 협력하여 최적의 결정을 이끌어낼 수 있다고 주장했다. 그는 감정을 "의사결정을 위한 나침반"으로 비유하면서, 감정이 인간의 다양한 선택지 중에서 최적의 결과를 도출할 수 있도록 이끌어준다고 보았다. 예를 들어 환자들이 감정적 가치를 고려하지 못할 때 단순한 쇼핑 결정조차 지나치게 복잡해져서 선택을 망설이게 된다는 것이다.

2005년 미국 뉴욕 대학에서 진행된 후속 연구에서는 감정이 결핍된 사람들의 삶의 질과 사회적 관계에 미치는 영향을 분석했다. 이들이 느끼는 사회적 고립감은 평균적으로 40퍼센트 더 높고, 장기적인 삶의 만족도 또한 30퍼센트 낮았다. 이러한 결과는 감정이 인간의 삶에서 단순히 주관적인 경험에 그치지 않고, 실질적인 행동과 선택에 직접적인 영향을 미친다는 사실을 보여준다.

성공과 행복의 공식,
메타인지 × 메타필링 매트릭스

리더십 전문가 리처드 보야치스Richard Boyatzis와 그의 동료들이 진행한 연구는 이성과 감성이 조화를 이루는 리더십의 중요성을 심도 있게 다루었다. 특히 리더의 감성적 공감 능력이 조직의 성과와 밀접하게 연관되어 있음을 강조했다. 그들은 "감성적으로 조화로운 리더는 구성원의 동기를 자극하고 팀의 사기를 높이는 데 결정적인 역할을 한다"고 밝혔다. 이러한 리더는 구성원의 정서적 요구를 이해하며 개인과 조직의 목표를 균형 있게 조율할 수 있는 능력을 발휘한다는 것이다.

구체적인 사례로 연구진은 협력적 환경을 조성하는 리더십 스타일이 팀워크를 강화하고 생산성을 높이는 데 효과적이라는 점을 발견했다. 예를 들어 한 글로벌 IT 기업을 대상으로 진행한 사례 연구에서는 리더가 구성원의 감정 상태를 세심히 파악하고 피드백을 적시에 제공했을 때 프로젝트 성공률이 30퍼센트 이상 증가했다는 결과가 나왔다. 이러한 연구는 논리적 사고와 감성적 공감을 결합한 리더십이 복잡한 문제를 해결하고 조직 내 갈등을 완화하는 데 핵심적인 역할을 한다는 점을 뒷받침한다. 즉 '따뜻한 지성'과 '논리적 감성'

이 현대 사회에서 성공적인 소통과 문제 해결을 위한 필수 요소임을 다시 한번 입증한 것이다.

이제는 이성과 감정, 감성과 지능이라는 두 세계가 서로 만나 조화를 이루어야 한다. 따라서 자기 성장과 행복, 그리고 성공을 위해서는 메타인지와 함께 메타필링의 중요성도 커진다. 아래 매트릭스는 지성적 차원에서의 메타인지와 감성적 차원에서의 메타필링의 높고 낮음이 만드는 4분면quadrant이다. 좌측 하단은 메타인지와 메타필링 모두 평균 이하인 열등형inferior 그룹이다. 좌측 상단은 메타인지에 비해 메타필링이 우세한meta-feeling oriented 유형이다. 흔히 감성적인 경향이 더 강하다는 평가를 듣는 사람이다. 반면에 우측 하단은 감성보다는 지성 능력인 메타인지가 우세한metacognition oriented 경우다.

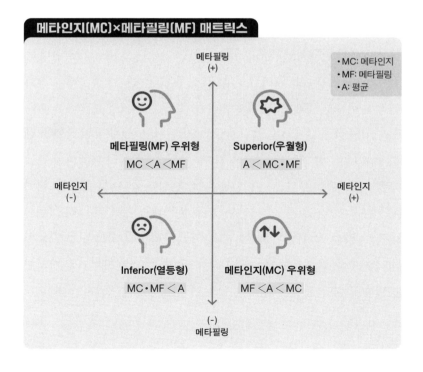

앞으로 미래를 이끌어갈 진짜 인재는 아마도 우측 상단에 있는 유형, 즉 메타인지와 메타필링 모두 뛰어난 우월형superior 그룹일 것이다. 흔히 "그 친구는 똑똑하기도 하지만, 참 따뜻하고 인간적이라서 좋아"라는 평가를 듣는 사람들이다. 따뜻한 지성인이다. 분명 다른 유형에 비해 자기 성장과 성공의 가능성이 가장 큰 사람들이다.

여기에서 흥미로운 질문은 메타인지 우세형과 메타필링 우세형 중에 어느 그룹이 더 경쟁력이 있고, 성공 가능성이 더 높은지에 대한 것이다. 우리가 이 책을 쓰기 위해 감정의 영향에 대한 수백 편의 연구 사례를 분석하면서 잠정적으로 내린 결론은 메타인지보다는 메타필링이 더 우세한 그룹이 사회생활에서 성공할 가능성이 더 높다는 사실이다. 최근까지도 학교에서 성적이 좋은 학생들은 메타인지가 높다라는 연구 결과가 나오고 있다. 그러나 조직 생활이나 기업 혹은 삶의 현장에서는 다른 사람들과의 인간관계가 더 중요하다는 많은 연구 결과를 고려할 때, 메타필링 우세형 그룹이 메타인지 우세형 그룹보다 성공의 기회가 더 많을 듯하다. 또한 자기 성장과 행복감에 있어서도 훨씬 더 유리할 것이다.

지난 2020년 뉴욕 대학에서 진행한 심리학 연구는 복잡한 문제를 해결하는 데 감정과 이성이 결합된 사고가 얼마나 중요한지를 다루었다. 연구를 주도한 엘리자베스 펠프스Elizabeth Phelps 교수는 참가자 200명을 대상으로 팀 기반 문제 해결 과제를 설계했다. 이 과제는 다양한 협상 시나리오를 포함하며, 참가자들의 감정적 민감성과 논리적 사고 능력을 평가한 연구였다. 연구 결과, 감성적으로 민감하면서도 논리적인 접근을 활용한 팀은 협상 상황에서 평균 45퍼센트 더 높은 성공률을 기록했다. 펠프스 교수는 "감정은 단순히 이성의 도구가 아니라, 의사결정 과정에서 본질적인 역할을 한다"라고 강조하면서, 감정이 이성과 상호작용하여 더 나은 결과를 이끌어낸다고 설명했다.

특히 연구에서는 감정을 의식적으로 통제하고 활용하는 팀원들이 긴장된 상황에서도 신뢰를 구축하고 협상 과정을 원활히 진행하는 경향을 보였다. 감정 조절 전략을 사용하는 팀은 갈등 해결 과정에서 생산적인 대화를 유도하며 상호 이해를 높이는 데 성공했다. 예를 들어 한 시나리오에서 감정적으로 민감한 팀은 상대방의 요구를 공감적으로 분석하며 대안을 제시하여, 논리적으로만 접근한 팀에 비해 60퍼센트 더 빠르게 합의에 도달했다.

펠프스 교수의 연구는 또한 감정과 이성이 결합된 사고가 개인이나 조직의 성공에도 중요한 영향을 미친다는 점을 보여준다. 연구 참가자 중 감정적 민감성과 논리적 사고를 균형 있게 사용하는 사람들은 직장 내 리더십 평가에서 더 높은 점수를 받았으며, 스트레스 상황에서도 더 높은 회복 탄력성을 보였다.

결국 현대 사회의 복잡한 문제를 해결하기 위해서는 따뜻한 감성과 차가운 이성이 만나야 한다. 논리적 사고는 문제를 구조화하고 분석하는 데 필수적이지만, 감성은 인간적인 접촉과 동기를 부여하는 원천이다. 이러한 시너지 효과는 개인의 성장뿐만 아니라 팀과 조직 전체의 발전을 이끄는 데 핵심적인 역할을 한다.

장대익 교수는 최근 자신의 저서 《공감의 반경》에서 "감정적 논리의 구축이야말로 복잡한 사회에서 설득력 있고 협력적인 문제 해결을 가능하게 한다'라고 적었다. 감성과 이성의 통합적 접근이 현대적 과제 해결의 필수 원칙일 될 수 있다는 것이다. 장대익 교수는 공감이 인간 사회의 중요한 요소라고 강조하면서, 심리적 공감에서 사고적 공감으로 확장되는 과정이 필요하다고 주장한다. 그는 특히 우리가 타인의 감정을 이해하는 데에서 한 발 더 나아가, 타인의 관점에서 논리적으로 사고할 수 있는 능력을 키워야 한다고 말한다. 이러한 사고적 공감이 문제를 해결할 때 감정과 이성이 조화를 이루게 하며, 좀 더 합리적이고 효과적인 의사결정을 가능하게 한다는 것이다. 예를 들어 감정을 기반으로 논리를 펼치면 설득력 있는 소통과 협력에 유리할 것이다. 장 교수는 이 과정을 "감정적 논리의 구축"이라 부르며, 단순히 차가운 이성에 의존하기보다는 따뜻한 감성을 통합해 사고하는 것이 복잡한 문제 해결의 핵심이라고 제안한다.

어쩌면 이러한 통합적 접근은 개인과 공동체 모두에게 이롭다. 21세기는 급변하는 정보와 기술의 홍수 속에서 살아남기 위해 끊임없이 배우고 적응해야 하는 시대다. 이러한 환경에서 메타인지와 함께 메타필링은 단순한 학습 능력을 넘어서 개인의 성장을 위한 필수 역량으로 떠오르고 있다. 마치 내비게이터처럼 메타인지는 우리가 어디로 가고 있는지, 어떻게 가야 할지, 그리고 더 나은 길은 없는지 끊임없이 질문하고 안내할 것이다. 이 과정에서 메타필링은 우리가 가는 길의 의미를 찾게 하고, 우리를 목표 지점까지 즐겁게 이끌어줄 것이다.

08

왜 누구는 1등이고
누구는 꼴찌인가?

감성 훈련을 받은 학생들은 학업 스트레스를 관리하는 능력이
45퍼센트 향상되었으며, 학업 성취도 또한 30퍼센트 증가했다.
또한 그룹 활동 중 발생한 갈등 상황에서도
감정을 효과적으로 조절하여 문제를 해결하는 능력을 보여주었다.
학생들이 스트레스와 도전적인 학업 환경에서 감성을 관리하는 것은
자신의 잠재력을 발휘할 수 있도록 돕는 중요한 도구가 된다.

망각의 속도와
놀라운 기억력의 비밀

  망각의 커브Forgetting Curve는 인간이 학습한 정보를 시간이 지나면서 얼마나 빠르게 잊어버리는지 보여주는 흥미로운 그래프다. 독일의 심리학자 헤르만 에빙하우스Hermann Ebbinghaus가 1885년에 제안한 실험 결과다. 사람들은 일반적으로 학습 직후 가장 빠르게 잊어버리기 시작하며 시간이 지나면서 망각 속도가 조금씩 느려진다는 것이다.

  에빙하우스는 참가자들에게 무의미한 음절을 학습하도록 한후, 다양한 시간 간격에서 기억 테스트를 수행했는데, 이 과정에서 학습한 정보가 얼마나 빠르게 소실되는지 측정했다. 연구에 따르면, 학습 후 단 20분 만에 약 42퍼센트의 정보가 사라지고, 1시간 후에는 약 56퍼센트, 하루가 지나면 무려 74퍼센트가 잊히며, 학습된 정보의 약 80퍼센트가 첫 48시간 내에 망각된다는 점을 발견했다.

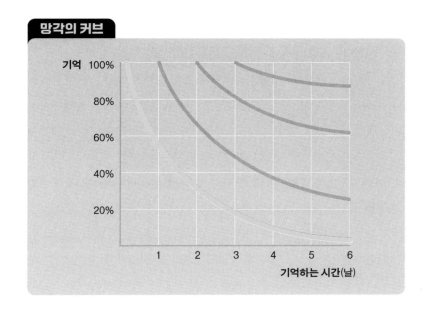

망각의 커브

기억 100%

80%

60%

40%

20%

1 2 3 4 5 6

기억하는 시간(날)

그러나 반복적인 복습과 간격 학습^{spaced repetition}을 통해 망각 곡선을 완화할 수 있다는 사실도 확인되었다. 예를 들어 동일한 정보를 일정한 간격으로 복습한 경우, 학습 후 일주일이 지나도 기억 유지율이 60퍼센트 이상 증가하는 것으로 나타났다. 이러한 발견은 단순한 암기가 아닌 반복 학습과 체계적인 복습이 장기 기억을 형성하는 데 효과적일 수 있음을 보여준다.

그렇다면 어떻게 학습해야 더 오래 기억할 수 있을까? 이를 보여주는 대표적인 연구로 1977년, 인지심리학자 로저 브라운^{Roger Brown}과 제임스 쿨릭^{James Kulik}이 수행한 플래시벌브 메모리^{flashbulb memory} 사례가 있다. 이들은 강렬한 감정적 사건이 기억에 미치는 영향을 탐구했으며, 감정이 개입된 기억은 그렇지 않은 기억보다 더 오래 지속되고 생생하게 떠오른다는 사실을 발견했다.

실험 연구 참가자들의 약 90퍼센트가 JFK 암살 사건에 대한 기억을 '매우 선명하게' 떠올릴 수 있다고 보고했으며, 약 85퍼센트는 달 착륙과 같은 역사적 사건의 세부사항을 구체적으로 기억한다고 응답했다. 이러한 결과는 감정이 개입된 사건이 개인의 기억 체계에 깊숙이 저장된다는 점을 실증적으로 보여준다. 또한 이 현상들은 사건 당시의 장소, 주변 환경, 그리고 감정 상태까지 포함한 '세부적인 맥락'을 생생히 기억하는 경향으로 나타났다.

감정이 기억에 미치는 영향을 살펴본 또 다른 사례는 PTSD 환자들의 기억 연구로, 미국의 심리학자 로저 피트먼Roger K. Pitman 박사와 그의 연구팀이 2002년에 수행한 실험이다. 이 연구에서는 PTSD 환자들과 일반 참가자들을 대상으로 감정적 자극과 중립적 자극을 포함한 다양한 기억 테스트를 진행했다. 연구 결과, PTSD 환자들의 약 92퍼센트가 트라우마와 관련된 사건의 세부 사항을 매우 생생하게 기억한다고 보고했으며, 이는 일반적인 중립적 기억을 가진 사람들보다 40퍼센트 이상 높은 비율이었다. 특히 연구팀이 PTSD 환자들의 뇌를 fMRI(기능적 자기공명영상)로 분석한 결과, 편도체 활성화가 35퍼센트 이상 증가한 것을 확인했다.

이는 감정적 자극이 편도체와 해마 간의 상호작용을 강화하여 기억의 고착화를 촉진한다는 점을 실증적으로 보여준다. 또한 강력한 감정적 경험이 생리학적 반응과도 연결됐는데, PTSD 환자들에게 트라우마와 관련된 사건을 떠올리게 하니 심박수는 평균 20퍼센트 상승했으며, 코르티솔 수치는 25퍼센트 증가했다고 한다. 이러한 생리적 변화는 감정적 사건이 기억의 지속성과 선명도를 결정짓는 핵심적인 메커니즘임을 나타낸다.

피트먼 박사는 "감정은 기억을 단순히 보조하는 요소가 아니라, 기억을 구조화하고 유지하는 데 필수적인 역할을 한다"라고 언급하면서, 감정적 경험이 학습과 기억 연구에서 중요한 변수로 작용한다는 점을 강조했다. 이러한 발견은 PTSD 환자들뿐만 아니라, 감정을 활용한 학습 전략 개발에도 중요한 통찰을 제공한다.

이는 2015년 하버드 대학의 교육심리학자 리사 펠드먼 배럿이 수행한 연구 결과에서도 나타난다. 배럿 박사는 400명의 고등학생을 대상으로 역사 수업에서 감정적으로 강렬한 이야기를 추가했을 때 학습 효과가 어떻게 변화하는지 조사했다. 연구 결과, 감정적 맥락을 부여한 수업을 들은 학생들은 단순한 정보 중심 수업을 받은 학생들에 비해 기억 유지율이 평균 35퍼센트 더 높았으며, 배운 내용을 활용한 에세이 작성에서도 40퍼센트 더 높은 점수를 기록했다. 배럿 박사는 이 결과에 대해 "감정은 학습자의 뇌가 정보를 더 깊고 의미 있게 처리하도록 돕는다"며, 감정을 학습과 결합하면 단순히 정보 전달을 넘어 학생들이 학습 과정에 적극적으로 몰입하게 된다고 설명했다.

기억의 문을 다시 여는 열쇠

우리는 삶을 살아가면서 수많은 경험을 하고, 그 경험들은 기억이라는 형태로 우리 안에 저장된다. 하지만 모든 경험이 동일한 강도로 기억되는 것은 아니다. 어떤 기억은 마치 어제 일처럼 생생하게 떠오르는 반면, 어떤 기억은 희미하게 잔상만 남아 있기도 하다. 이처럼 기억의 강도를 결정짓는 중요한 요소 중 하나가 바로 '감정'이다.

에릭 캔델은 기억의 생물학적 메커니즘을 밝혀낸 공로로 2000년 노벨 생리의학상을 수상한 신경과학자다. 그는 "우리가 우리인 것은 우리가 배우고 기억한 것 때문이다We are who we are because of what we learn and remember"라는 명제를 통해 인간 존재의 본질을 명쾌하게 드러냈다. 즉 우리를 '우리'라고 정의하는 것은 단순히 유전 정보나 신체 특징이 아니라, 삶 속에서 쌓아온 경험과 그것들에 대한 기억의 총합이라는 것이다.

인간의 뇌는 끊임없이 학습하고 기억하며 변화하는 놀라운 기관이다. 우리가 새로운 지식을 습득하거나 경험할 때마다 뇌에서는 신경세포 사이의 연결, 즉 시냅스가 강화되거나 약화되면서 새로운 회로가 형성된다. 이러한 신경 회로의 변화는 곧 기억의 형태로 저장되며, 이는 우리의 사고방식, 행동, 감정, 그리고 정체성에 지대한 영향을 미친다. 어느 순간 그런 변화의 모습이, 즉 카메라로 사진을 찍는 그 순간처럼, 지금 우리라는 것이다.

어린 시절에 자전거를 배우는 과정을 떠올려보자. 처음에는 균형 잡는 것조차 쉽지 않지만 끊임없는 연습과 노력을 통해 넘어지고 일어서는 과정을 반복하면서 결국 자전거를 잘 탈 수 있게 된다. 이는 단순히 운동 능력이 향상된 것뿐만 아니라, 뇌 속에 자전거 타는 방법에 대한 기억이 반복 학습을 통해 형성되었음을 의미한다. 이처럼 학습과 기억은 우리가 새로운 기술을 습득하고, 환경에 적응하며,

삶을 살아가는 데 필수 요소이자 과정이다.

에릭 캔델의 말처럼, 우리는 기억을 통해 과거를 회상하고 현재를 이해하며 미래를 계획한다. 기억은 우리의 정체성을 형성하고 삶의 의미를 부여한다. '나'라는 존재, 즉 나의 아이덴티티는 과거의 경험과 기억의 총합이며, 끊임없는 학습과 기억을 통해 '나'라는 존재의 정체성은 계속해서 변화하고 발전해 나가는 것이다.

인간의 기억은 경험과 뗄 수 없다. 기억은 크게 의식적으로 떠올릴 수 있는 의식적 기억explicit memory과 무의식적으로 저장되어 행동에 영향을 미치는 무의식적 기억implicit memory으로 나뉜다. 의식적 기억은 다시 사건이나 경험에 대한 기억인 일화 기억episodic memory과 사실이나 지식에 대한 기억인 의미 기억semantic memory으로 구분될 수 있다. 반면, 무의식적 기억은 습관, 운동 기술, 조건 반사 등과 같이 별도의 의식적인 노력 없이 거의 자동으로 수행되는 행동과 관련된 기억을 포함한다.

학습 효과 측면에서 볼 때 의식적 기억은 개념, 원리, 사건 등을 이해하고 설명하는 데 중요한 역할을 하며, 무의식적 기억은 특정 기술을 숙련하고 자동화하는 데 기여한다. 동시에 의식적 기억과 무의식적 기억은 상호보완 관계이며, 두 기억 모두 학습의 중요한 구성 요소다. 효과적인 학습을 위해서는 의식적인 노력을 통해 정보를 의미적으로 이해하고, 반복적인 연습을 통해 무의식적인 숙련 단계에 도달하는 것이 중요하다.

그렇다면 기억과 감정은 무슨 관계일까? 감정이 풍부하게 개입된 경험일수록 더욱 강렬하고 오래 지속되는 기억으로 남는다는 것이 사실일까? 지난 2016년 뉴욕 대학 신경학과 교수 라일라 다바치 Lila Davachi 연구팀은 이러한 질문에 대한 과학적인 해답을 찾기 위해 기능적 자기공명영상과 피부 전도 반응SCR 측정을 활용한 실험을 진행했다. 연구팀은 참가자들에게 다양한 이미지를 보여주면서, 일부 이미지를 보여줄 때는 손목에 약한 전기 자극을 함께 제시하여 불쾌감을 유발하는 감정적 경험을 유도했다.

다음 날 참가자들의 기억력 테스트를 진행한 결과, 전기 자극과 함께 제시되었던 이미지, 즉 감정적 경험과 연결된 이미지를 더 잘 기억하는 것으로 나타났다. 이는 감정적 경험이 뇌의 편도체 활성화를 통해 기억 형성을 강화시켰다는 것을 의미한다. 기능적 자기공명영상 분석 결과, 다양한 정보를 접할 경우 감정적인 메시지를 전달하는 이미지를 볼 때 편도체의 활동이 증가했으며, 나아가 편도체 활성화 정도가 높게 입력된 정보일수록 더 오래 기억하는 것으로 나타났다.

이는 피부 전도 반응 측정 결과에서도 재차 증명되었다. 피부 전도 반응은 피부의 땀샘 활동 변화를 통해 생리적 각성을 측정하는 방법으로, 감정적 자극에 대한 신체 반응을 객관적으로 평가하는 데 널리 사용된다. 연구 결과, 참가자들은 감정적인 이미지에 더 높은 생리적 각성 반응을 보였으며, 이러한 생리적 각성 반응이 강할수록 기억력 또한 향상되는 것으로 확인되었다. 감정적 자극이 뇌의 편도체와 해마 활성화를 증가시켜 기억 형성을 강화한다는 점을 실증적으로 보여주는 또 다른 중요한 결과다.

이러한 사실은 캘리포니아 대학 로스앤젤레스 캠퍼스의 신경과학자 매튜 리버먼Matthew Lieberman 교수가 2010년에 수행한 연구에서도 확인되었다. 리버먼 교수의 연구팀은 감정적 경험이 뇌의 편도체를 활성화하고, 해마에서 기억 형성 과정을 강화하는 메커니즘을 탐구했다. 참가자들에게 감정적으로 강렬한 이미지와 중립적인 이미지를 보여주는 동안 뇌 활동을 측정한 결과, 감정적인 이미지를 볼 때 편도체의 활동이 중립적 이미지에 비해 평균 45퍼센트 더 증가하는 것으로 나타났다.

이 연구는 감정적인 자극이 학습 효율성을 좌우하는 핵심 요소임을 실증적으로 보여주었으며, 학습 내용에 흥미와 호기심, 그리고 즐거움과 같은 긍정적인 감정을 포함할 때 학습 효과가 극대화될 수 있음을 확인해 주었다. 또한 감정적으로 강렬한 스토리텔링을 활용한 학습 환경에서 단순한 정보 전달식 학습에 비해 기억 유지율이 약 30퍼센트 더 높은 것으로 나타났다. 이는 감정은 단순히 학습 과정에 부수적으로 작용하는 요소가 아니라, 학습을 구조화하고 강화하는 중심 역할을 한다는 점을 시사한다.

공부를 잘하기 위한 시크릿 코드

미국의 교육심리학자 배리 짐머만Barry Zimmerman은 1986년에 발표한 연구를 통해 자기 조절 학습self-regulated learning과 학업 성취도 간의 밀접한 관계를 규명했다. 그는 학습 목표를 설정하고, 학습 전략을 선택하며, 학습 과정을 모니터링하고, 학습 결과를 평가하는 일련의 자기조절 과정을 메타인지의 핵심 요소로 정의했다. 그는 "스스로 학습의 주인공이 되어 적극적으로 참여하는 학생일수록 학업적으로 성공할 가능성이 더욱 높다"라고 강조하며, 자기조절 학습이 단순한 학업 기술이 아니라, 학생의 전반적인 성장과 성취를 이끄는 원동력임을 밝혔다.

짐머만은 이러한 자기조절 학습의 성공에는 감성지능[EQ]과 감정 조절 능력도 중요한 요소로 작용한다고 강조했다. 그는 2010년에 발표된 후속 연구에서 자기조절 학습과 감정 조절 능력의 상호작용이 학업 성취에 미치는 영향을 실험적으로 입증했다. 이 연구는 200명의 고등학생을 대상으로, 학습 중 스트레스 상황에서 감정 조절 전략을 훈련받은 그룹과 그렇지 않은 그룹의 학업 성취도를 비교한 실험이었다. 훈련받은 그룹은 시험에서 평균 20퍼센트 더 높은 점수를 기록했으며, 학습 과정에서 발생한 좌절감을 극복하고 목표를 지속적으로 추구하는 태도를 보였다. 짐머만은 "감정은 학습의 장애물이 아니라, 올바르게 조절되었을 때 학습 동기를 강화하고 성취를 극대화할 수 있는 도구"라 설명하면서, 감성지능과 메타인지가 상호 보완적으로 작용하여 학습 효과를 높이는 메커니즘을 제시했다.

문제 해결 능력을 키우는 것도 메타인지와 메타필링과 매우 연관성이 높다. 미국의 수학 교육학자 쇼언펠드[A. H. Schoenfeld]는 문제 해결 과정에서 메타인지의 중요성을 강조했다. 그는 문제를 해결하기 전에 어떤 전략을 사용할지 계획하고, 문제 해결 과정을 모니터링하고, 해결 후에는 자신의 풀이 과정을 평가하고 개선하는 과정에서 메타인지가 중요한 역할을 한다고 주장했다. 마치 탐정이 사건을 해결하듯 문제 해결 과정에서 스스로에게 질문하고, 답을 찾아가는 과정을 점검하고, 새로운 방법을 모색하는 능력은 복잡한 문제 상황에 효과적으로 대처할 수 있도록 돕는다.

여기에 더해, 감정의 힘도 문제 해결 과정에서 중요한 역할을 한다고 했는데, 이는 자신의 감정을 인식하고 조절하며, 감정적으로 도전적인 상황에서도 침착함을 유지하고 창의적인 해결책을 찾는 능력을 제공한다. 연구에 따르면, 높은 감성지능을 가진 사람들은 문제 해결 과정에서 스트레스를 관리하고, 협력적인 태도를 유지하며, 결과적으로 더 나은 성과를 이끌어낼 수 있었다고 한다. 이는 메타인지와 메타감성이 서로 보완적으로 작용하여 이성과 감정의 조화를 통해 복잡한 문제를 좀 더 효과적으로 해결할 수 있음을 보여준다.

국내에서는 2021년 서울대학교 김경희 교수팀이 메타필링이 학습 성과에 미치는 영향을 분석한 대표적인 연구를 진행했다. 이 연구는 서울과 수도권 초등학생 300명을 대상으로 감성 훈련 프로그램을 12주간 적용하여 학생들의 감정 조절 능력과 학업 성과를 평가하는 방식으로 진행되었다. 연구팀은 학생들에게 자신이 느끼는 감정을 기록하게 하고, 이를 바탕으로 상황에 적합한 대처 방안을 학습하도록 하는 체계적인 프로그램을 제공했다. 이 과정에서 학생들은 자신의 감정을 명확히 이해하고, 부정적인 감정을 긍정적으로 전환하는 훈련을 받았다.

결과적으로, 감성 훈련을 받은 학생들은 학업 스트레스를 관리하는 능력이 45퍼센트 향상되었으며, 학업 성취도 또한 30퍼센트 증가한 것으로 나타났다. 또한 협동 학습 상황에서 훈련받은 학생들은 동료들과의 협력 지수가 40퍼센트 더 높게 측정되었으며, 그룹 활동

중 발생한 갈등 상황에서도 감정을 효과적으로 조절하여 문제를 해결하는 능력을 보여주었다. 김경희 교수는 "감성 관리는 학생들이 스트레스와 도전적인 학업 환경에서 자신의 잠재력을 발휘할 수 있도록 돕는 중요한 도구"가 된다고 설명했다.

1등이 되기 위한
실천 전략, 7S

학습Learning은 감각과 지각을 통해 외부 정보를 습득하는 과정이다. 그 과정에서 기억을 좀 더 오래 지속하기 위해서는 다양한 신체 감각을 동시에 동원하여 그 새로운 정보에 감정색을 입히는 것이 중요하다. 특히 우리 뇌는 새로운 정보에 더 큰 우선순위를 두지만, 이미 알고 있는 정보는 상기하는 과정을 통해 내재적 기억을 소환하기도 한다. 기억Memorizing은 뇌의 구조와 기능을 이해하는 것이 필요한데, 특히 해마는 단기기억을 장기기억으로 변환하는 역할을 하며, 이를 위해 감성적, 언어적, 서술적 기억이 중요하다고 한다. 우리가 공부를 해서 시험을 보듯 학습하고 기억한 내용을 실행Executing하기 위해서는 그 기억을 담당하고 있는 뇌의 시냅스 또한 활성화시켜야 한다.

그렇다면 끊임없이 학습하고 기억하고 실행하는 사람 중에서도 왜 누구는 공부를 잘하고 누구는 못하는 것일까? 우리는 중·고등학교를 다니면서 항상 성적에 대한 고민을 했었다. '어떻게 하면 공부를 잘할까, 어떻게 해야 반에서 1등을 할 수 있을까, 어떻게 하면 좋은 대학에 갈 수 있을까? 내가 아는 그 친구는 별로 공부를 하는 것 같지도 않은데 어떻게 시험 때마다 1등을 할까?' 이런 질문을 달고 살았다.

이런 의문에 대해 어떤 사람들은 타고난 유전적인 요인 때문이라고 말하겠지만, 이보다는 '기억은 감정이다'라는 명제를 활용해 보면 좋을 것이다. 주어진 시간 내에 학습과 기억의 강도를 높여서 경쟁에서 이길 수 있는 힘을 '감정'에서 찾는 것이다. 필자들은 학습과 기억의 메커니즘에서, 특히 뇌의 해마와 편도체의 상호작용과 기능에서 그 방법을 찾으려 한다. 주어진 같은 시간 내에서 학습과 기억, 그리고 문제 해결의 실행 능력을 향상시키는, 영어 알파벳 'S'로 시작하는 구체적인 일곱 가지 실천 전략을 제안한다.

• 감각을 통한 학습 Sensing •

다양한 감각을 동원하여 학습하면 뇌에 더욱 풍부한 자극을 줄 수 있다. 2021년, MIT의 신경과학자인 레이철 그린Rachel Green 박사가 수행한 연구는 감각 통합 학습의 효과를 뒷받침하는 구체적인 사례를 제공한다. 연구에서 참가자들은 동일한 정보를 단일 감각(시각)으로만 학습한 그룹과, 시각·청각·촉각을 통합한 방식으로 학습한 그룹으로 나뉘었다. 그 결과, 감각 통합 학습을 받은 그룹은 학습 후 일주일이 지나도 85퍼센트 이상의 정보를 유지한 반면, 단일 감각에 의존한 그룹은 60퍼센트 이하의 정보를 기억하는 데 그쳤다. 이 연구는 공감각 학습이 기억 유지율뿐만 아니라 문제 해결 능력과 창의성 향상에도 긍정적인 영향을 미친다는 점을 보여주며, 교육 및 학습 전략 설계에 중요한 통찰을 제공한다. 공감각synesthesia 학습이란 시각, 청각, 촉각, 후각, 미각 등 다양한 감각을 활용하여 공부하는 방법이다.

• 서술형 기억을 위한 스토리 만들기 Storytelling •

단순 암기보다 이해가 우선이고, 서술형 기억을 위한 스토리를 만들어야 한다. 서술형 기억은 단편적인 사실들을 나열하는 것이 아니라, 사건의 전후 맥락, 등장인물, 감정, 의미 등을 유기적으로 연결하여 하나의 이야기처럼 구성하는 것이다. 마치 소설이나 영화처럼 기승전결을 갖춘 스토리는 뇌에 더욱 강렬한 인상을 남기고 오랫동안 기억할 수 있다.

스토리텔링은 단순 암기보다 이해를 우선시한다. 개념과 개념을 연결하고, 맥락 속에서 정보를 이해할 때 비로소 진정한 학습이 이루어진다. 이 과정에서 언어 능력, 특히 다양한 개념을 학습하는 능력은 매우 중요하다. 풍부한 어휘력과 문맥 이해 능력을 바탕으로 정보를 효과적으로 연결하고 스토리화할 수 있기 때문이다. 뇌는 스토리가 있는 기억을 더 오래 저장한다. 마치 여러 개념이 네트워크처럼 연결되어 있을 때, 개념의 연결고리를 통해 기억을 쉽게 떠올릴 수 있는 것과 같다. 해시태그를 많이 달아놓으면 나중에 리마인드될 때 해당 내용을 쉽게 떠올릴 수 있는 것처럼, 스토리텔링은 기억을 위한 효과적인 '해시태그' 역할을 한다.

2001년 캐나다 토론토 대학의 엔델 툴빙Endel Tulving 교수 연구팀은 이를 실험적으로 증명했다. 연구팀은 참가자들에게 단어 목록을 두 가지 방식으로 제시했다. 하나는 단순히 단어 목록을 보여주는 것이었고, 다른 하나는 각 단어를 사용하여 짧은 이야기를 만들도록 하는 것이었다. 실험 결과, 이야기를 만들어 기억한 참가자들이 단어를 훨씬 더 많이 기억하는 것으로 나타났다. 뇌는 의미와 맥락을 가진 정보를 더 잘 처리하고 저장하기 때문이다. 이는 곧 학습 전략에도 시사하는 바가 크다. 단순히 암기하는 것보다 내용을 이해하고 스토리텔링을 활용하는 것이 장기 기억 형성과 학습 효과 향상에 도움이 된다는 것을 의미한다.

• 반복 학습을 통한 기억의 강화 Solidifying •

학습 내용을 장기 기억으로 전환하기 위해서는 야마구치 마유가 주장한 '7번
의 기적The Miracle of 7 Times'처럼 꾸준한 반복 학습이 중요하다. 야마구치는 반
복적인 강화 학습은 집중력과 기억력을 향상시키고, 학습 동기를 유지하는 데
도움이 된다고 주장한다. 뇌 또한 새로운 지식을 받아들이고 장기 기억으로
저장하는 데에는 시간과 노력이 필요하다.

반복 학습과 관련된 개념으로 '1만 시간의 법칙The 10,000-Hour Rule'도 있다. 이
는 어떤 분야에서든 1만 시간 이상 연습하면 전문가 수준의 실력을 갖추게 된
다는 개념이다. 1993년 플로리다 주립대학의 심리학자 안데르스 에릭슨 교
수 연구팀은 바이올린 연주자들을 대상으로 연습 시간과 연주 실력의 상관관
계를 연구했다. 연구 결과, 세계적인 수준의 연주자들은 모두 1만 시간 이상의
연습을 했다는 사실을 발견했다. 이는 이후 말콤 글래드웰의 저서《아웃라이
어Outliers》에서 소개되면서 전 세계적으로 널리 알려지게 되었다.

'7번의 기적'이나 '1만 시간의 법칙'에서 알 수 있듯, 어떤 분야에서든 숙련되
기 위해서는 꾸준한 연습과 반복 학습이 필수적인 것은 분명해 보인다. 특히
운동 기술을 익힐 때는 '근육이 기억할 정도로 반복하라'라는 말이 있다. 실제
로는 근육이 기억하는 것이 아니라, 반복적인 연습을 통해 뇌에서 내린 명령
이 운동 신경계를 통해 근육에 전달되는 속도와 정확성이 높아지는 것이다.

• 자가 테스트 활용 Self-Testing •

학습한 내용을 스스로 퀴즈 형식으로 테스트하면 자신의 이해도를 점검하고
부족한 부분을 파악할 수 있다. 자가 테스트의 학습 효과는 많은 연구를 통해
입증되었다. 2011년 로디거Roediger와 카피크Karpicke의 연구에 따르면, 학습 후
테스트를 반복한 학생들은 단순히 읽거나 복습만 한 학생들에 비해 50퍼센트
이상 더 높은 기억 유지율을 보였다. 특히 실험에서 테스트를 3회 이상 수행한
그룹은 학습 후 일주일이 지나도 약 80퍼센트의 정보를 기억한 반면, 읽기만

반복한 그룹은 40퍼센트 이하로 하락했다. 또 다른 사례로 2020년 진행된 〈미국 교육 심리학 저널Journal of Educational Psychology〉의 연구는 자가 테스트가 학습 동기에도 긍정적 영향을 미친다고 보고했다. 이 연구는 하버드 대학의 심리학자 에밀리 브라운Emily Brown이 이끌었는데, 그녀의 연구팀이 대학생 500명을 대상으로 분석한 결과, 자가 테스트를 활용한 학생들 중 75퍼센트가 학습 목표 달성에 자신감을 느꼈으며, 이들의 학습 후 스트레스 수준이 평균적으로 30퍼센트 감소했다. 이러한 결과는 자가 테스트가 단순히 기억력 향상뿐만 아니라 학습 동기와 전반적인 학습의 질을 높이는 데 효과적임을 보여준다.

• 잘 먹어야 한다 Supplementing Nourishment •

이 말은 단순히 건강을 유지하는 차원을 넘어 뇌 기능, 특히 기억과 학습에 있어서도 매우 중요한 의미를 지닌다. 뇌의 무게는 평균적으로 약 1.5킬로그램 정도로 신체의 약 2퍼센트에 불과하지만, 놀랍게도 전체 에너지 소비량의 20~30퍼센트를 차지할 만큼 활발하게 활동하는 기관이다. 특히 시냅스 작동에 필수적인 단백질 수용체는 뇌의 활동에 중요한 역할을 한다.

이와 관련해 2018년 캘리포니아 대학의 영양학자 사라 존슨Sarah Johnson 박사가 수행한 연구는 영양 섭취와 학습 효과 사이의 관계를 구체적으로 보여준다. 연구에 따르면, 오메가-3 지방산과 같은 특정 영양소를 충분히 섭취한 학생들은 학습 후 일주일 뒤에도 평균적으로 60퍼센트 이상의 정보를 기억한 반면, 영양소 섭취가 부족한 그룹은 40퍼센트 이하의 기억율을 보였다. 더불어, 같은 연구에서 블루베리와 같은 항산화 성분이 풍부한 음식을 섭취한 그룹은 집중력과 문제 해결 능력이 평균 25퍼센트 향상된 것으로 나타났다. 이러한 결과는 올바른 영양 섭취가 신체 건강뿐만 아니라 인지 기능 강화와 장기 기억 형성에 결정적인 역할을 한다는 것을 보여준다.

특히 단백질 섭취가 매우 중요하다고 한다. 2020년 케임브리지 대학의 신경과학자 마이클 스미스Michael Smith 박사가 주도한 연구에 따르면, 단백질이 풍부한 식사를 한 실험 그룹은 단기 학습 테스트에서 평균적으로 30퍼센트 더 높은 점수를 기록했으며, 학습 후 일주일이 지나도 70퍼센트 이상의 정보를 유지했다. 반면, 단백질 섭취가 부족한 그룹은 같은 테스트에서 40퍼센트 이하의 정보를 기억하는 데 그쳤다.

또한 이 연구는 단백질이 뇌에서 신경전달물질을 생성하는 데 필요한 에너지원으로 작용하며, 특히 해마가 새로운 정보를 처리하고 저장하는 과정에서 핵심적인 역할을 한다는 점을 강조했다. 스미스 박사는 "단백질은 뇌 구조와 기능을 유지하는 데 필수적이며, 학습과 기억력을 극대화하기 위해 꾸준히 섭취해야 한다"라고 언급했다. 이 연구는 학습 능력 향상과 장기 기억 형성을 위해 다양한 영양분, 특히 단백질 섭취의 중요성을 명확히 보여준다.

• 충분한 수면 Sleeping •

수면은 학습된 정보를 정리하고 장기 기억으로 전환하는 데 필수적이다. '잘 자야 한다'는 말은 피로를 해소하는 것 이상의 의미를 지닌다. 특히 학습과 기억의 관점에서 수면은 뇌 기능을 최적화하는 데 매우 중요한 역할을 한다. 과거에는 '4당 5락'이라는 말이 유행할 만큼 잠을 줄여가며 공부하는 것이 미덕으로 여겨지기도 했지만, 최근 연구 결과들은 충분한 수면이 학습 효과를 높이는 데 필수적임을 보여준다.

2019년 하버드 의과대학의 존 윌리엄스John Williams 박사가 주도한 연구에 따르면, 매일 7~8시간의 수면을 취한 학생들은 5시간 이하의 수면을 취한 학생들보다 시험 성적이 평균 20퍼센트 더 높았다. 또한 수면의 질도 학습 효과에 중요한 영향을 미친 것으로 나타났다. 연구에 따르면, 딥슬립Deep Sleep 단계에서 뇌는 학습한 정보를 해마에서 대뇌피질로 전환하며, 이는 장기 기억 형성에 핵심적이다. 수면의 질이 높은 학생들은 실험에서 평균적으로 40퍼센트 더 높은 정보 기억력을 보였으며, 복잡한 문제 해결 능력도 약 30퍼센트 증가했다. 이러한 결과는 학습 후 충분하고 질 높은 수면이 기억력을 강화하고 학습 효과를 극대화하는 데 결정적인 역할을 한다는 점을 강력히 시사한다.

뇌공학적으로 보면 수면 시간 동안 뇌는 정보를 정리하고 저장하는 작업을 수행한다. 특히 해마는 다른 뇌 영역과 활발하게 소통하며 단기 기억을 장기 기억으로 전환하는 과정을 주도한다. 수면은 해마가 자신의 학습 정보를 장기적으로 보낼 뇌와 소통하는 시간이며, 동시에 해마의 저장 공간을 비워 새로운 학습과 정보를 받아들일 수 있는 공간을 확보하는 시간이기도 하다. 즉 잠을 자는 동안 뇌는 일종의 '정보 정리' 작업을 수행하는 것이다. 1등하는 아이들이 충분한 수면을 취하는 이유도 바로 여기에 있다.

• '간격 학습'과 공간적 거리두기 Spacing •

짧고 자주 학습하는 방법인 '간격 학습space learning'은 망각의 곡선을 극복하는 데 매우 효과적인 것으로 알려져 있다. 2007년 뉴욕 대학의 심리학자 로버트 비요크Robert Bjork가 수행한 연구는 이 학습 방법의 놀라운 효과를 보여주었는데, 학생들에게 단어를 학습하게 한 후, 일정한 간격으로 복습하도록 한 그룹과 단기간에 집중적으로 복습한 그룹을 비교했다. 결과적으로 간격 학습을 활용한 그룹은 일주일 후 외웠던 단어의 70퍼센트를 기억한 반면, 집중 복습 그룹은 40퍼센트만을 기억했다.

또한 2015년 교육 심리학자인 소피아 리Sophia Lee 박사가 주도하여 1,200명의 학생을 대상으로 간격 학습의 효과를 측정한 연구 보고서에 따르면, 간격 학습을 활용한 그룹은 복습하지 않은 그룹에 비해 학습 후 일주일이 지나도 80퍼센트 이상의 정보를 유지한 반면, 집중 학습만 한 그룹은 50퍼센트 이하의 기억 유지율을 보였다고 한다. 이러한 결과는 간격 학습이 단순한 복습 방법을 넘어 지속적인 학습 전략으로 자리 잡아야 함을 시사한다.

'space'를 '공간'이라는 의미로 쓸 때 이 또한 학습에 영향력을 미친다. 주변 환경, 특히 '공간'이 미치는 영향은 매우 크다. 집중력을 높이고 학습 효과를 극대화하기 위해서는 방해 요소가 없는 조용한 공간을 마련하는 것이 중요하다. 보통 '8초의 법칙'에서 알 수 있듯, 집중력은 흐트러지기 쉽고, 한번 흐트러진 집중력을 되찾는 데는 5배의 시간이 필요하다고 한다. 따라서 학습 공간은 최대한 깔끔하게 정돈하고, 불필요한 물건들을 치워 집중력을 방해하는 요소를 최소화해야 한다. 학습 공간은 뇌가 쉴 수 있는 편안하고 안락한 공간이 되어야 한다. 마치 나무가 불필요한 가지를 쳐내고 건강하게 성장하는 것처럼, 우리의 뇌도 외부 자극을 적절히 차단하고 휴식을 취할 때 최적의 기능을 발휘할 수 있는 것이다.

'아름다운 거리Beautiful Distance'라는 말이 있다. 단순히 물리적인 거리뿐만 아니라 심리적인 거리까지 포함한다. 가족과의 관계에서도 적절한 심리적 거리를 유지하며 서로 존중하고 배려하는 것이 중요하다. 이는 개인에게 집중할 수 있는 시간과 공간을 제공하고, 학습 효과를 높이는 데에도 긍정적인 영향을 미치기 때문이다.

사랑은 사람들을 연결하고 사회를 하나로 묶는 가장 근본적인 힘이다.
사랑은 단순히 개인적인 감정에 머무르지 않고,
서로 다른 배경과 가치관을 가진 사람들 사이의 장벽을 허물며,
공감과 이해를 통해 진정한 연대를 만들어낸다.
사랑은 타인을 있는 그대로 받아들이고, 차이를 존중하며,
함께 나아가는 길을 제시한다.
사랑은 인간 사회의 지속 가능성을 높이는 핵심 요소다.

09

사랑이
우리를
살게 한다

증오의 역습,
인류는 여전히 전쟁 중

　　미국의 역사가 윌 듀런트는 자신의 책《문명 이야기The Story of Civilization》를 통해 인류 역사의 대부분이 전쟁으로 점철되었음을 강조하면서 "3500년의 인류 역사 중 전쟁이 없던 시기는 270년에 불과하다"라고 말했다. 이는 역사의 약 92퍼센트가 전쟁 중이었다는 뜻이다. 심지어는 전쟁이 없던 나머지 270년 또한 다음 전쟁을 준비하는 시간이었다는 말도 있다. 어쩌면 인간은 오랜 역사 속에서 태생적으로 다른 사람과 종족, 그리고 다른 나라를 공격하고, 때로는 자신을 보호한다는 명목으로, 또는 종교적 이유로, 그리고 때로는 경제적 이익을 위해 전쟁을 일으키고 침범을 당했다. 간단히 얘기하면 인류의 역사는 생존을 위한 투쟁의 역사다.

　　최근 들어서는 전쟁과 함께 테러, 증오 범죄, 우울증과 자살 또한 인류의 생명과 안녕을 위협하는 심각한 문제가 되고 있다. 시리아

154

내전은 2011년 발발 이후 10년 넘게 지속되면서 약 30만 명 이상의 사망자가 발생했고 예멘 내전 또한 2014년 시작 이후 약 40만 명의 목숨을 앗아갔다. 2022년 시작한 우크라이나 전쟁은 아직까지도 진행 중이다. 유엔은 민간인 사망자 수를 최소 1만 명 이상으로 추산하고 있지만, 실제 사망자 수는 이보다 훨씬 많을 것으로 예상된다.

전 세계적으로 테러로 인한 사망자 수는 2014년 약 3만 3,000명으로 정점을 찍은 이후 감소 추세를 보였으나, 아프가니스탄, 이라크, 시리아 등 분쟁 지역에서는 여전히 빈번하게 발생하고 있다. 증오 범죄 또한 인종, 종교, 성적 지향 등을 이유로 매년 증가 추세에 있다.

세계보건기구WHO에 따르면 우울증을 앓는 사람은 2020년 약 2억 6,400만 명에서 2023년 약 3억 명으로 증가했다. 자살로 인한 사망자 수는 매년 70만 명에 달한다. 특히 코로나19 팬데믹 이후 사회적 고립과 경제적 어려움이 가중되면서 우울증과 자살률은 더욱 증가하는 추세를 보이고 있으며, 2025년에는 팬데믹 이후의 경제 불황과 사회 불안정이 지속되면서 이러한 문제가 더욱 심화될 것으로 예상된다.

전쟁과 테러는 물론 증오 범죄와 민족 간의 갈등, 종교 대립은 사람들의 부정적인 감정에서 생겨난 경우가 많으며, 이는 사회 대립을 심화시키는 원인이 되고 있다. 개인적 차원에서는 우울증 같은 심리 문제가 개인의 감정과 긴밀하게 연결되어 있다. 이러한 문제들은 종종 사회 불안과 개인의 고립을 동시에 야기한다. 이는 결국 사회 전반의 안정성을 위협하며, 감정적 요인의 중요성을 국제적, 개인적 차원에서 다시금 조명하게 만든다.

《증오의 역습Hass: Die Macht der zerstörerischen Gefühle》은 세계적인 법정 신의학자이자 베스트셀러 작가인 라인하르트 할러가 쓴 책이다. 이 책에서 할러는 40년간의 임상 경험과 500여 건의 프로파일링, 수천 시간의 인터뷰를 바탕으로 증오라는 감정이 개인과 사회에 미치는 파괴적인 영향을 심층적으로 분석했다. 그는 증오가 단순한 감정을 넘어 개인의 정신을 잠식하고, 폭력, 범죄, 심지어 테러와 전쟁까지 야기하는 근본적인 원인이 될 수 있음을 경고한다.

특히 할러는 현대 사회에서 증폭되는 사회 불평등, 정치 양극화, 온라인 공간에서의 혐오 발언 등이 증오의 씨앗을 뿌리고 키우는 데 일조한다고 지적한다. 할러는 증오가 개인의 내면에서 어떻게 생성되고 증폭되는지, 그리고 사회적으로 어떤 파괴적 결과를 초래하는지 생생하게 보여준다. 또한 이러한 부정적 감정에 대한 깊이 있는 이해와 성찰을 통해 증오의 악순환을 끊고 건강한 사회를 만들어나가야 한다고 강조한다.

그렇다면 어떻게 이런 부정적 감정이 야기하는 문제를 해결할 수 있을까? 아마도 이 모든 갈등과 감정 대립을 해결할 수 있는 단 하나의 특별한 감정은 '사랑'이 아닐까 싶다.

사랑, 단 하나뿐인 특별한 감정

'사랑은 왜 중요할까? 나는 지금 누군가를 진정으로 사랑하고 있을까? 왜 우리는 사랑을 위해 모든 것을 거는 걸까? 우리는 과연 사랑 없이 살 수 있을까?' 우리는 이런 의문을 갖곤 한다.

아마도 우리는 사랑 없이는 진정한 의미의 삶을 누릴 수 없을 것이다. 사회 속에서 건강하게 생존할 수 없을지도 모른다. 사랑은 단순한 감정의 영역을 넘어 개인과 사회를 변화시키는 강력한 원동력이다. 개인적 차원에서 사랑은 행복의 근원이자 삶의 에너지이며, 자존감을 북돋우고 정신 건강을 강화하는 필수 요소다. 사랑은 우리가 서로를 돌보고, 삶의 목표와 의미를 찾도록 도와주며, 어려움 속에서도 이를 극복할 수 있는 내면의 힘을 제공한다.

조직적 차원에서도 사랑은 놀라운 힘을 발휘한다. 서로를 존중하고 배려하는 조직 문화는 협력과 소통을 증진시킨다. 창의성을 촉진하여 생산성과 공동 목표 달성에 결정적인 기여를 한다. 시카고 대학의 니콜라스 애플야드^{Nicholas A. Aplyard} 교수는 연구를 통해, 사랑과 배려가 중심이 된 조직에서는 구성원의 몰입도가 40퍼센트 이상 높아지고, 성과는 평균 20퍼센트 이상 증가한다는 결과를 도출했다. 이는 단순히 효율적인 관리만으로는 얻을 수 없는 결과로, 사랑과 배려의 힘이 조직의 성장에 얼마나 중요한지 보여준다.

사랑은 또한 사회적 차원에서 공동체를 결속시키는 핵심적인 역할을 한다. 사랑은 서로 다른 배경과 가치관을 가진 사람들을 연결하여 공동체 의식을 심화시키며 사회 통합을 이루는 데 기여한다. 또한 갈등을 평화적으로 해결하고, 나아가 사회 연대와 발전을 이끌어내는 데 필수적이다. 사랑은 단순한 개인의 감정을 넘어 사회를 움직이고 지속 가능한 미래를 만드는 원동력임은 분명하다.

구글의 빅데이터 분석 서비스 엔그램 뷰어는 지난 1500년 이후

문학작품을 포함한 디지털화된 책 데이터를 분석하여 특정 단어나 구절의 사용 빈도 변화를 시각적으로 보여준다. 이는 언어의 변화, 문화 트렌드, 역사적 사건 등을 파악하는 데 유용하게 활용될 수 있다. 나아가 특정 시대에 유행했던 단어나 개념, 사회 이슈에 대한 관심 변화 등도 살펴볼 수 있다.

필자들이 진행한 엔그램 뷰어의 분석에 따르면, 지난 500여 년 동안 책, 문학작품, 보고서 등 다양한 기록물에서 가장 자주 등장한 단어는 영어의 정관사 'the'였다. 이는 'the'가 영어 문법에서 특정 대상을 지칭할 때 사용되는 필수 관사 중 하나이기 때문이다. the는 문장 내에서 명사 앞에 붙어 이미 언급된 대상을 다시 가리키거나 독자가 익숙한 개념을 지칭하는 데 중요한 역할을 한다. 따라서 문어체뿐만 아니라 구어체에서도 광범위하게 사용되며, 영어 텍스트에서 가장 흔하게 발견되는 단어 중 하나로 자리 잡았다.

일반 명사 중에서는 '사람man' '사랑love' '삶life' '시간time' '신god' 등과 같은 명사가 자주 등장했다. 이 중에서 우리는 '사랑'에 주목해 보자. 사랑은 인간의 가장 본질적인 감정이자 삶을 움직이는 원동력이며, 역사적으로 문학과 예술의 가장 중요한 주제 중 하나이기 때문이다. 사랑을 중심으로 펼쳐지는 수많은 이야기는 인간의 감정을 깊이 탐구하며, 삶의 의미와 가치를 조명하는 역할을 한다. 사랑을 모티브로 하는 수많은 기록물이나 문학작품 속에서 이 위대한 감정은 스토리를 이끌어가며, 때로는 삶의 희망을 심어주고, 때로는 극적인 갈등을 만들어내며 독자들에게 강렬한 감동을 선사한다.

윌리엄 셰익스피어의 4대 비극 중 하나인 《로미오와 줄리엣》은 사랑이라는 감정의 위대함과 동시에 그 비극성을 담아낸 가장 대표적인 문학작품이다. 이 이야기는 몬터규 가문의 로미오와 캐풀렛 가문의 줄리엣이라는 원수 관계의 자녀들이 사회 갈등을 초월한 순수하고 열정적인 사랑을 나누는 것으로 시작된다. 이들의 사랑은 단순한 개인적 감정에서 그치지 않고, 서로 대립하던 가문 간의 증오를 잠시나마 잊게 할 만큼 강력한 힘을 발휘한다. 그러나 이들의 사랑은 사회 억압과 증오 때문에 비극적인 결말로 치닫는다.

셰익스피어는 이 작품을 통해 사랑이 가진 위대한 힘과 그 한계를 동시에 보여준다. 젊은 연인들이 서로를 위해 모든 것을 포기하고 헌신하는 과정은 사랑이 얼마나 인간의 감정과 행동을 지배할 수 있는지 보여주며, 그와 동시에 사회 갈등과 억압이 사랑의 결실을 방해할 때 얼마나 파괴적인 결과를 초래할 수 있는지를 암시한다. 결국 로미오와 줄리엣의 죽음은 단순히 개인의 비극이 아니라, 사랑과 증오가 충돌할 때 발생할 수 있는 극단적 결과를 상징하며, 인간의 감정이 사회 구조와 어떻게 얽혀 있는지를 깊이 탐구한다.

러시아의 대문호 레프 톨스토이의 《안나 카레니나Anna Karenina》는 19세기 러시아 귀족 사회를 배경으로 결혼 제도와 사회적 관습에 얽매인 한 여인의 비극적인 사랑을 그린 작품이다. 이 소설은 카레니나가 사회적 지위와 가정을 버리고 브론스키와의 사랑을 선택하면서 벌어지는 이야기다. 안나는 사회적 기대와 관습에 반하는 사랑을 추구하면서 자신의 감정에 충실한 삶을 선택하지만, 결국 냉혹한 사회적 시선과 편견 속에서 고통받고 파멸에 이른다.

톨스토이는 이 작품을 통해 사랑이 개인의 삶에 얼마나 강력한 동력이 되는지, 그리고 그 사랑이 사회 억압과 갈등 속에서 어떻게 소멸되는지 심도 있게 탐구한다. 안나의 이야기는 단순히 한 여인의 비극이 아니라, 사랑과 사회의 충돌, 개인과 공동체의 갈등을 상징적으로 보여준다. 특히 사랑이라는 감정이 인간의 본성을 드러내는 동시에, 사회 구조가 그것을 얼마나 억압할 수 있는지를 탁월하게 묘사한다.

사랑이라는 수수께끼에 대한 위대한 사색들

사랑은 인류 역사를 관통하는 가장 강력하고도 신비로운 감정이다. 철학자, 예술가, 시인, 그리고 수많은 사상가가 사랑의 본질을 탐구하고 그 의미를 규명하기 위해 끊임없이 노력해 왔다. 그들의 통찰력 넘치는 명언들은 사랑의 다양한 면모를 조명하며, 우리에게 깊은 감동과 깨달음을 선사한다.

고대 그리스 철학자 플라톤은 사랑을 이데아의 세계로 이끄는 원동력으로 보았다. 그는 사랑을 아름다움을 향한 갈망, 즉 진리와 선을 향한 영혼의 상승으로 정의했다. 플라톤의 저서《향연Symposion》에서 소크라테스는 사랑을 "아름다움을 낳는 것에 대한 사랑"이라고 정의하면서, 사랑은 육체의 아름다움을 넘어 영혼의 아름다움, 궁극적으로는 절대적인 아름다움을 추구하는 것이라고 했다.

플라톤은 사랑을 단계적으로 설명한다. 처음에는 아름다운 육체에 대한 사랑으로 시작하지만, 점차 아름다운 영혼, 아름다운 제도와 법률, 그리고 마지막에는 아름다움 그 자체, 즉 이데아에 대한 사랑에 도달한다는 것이다. 플라톤에게 사랑은 우리를 불완전한 현실에서 완전한 이데아의 세계로 이끌어주는 영혼의 날개와 같은 것이다.

아리스토텔레스는 사랑을 공동체적 관점에서 바라보았다. 그는 사랑을 "두 사람이 서로에게 좋은 것을 바라고, 그것을 위해 서로 돕는 것"이라고 정의하면서 친밀함을 강조했다. 그는 《니코마코스 윤리학Nicomachean Ethics》에서 사랑을 세 가지 유형으로 분류한다. 첫째는 쾌락을 위한 사랑, 둘째는 유용성을 위한 사랑, 셋째는 선을 위한 사랑이다. 아리스토텔레스는 진정한 사랑은 선을 위한 사랑, 즉 상대방의 인격과 덕을 존중하고, 그들의 성장과 행복을 진심으로 바라는 것이라고 주장한다. 그는 사랑을 통해 개인은 공동체의 일원으로서 더욱 완전해질 수 있다고 보았다.

이후 17세기 합리주의 철학자 스피노자는 사랑을 "기쁨을 동반한 욕망"이라고 정의하면서, 사랑은 우리를 행복하게 만드는 대상을 향한 강렬한 끌림이라고 설명했다. 스피노자는 사랑의 긍정적인 힘을 강조하면서 사랑은 우리의 삶을 풍요롭게 하고, 창조적인 에너지를 불어넣는다고 말했다. 또한 그는 사랑을 통해 우리가 세상과 더 깊이 연결되고, 삶의 의미와 기쁨을 발견할 수 있다고 보았다. 그러면서 사랑은 이성과 감정의 조화로운 결합이 되어야 인간이 더욱 완전하고 행복한 삶을 살 수 있다고 믿었다.

계몽주의 시대의 대표적인 철학자 칸트는 사랑을 의무와 연결지었다. 그는 사랑을 "타인의 행복을 자신의 행복처럼 바라는 것"이라고 정의하면서 사랑이 도덕적인 의무감에서 비롯된다고 보았다. 칸트에게 사랑은 단순한 감정이나 욕망이 아니다. 이성적인 판단과 의지에 따라 행동하는 것이다. 그는 사랑을 통해 인간은 도덕적인 완성에 이를 수 있으며, 사회는 더욱 정의롭고 평화로워질 수 있다고 믿었다.

염세주의 철학자 쇼펜하우어는 사랑을 생물학적인 관점에서 해석했다. 그는 사랑을 종족 보존을 위한 본능적인 욕구로 보았다. 이는 인간의 의지와 무관하게 작용하는 맹목적인 힘이다. 그는 사랑의 환상과 낭만적인 측면을 부정하면서 사랑은 결국 고통과 환멸로 이어진다고 경고했다. 그는 사랑에 눈이 멀어 이성적인 판단을 하지 못하는 사람들을 비판하면서, 이는 결국 불행과 고통을 초래한다고 말했다.

실존주의 철학자 니체는 사랑을 '권력 의지'와도 연결 지었다. 그는 사랑을 자신의 삶을 긍정하고 창조적인 에너지를 발산하는 힘으로 보았다. 니체는 기독교적인 사랑, 즉 희생과 헌신을 강조하는 사랑을 비판하면서 사랑은 인간의 본성을 억압하고 약하게 만든다고 주장했다. 반면에 그는 강렬하고 열정적인 사랑을 찬양하면서, 이를 통해 인간은 자신의 한계를 극복하고 초인에 도달할 수 있다고 믿었다. 니체에게 사랑은 수동적인 감정이 아니라 능동적인 창조 행위다. 그는 사랑을 통해 인간은 자신의 잠재력을 발휘하고, 삶의 주인공이 될 수 있다고 보았다.

정신분석학자 프로이트는 사랑을 무의식적인 욕망과 연결 지었다. 그는 사랑을 성적인 본능, 즉 리비도Libido의 발현으로 보았다. 프로이트는 리비도가 유아기부터 형성되는 심리적인 과정을 통해 발달한다고 설명했다. 프로이트는 사랑의 다양한 형태, 예를 들어 부모에 대한 사랑, 친구에 대한 사랑, 이성에 대한 사랑 등을 분석하면서, 이러한 사랑은 모두 무의식적인 욕망과 갈등에 영향을 받는다고 주장했다. 그는 오이디푸스 콤플렉스Oedipus complex와 같은 개념을 통해 유아기에 형성되는 부모에 대한 사랑이 이후의 모든 사랑 관계에 영향을 미친다고 설명했다.

왜 우리는
사랑을 해야 할까?

사랑은 분명 인간에게 내재된 강력하고도 특별한 힘이다. 이는 단순한 감정에 머무르지 않고, 개인의 삶을 풍요롭게 하며, 사회를 결속시키고, 인류의 역사를 움직이는 원동력이다. 사랑은 부모와 자녀 간의 헌신적 관계에서부터 연인과의 깊은 유대, 그리고 공동체와의 협력을 통해서도 나타난다. 사랑은 인간으로 하여금 서로 이해하고 공감하며 협력하게 만든다. 상처를 치유하고 고통을 완화하는 동시에 창조와 영감을 불러일으키는 힘을 발휘할 때도 있다. 이러한 사랑의 힘은 삶의 본질적 요소이자, 인간이 지속적으로 성장하고 사회가 진보하는 데 필수적인 원천이다. 이제 우리에게 사랑이라는 감정이 왜 필요한지를 얘기하고자 한다. 다음은 필자들이 생각하는 사랑을 해야 하는 다섯 가지 이유다.

첫째, 사랑은 인간 생존과 번영의 필수적인 기반이다. 자식에 대한 부모의 헌신적 사랑은 자녀의 생존과 성장을 보장하며, 이를 통해 다음 세대로 이어지는 생명의 연결고리가 형성된다. 연인 간의 사랑은 가족을 형성하고 유지하는 데 중심이 되며, 이는 단순히 개인의 행복을 넘어 사회 안정과 발전을 촉진하는 데 기여한다. 사랑은 인간이 서로 협력하고, 공동체를 구축하며, 미래를 향한 비전을 공유하도록 이끄는 강력한 원동력이다.

둘째, 사랑은 상처를 치유하고, 고통을 완화하며, 정신적인 안정을 가져다주는 강력한 치유의 힘을 가지고 있다. 사랑하는 사람과의 깊은 교감은 스트레스를 감소시키고, 불안감을 해소하며, 심리적 안정감을 제공하여 우울증을 예방하는 데에도 효과적이다. 과학 연구에 따르면 사랑은 신체의 면역 체계를 강화하고 질병에 대한 저항력을 높이는 데 중요한 역할을 한다. 사랑하는 사람의 존재는 단순한 위안이 아니라, 삶의 어려움을 극복하고 좌절 속에서도 다시 일어설 수 있는 내면의 용기를 북돋워준다.

셋째, 사랑은 개인의 성장과 변화를 강력하게 촉진하는 감정이다. 사랑하는 사람과의 관계는 우리의 부족함을 깨닫고 이를 극복하기 위해 노력하도록 동기를 부여한다. 이 과정에서 우리는 이타심, 배려심, 책임감과 같은 긍정적인 가치관을 더욱 깊이 내면화하며, 보다 성숙한 인격체로 성장하게 된다. 또한 사랑은 단순히 개인적인 변화를 넘어 세상을 바라보는 우리의 관점을 넓히는 데에도 기여한다.

넷째, 사랑은 창조와 영감의 원천이며, 인간의 상상력을 자극하는 강력한 힘이다. 예술가들은 사랑하는 사람에게서 영감을 얻어 위대한 작품을 창조하며, 그들의 감정을 담아 세상에 새로운 의미를 전달한다. 과학자들 또한 사랑에서 동기를 얻어 새로운 기술을 개발하거나, 삶을 개선할 혁신적인 아이디어를 고안한 경우가 많다. 사랑은 단순히 개인적인 감정의 영역을 넘어 인간의 창의성과 상상력을 최대한으로 끌어올리는 동력이 된다. 사랑은 예술과 과학, 인간의 모든 창조 활동의 근간이 되며, 이를 통해 세상을 더욱 아름답고 풍요롭게 만드는 데 크게 기여한다.

마지막으로, 사랑은 사람들을 연결하고 사회를 하나로 묶는 가장 근본적인 힘이다. 사랑은 단순히 개인적인 감정에 머무르지 않고, 서로 다른 배경과 가치관을 가진 사람들 사이의 장벽을 허물며, 공감과 이해를 통해 진정한 연대를 만들어낸다. 사랑은 타인을 있는 그대로 받아들이고, 차이를 존중하며, 함께 나아가는 길을 제시한다. 또한 사랑은 갈등을 해소하고, 평화를 구축하는 데 중요한 역할을 하며, 인간 사회의 지속 가능성을 높이는 핵심 요소가 된다.

사랑은
배워야 하는 기술

아마도 사랑을 고민한 철학자 중에 가장 유명한 이는 에리히 프롬일 것이다. 그는 사랑을 성숙한 인격의 표현으로 보았다. 그의 명저 《사랑의 기술The Art of Loving》에서 사랑은 단순한 감정이나 본능이 아니라 배워야 하는 기술이라고 했다. 프롬은 사랑을 위해서는 자기 자신과 타인에 대한 깊은 이해, 존중, 책임감, 그리고 배려가 필요하다고 강조했다. 그는 현대 사회에서 사랑이 상품화되고 소비되는 현실을 비판하면서 진정한 사랑은 상호 존중과 책임감을 바탕으로 해야 한다고 했다. 그는 사랑을 통해 인간은 고립과 소외를 극복하고 진정한 인간관계를 형성할 수 있다고 믿었다. 다음은 그의 책 서문이다. 같이 읽어보면서 사랑에 대한 한 철학자의 생각을 공유하길 바란다.

사랑은 기술일까? 그렇다면 그것은 지식과 노력을 요구한다. 아니면 사랑은 그저 운이 좋으면 경험할 수 있는 우연의 기회로 즐거운 감정일 뿐일까? 이 책은 전자라는 전제에 기반을 두고 있지만, 오늘날 대부분의 사람들은 후자라고 믿는 것이 사실이다. 사람들이 사랑이 중요하지 않다고 생각하는 것은 아니다. 그들은 사랑에 굶주려 있으며, 행복하거나 불행한 사랑 이야기를 다룬 수많은 영화를 보고, 사랑에 관한 수백 곡의 하찮은 노래를 듣는다. 그러나 사랑에 대해 배워야 할 것이 있다고 생각하는 사람은 거의 없다.

프롬은 사랑이란 노력을 요구하며, 이는 단순히 운에 맡겨질 수 없는 능동적인 행위라고 했다. 그는 사랑을 단순한 감정이 아니라, 인간의 고립과 소외를 극복하고 진정한 인간관계를 형성하는 데 필수적인 요소로 보았다. 그는 "사랑은 자기 자신과 타인을 깊이 이해하고 존중하는 데에서 출발한다"라고 말하면서 사랑이 상대방의 성장과 행복을 진심으로 바라는 책임감과 배려로 이루어진다고 설명한다. 프롬은 현대 사회에서 사랑이 상품화되고 피상적인 관계로 변질되고 있는 현실을 지적하며, 진정한 사랑은 서로의 독립성을 존중하며 깊고 지속적인 유대를 형성할 때 비로소 완성된다고 했다.

또한 그는 다양한 형태의 사랑을 구체적으로 언급했으며, 사랑이 개인의 관계를 넘어서 사회와 공동체를 결속시키는 강력한 힘이라고 했다. 그는 부모와 자녀 간의 사랑, 우정, 낭만적 사랑, 그리고 신에 대한 사랑을 포함하여 모든 형태의 사랑이 인간의 성장을 돕고, 사회 연대와 협력을 강화한다고 보았다. 특히 사랑이 현대 사회의 분열과 소외를 극복하는 열쇠가 된다고 강조하며, 사랑을 통해 공동체 의식이 강화되고, 인간관계가 더 풍부해질 수 있다고 말한다.

《사랑의 기술》에서 사랑에 대한 깊은 통찰을 담은 명문장 몇 개를 발췌했다. 깊이 향유해 볼 만한 울림이 있는 문장이다.

> "
>
> 사랑은 자연스럽게 존재하는 것이 아니다. 오히려 그것은 훈련, 집중, 인내, 신뢰, 그리고 자기중심성을 극복하는 과정을 필요로 한다.
> 사랑은 단순한 감정이 아니라 실천이다.
>
> Love is not something natural. Rather it requires discipline, concentration, patience, faith, and the overcoming of narcissism.
> It is not a feeling, it is a practice.
>
> 성숙한 사랑은 이렇게 말한다.
> '나는 너를 사랑하기 때문에 네가 필요하다.'
> 미성숙한 사랑은 이렇게 말한다.
> '나는 네가 필요하기 때문에 너를 사랑한다.'
>
> Mature love says: 'I need you because I love you.'
> Immature love says: 'I love you because I need you.'
>
> 누군가를 사랑한다는 것은 단순히 강한 감정을 느끼는 것이 아니라,
> 그것은 하나의 결정이고, 판단이며, 약속이다.
>
> To love somebody is not just a strong feeling-
> it is a decision, it is a judgment, it is a promise.
>
> "

무엇보다도 프롬은 《사랑의 기술》을 통해 사랑이 단순한 감정이 아니라 지속적인 노력과 자기 성찰, 그리고 배우는 과정을 통해 발전하는 기술임을 설파한다. 그는 사랑이 인간의 본성을 드러내고, 더 나은 자신과 세상을 만들어가는 원동력이 된다고 믿었다. 그는 "사랑은 자연스러운 것이 아니다. 사랑은 훈련, 집중, 인내, 신념, 그리고 자기애를 극복하는 것을 필요로 한다. 사랑은 개인의 성숙도에 관계없이 누구나 쉽게 빠질 수 있는 감정이 아니다"라고 명확히 밝혔다. 이는 사랑이 수동적으로 받아들이는 것이 아니라, 능동적인 연습과 개인의 성장을 요구한다는 점을 강조한다.

　프롬의 통찰을 현대적으로 재해석한 〈뉴욕타임스〉의 칼럼니스트 데이비드 브룩스는 사랑이 끊임없는 취약성vulnerability과 연결connection의 연습에서 번영한다고 강조한다. 그는 현대 사회에서 많은 관계가 피상적이고 일시적인 이유로 실패하고 있음을 지적하면서 진정한 사랑은 깊은 헌신과 지속적인 노력을 통해 이루어진다고 주장한다. 브룩스는 "사랑에는 용기가 필요하다. 안전 속에서가 아니라 공유된 도전 속에서 성장이 일어난다는 사실을 알면서도 불확실성 속으로 뛰어들 용기"라고 말했다. 사랑은 단순히 안정과 편안함을 추구하는 것이 아니라, 함께 도전하고 변화하며 성장하는 과정임을 역설한 것이다.

　브룩스는 또한 현대의 사랑이 자기중심적인 욕구 충족에 치우치는 경향이 있음을 비판했다. 진정한 사랑은 자신을 넘어 타인의 행복과 성장을 위해 헌신하는 행위라는 것이다. 그는 "사랑은 단순한 감정이 아니라, 자신의 취약함을 드러내고 상대와 깊은 연결을 이루기 위한 지속적인 선택"이라는 관점을 제시하면서 사랑은 상호적인 신뢰와 책임감을 통해 더욱 깊어질 수 있다고 주장한다. 브룩스는 "사랑은 우리를 단순히 연결하는 것을 넘어, 우리가 함께 더 나은 세상을 만들어가게 하는 힘"이라며 사랑을 통해 인간은 서로의 부족함을 채워주고, 더 나은 자신으로 거듭날 수 있는 기회를 얻는다고 덧붙인다.

10

문제 해결?
집단감성에 맡겨!

공감과 신뢰가 결여된 상황에서는
집단의 결속력이 약화되고 갈등이 심화될 가능성이 크다.
따라서 이를 방지하기 위해 개인뿐만 아니라
사회적 차원에서도 감정 조율이 중요하다.
실제로 집단지성과 집단감성을 조화롭게 활용하면 사회적 결속력을 강화하고,
지속 가능한 발전을 도모할 수 있는 효과적인 전략을 마련할 수 있다.

집단감성이
만들어낸 역사

인류의 역사를 살펴보면 사람, 국가, 민족, 인종 간 감정 대립으로 발생한 수많은 비극이 있었다. 예를 들면 기원전에 벌어진 트로이 전쟁은 인간의 감정과 갈등이 초래한 상징적 사건이다. 사랑과 분노와 복수라는 강렬한 감정들이 얽혀 발발한 이 전쟁은, 영토 다툼을 넘어 신화적 서사를 만들어냈다. 트로이의 왕자 파리스가 헬레네를 사랑하여 스파르타에서 그녀를 데려온 일은 스파르타 왕 메넬라오스와 그리스 동맹국들의 분노를 촉발했다. 이로 인해 10년에 걸친 참혹한 전쟁이 벌어졌다. 이 전쟁은 단순히 정치적, 경제적 이익이 아니라 헬레네를 둘러싼 사랑, 충성심, 그리고 복수심이라는 감정적 갈등에 뿌리를 두고 있다.

현대사로 보면 나치 독일 시절의 홀로코스트와 제2차 세계대전은 인종적, 민족적 갈등의 극단을 보여준다. 나치 정권은 아리안 우월주의라는 허황된 이념을 바탕으로 유대인을 비롯한 소수민족을 배척하고 제거하려는 정책을 펼쳤다. 감정적으로 조장된 두려움과 증오심은 나치의 선전 기계로 더욱 극대화되었다.

요제프 괴벨스가 이끈 선전부는 라디오 방송, 포스터, 영화 등을 이용해 유대인을 악마화하면서 그들을 독일 사회 문제의 근원으로 묘사했다. 학교 교재에서도 반유대주의 메시지가 체계적으로 삽입되어 독일 국민, 특히 젊은 세대의 사고방식을 조작했다. 이러한 선전은 대중의 두려움과 증오를 강화했으며, 결국 홀로코스트라는 끔찍한 학살을 가능케했다.

이는 감정의 조작과 선동이 얼마나 효과적으로 사회 대립과 비극을 초래할 수 있는지 보여주는 사례다. 홀로코스트는 단순한 전쟁의 부수적 피해가 아니라, 조직적이고 계획적인 학살의 상징이었다. 수백만 명이 강제수용소에서 목숨을 잃었으며, 이 잔혹한 학살은 복잡한 관료 구조와 기술의 효율성을 통해 실행되었다. 나치는 혐오와 공포를 정치적 무기로 활용하며 철저한 행정 체계와 기술 발전을 결합하여 이러한 비극을 가능하게 했다.

예를 들어 유대인을 포함한 소수민족을 식별, 추적, 수송하는 데 IBM의 펀치카드 시스템이 사용되었으며, 이는 효율적인 인원 관리와 학살 실행을 도왔다. 또한 강제수용소에서는 가스를 이용한 학살을 비롯해 인간의 생명을 산업적으로 다루는 방식이 적용되었다. 이러한 관료 절차와 기술 효율성은 단순한 증오의 발현이 아니라, 인간의 비이성적 감정이 과학적, 체계적 구조와 결합될 때 얼마나 극단적으로 파괴적일 수 있는지를 보여주는 대표적인 사례다. 이러한 비극은 제2차 세계대전으로 확산되었으며, 전쟁은 각국 간의 군사 충돌을 넘어 민족 간 적대감과 갈등을 심화시켰다.

지난 2001년 9·11 사건은 민족 간, 인종 간 감정 대립이 극단으로 치달아 초래된 또 다른 비극적인 사건이다. 테러리스트 단체 알카에다는 미국에 대한 역사적 불신과 적대감을 바탕으로 대규모 공격을 감행했다. 이러한 적대감은 서방과 이슬람권 간의 정치적, 문화적 갈등이 심화되는 과정에서 촉발된 것이다. 미국 내에서도 9·11 이후 이슬람교도들에 대한 편견과 혐오가 급증하여 감정 대립이 사회 갈등으로 번지기도 했다. 이 사건은 감정 선동과 대립이 국제적 비극으로 이어질 수 있음을 보여주는 대표적인 사례다. 또한 국가 간 감정의 조율과 상호 이해의 중요성을 보여준다.

이런 사례를 언급할 때 자주 언급되는 개념이 집단사고groupthink다. 집단사고는 비판적 사고를 억제하고 합리적인 판단을 저해하며, 심각한 결과를 초래하곤 한다. 흔히 집단사고는 응집력이 강한 집단에서 구성원들이 만장일치를 이루려는 압력에 굴복하여 대안적 선택지를 고려하지 않는 현상을 말한다.

사회심리학자 어빙 재니스Irving Janis는 진주만 공습과 베트남 전쟁 같은 역사적 사례를 언급하면서 집단사고의 위험성을 경고한 바 있다. 그는 미국 군 지휘부가 일본의 공격 가능성에 대한 경고를 무시하고, 비판 의견을 배제함으로써 재앙적인 결과를 초래한 점을 지적했다. 또한 베트남 전쟁의 개입 과정에서 존슨 행정부가 내부의 반대 의견을 억압하고, 군사 개입이 성공할 것이라는 비현실적인 낙관에 기반하여 결정을 내렸다고 분석했다.

재니스는 이러한 사례들이 집단 내 비판적 사고가 억압될 때 발생하는 심각한 결과를 보여준다며 합리적이고 균형 잡힌 의사결정의 중요성을 강조했다. 특히 집단사고는 분노, 두려움, 슬픔 같은 부정적인 집단감정과 결합할 때 더욱 심각해지며, 충동적이고 왜곡된 결정을 유발하곤 한다.

재니스는 한국의 6·25전쟁도 집단사고의 또 다른 대표 사례로 언급했다. 당시 미국 정부는 북한의 남침 가능성에 대한 정보를 일부 간과하고, 내부 비판적 의견이 배제된 상태에서 의사결정을 진행했다. 특히 과도한 낙관주의와 상황에 대한 부정확한 정보 해석이 더해지면서 적절한 대응 준비에 실패했다. 더불어 중국의 전쟁 개입 가능성에 대해서도 심각하게 고려하지 않았던 점이 추가적인 문제를 야기했다. 실제로 중국군이 전쟁에 개입하면서 전세를 반전시킨 것은 만장일치를 추구하는 집단 내 분위기가 비판적 사고를 억압하는 집단사고를 형성함으로써 전략적 오판을 가져온 것이라고 평가했다.

침묵의 나선이 만드는
다수의 오류

오늘날 사회는 복잡하고 다변화된 문제 해결을 위해 집단적인 의사결정에 의존하는 경향이 강하다. 집단지성을 활용하여 다양한 배경과 전문성을 가진 구성원들이 협력하면 좀 더 창의적이고 실용적인 해결책이 도출되기도 한다. 예를 들어 온라인 플랫폼이나 공개 워크숍을 통해 다양한 의견을 수렴하면 기존의 사고를 넘는 혁신적인 아이디어를 발굴할 가능성이 높아진다.

그러나 집단지성도 항상 이상적으로 작동하지는 않는다. 구성원 간의 의견 차이가 극명할 경우 논의가 무의미하게 길어지기도 한다. 때로는 특정 인물의 목소리가 과도하게 반영되어 전체 균형이 무너질 위험도 있다. 또한 '다수의 오류'로 알려진 현상처럼, 대중의 의견이 반드시 옳은 결론으로 이어지는 것은 아니라는 점도 고려해야 한다.

앞에서도 살펴보았듯이 역사적인 혁명이나 전쟁 같은 사회 변혁기에는 집단지성보다는 집단감성이 더욱 강력하게 작용하는 경우가 많았다. 위기 상황에서는 감정적 요소가 결합될 때 군중의 집단 심리를 자극하여 극단적인 행동으로 이어지기 쉽다. 다시 한번 제2차 세계대전을 살펴보자.

웅변에 능했던 아돌프 히틀러는 집단감정을 교묘히 조작하여 군중을 선동했다. 그는 유대인들이 언론과 금융을 장악했다는 음모론을 퍼뜨리며 사회 불안을 확대했고, 혐오와 폭력을 조장하여 대중의 적대감을 극대화시켰다. 제1차 세계대전에서 패배한 뒤 경제적 고통 속에서 분노와 좌절감을 품고 있던 독일 국민들은 히틀러의 선동적인 메시지에 열광했다. '승리 만세Sieg Heil' 구호는 대중의 감정을 결속시키며 독일 국민들이 반복적으로 외쳤고, 이는 집단야성으로 변질되어 사회적 광기를 초래하는 데 기여했다.

독일의 정치 커뮤니케이션 학자이자 히틀러 나치 정부에서 일한 경력이 있는 것으로 알려진 엘리자베스 노엘레-노이만Elisabeth Noelle-Neumann은 '침묵의 나선 이론Spiral of Silence Theory'을 통해 여론 형성 과정에서 개인이 집단 내에서 고립되는 것을 두려워하며 자신의 의견을 숨기는 경향을 설명했다.

이 이론에 따르면, 사람들이 자신의 의견이 다수와 다르다고 느낄 경우 사회적 고립에 대한 두려움이 침묵으로 이어진다. 이는 결과적으로 다수 의견이 더욱 강력하게 자리 잡게 되거나 다수 의견으로 비춰진 소수 의견이 엉뚱하게 다수 의견으로 둔갑하게 만든다. 나치 정권은 이 현상을 이용해 언론을 철저히 통제하면서 대다수로부터 환영받지 못했던 의견들을 선동 부대를 동원하여 마치 다수 의견인 양 선전했다. 여론 조작과 함께 자신들과 다른 의견을 억압함으로써 왜곡된 메시지를 대다수의 견해로 호도한 것이다.

특히 사회 고립에 대한 두려움fear of isolation이라는 심리 기제는 집단적 연대감을 강화하는 한편, 개인의 비판적 사고와 자기표현을 위축시키는 이중적인 효과를 낳았다. 이러한 두려움으로 개인들은 집단의 동조 압력에 더욱 민감하게 반응했으며, 나치 정권은 이를 적극적으로 이용해 대중을 일방적이고 극단적인 메시지로 통합했다. 이처럼 침묵의 나선은 개인의 심리 상태와 집단 행동 양식을 변화시키는 강력한 메커니즘으로 작용했다.

한편, 사회 소통의 부재는 침묵의 나선 현상을 더욱 강화한다. 구성원 간의 소통이 원활하지 않거나 다양한 의견을 공유할 기회가 부족한 환경에서는, 다수 의견과 결이 다른 소수 의견이 드러날 가능성이 현저히 줄어든다. 이러한 상황에서 소수 의견을 가진 사람들은 고립에 대한 두려움 때문에 더욱 침묵하게 되며, 이는 집단 내의 균형 잡힌 논의를 방해하고, 다수 의견의 지배를 더욱 공고하게 만든다.

특히 사회 분위기상 감정적인 요소는 여론 형성 과정에 깊은 영향을 미친다. 불안, 분노, 공포와 같은 부정적인 감정은 집단의 결속력을 약화시키는 동시에 구성원들이 갈등 상황에서 회피적인 태도를 보이게 한다. 이러한 감정적 요인은 침묵의 나선을 더욱 심화시키며, 왜곡된 의사결정을 유도하고, 집단 전체의 행동 방향에 부정적인 영향을 미치게 된다. 이러한 구조에서는 비판적 사고가 억제되며, 구성원들 간의 창의적이고 다각적인 논의의 기회가 줄어들게 되는 것이다. 이는 집단이 극단적이고 일방적인 결론에 도달하는 위험을 초래할 수 있다.

집단지성과
집단감성의 딜레마

집단지성은 다수의 지식과 경험을 모아 좀 더 효과적으로 문제를 해결하려는 접근 방식이다. 사회학자 피에르 레비Pierre Lévy는 집단지성을 통해 인류가 정보와 지식을 공유함으로써 더 높은 수준의 협력과 혁신을 달성할 수 있다고 주장했다. 위키피디아와 리눅스 같은 사례는 집단지성이 단순한 정보 수집을 넘어 협력을 통해 복잡한 문제에 대한 창의적 해결책을 도출하는 데 성공할 수 있음을 보여준다.

기업 환경에서도 구글의 '20퍼센트 시간' 정책은 집단지성을 활용한 혁신 사례로 유명하다. 이 정책은 직원들이 주어진 업무 시간의 20퍼센트를 자신의 주 업무와 무관한 개인 프로젝트에 투자할 수 있도록 장려하는 제도다. 이를 통해 구글은 전 직원 개개인의 창의성과 잠재력을 극대화했으며, 그들의 참신한 아이디어를 모았다. Gmail, Google News, 그리고 AdSense와 같은 혁신적인 서비스가 이 정책에서 탄생했다. 직원들이 자율적으로 아이디어를 공유하고 협력하는 과정을 통해 새로운 서비스와 기술 개발이 가능해졌던 것이다.

그러나 집단지성이 항상 긍정적인 결과를 보장하는 것은 아니다. 특정 권력 구조나 고정된 관점이 지배하면 앞에서도 언급한 집단사고가 발생할 수 있으며, 이는 잘못된 결론을 도출하거나 비판적 사고를 억압할 위험이 있다. 또한 사회적 감정 극화가 빈번하게 발생하면서 참여자들의 동기와 책임감 부족 역시 집단지성의 한계로 지적된다.

스탠퍼드 대학 심리학자인 필립 짐바르도 교수가 1971년에 진행한 '교도소 실험'은 상황 요인과 감정 조율의 중요성을 보여주는 대표적인 사례다. 우선 참가자들은 교도관과 수감자라는 전혀 다른 집단으로 무작위 배정되었다. 실험 참가자들은 단지 며칠 만에 배정된 역할에 몰입하면서 예상보다 훨씬 더 극단적인 행동을 보인다. 교도관 역할을 맡은 참가자들은 권력을 행사하는 과정에서 점점 더 가혹해졌고, 반면에 수감자 그룹은 무기력과 공포에 빠진다. 짐바르도는 이 과정에서 권위가 억제되지 않고 감정 조율이 결여되었을 때, 평범한 사람들조차 폭력적인 행동을 할 수 있음을 보여주었다.

이 실험은 감정의 분위기와 환경 요인이 결합될 때 개인의 행동이 어떻게 변할 수 있는지를 보여주는 중요한 예시다. 짐바르도는 이 실험이 일으킨 윤리적 논란을 인정했지만, 그가 강조한 핵심 메시지는 여전히 유효하다. 즉 집단 내에서 감정이 억제되지 않으면 권력 구조 속에서 극단적인 행동이 발생할 수 있다는 점이다. 이는 갈등 상황에서 감정 조율이 얼마나 중요한지 보여주는 좋은 사례로 남아 있다.

우리가 매일 쉽게 접하는 별점 제도는 집단지성 메커니즘을 활용하는 대표적인 방식 중 하나다. 별점은 다수의 의견을 반영하여 품질을 평가하고 선택을 돕는 유용한 도구로 작동한다. 2016년 마이클 루카 교수가 이끄는 하버드 경영대학원 연구팀은 워싱턴주의 레스토랑 수익과 맛집 평가 앱인 옐프에 나타난 별점의 상관관계를 분석했다. 조사 결과에 따르면 영업장의 별점 평점이 1점 오르면 매출액이 5~9퍼센트 정도 상승했다고 한다. 생산업자나 자영업자에게 별점 시스템이 매력적일 수밖에 없는 이유다. 별도의 마케팅 비용 없이도 소비자들이 자발적으로 남긴 호의적인 후기 댓글이나 별점이 다른 소비자들의 구매를 자극한다는 것이다.

그렇지만 반대로 별점 시스템의 맹점도 있다. 집단 구성원 중에 목소리가 큰, 즉 온라인상에서 매우 적극적으로 의견을 피력하는 소수의 감정적 반응에 그 결과가 심하게 왜곡될 수도 있기 때문이다. 감정적으로 극단적인 평가를 하는 악성 댓글러가 전체 평가를 좌우하거나 의도적인 조작이 이루어질 경우 별점 신뢰도가 크게 손상될 수밖에 없는 것이다. 이로 인해 품질과 관계없이 과도하게 높은 점수나 부당하게 낮은 점수가 매겨질 수 있어, 객관적 판단을 방해하는 결과를 초래하는 것이다. 집단감성이 이러한 과정에서 중요한 역할을 하기 위해서는 특정 사건이나 논란이 발생할 경우 감정적 편향을 최소화하고, 객관적인 평가 환경을 조성하는 메커니즘이 필요하다.

감성지능의 중요성을 주장한 대니얼 골먼은 감정 교류와 공감이 신뢰를 형성하고 갈등을 완화하며 협력적인 환경을 조성하는 데 필수적이라고 강조했다. 그는 감정이 단순한 개인적 경험을 넘어 집단적 행동과 의사결정에 막대한 영향을 미친다고 보았기 때문이다. 골먼은 공감과 신뢰가 결여된 상황에서는 집단의 결속력이 약화되고 갈등이 심화될 가능성이 크다고 주장하며, 이를 방지하기 위해 개인뿐만 아니라 사회적 차원에서도 감정 조율이 중요하다고 역설했다. 실제로 집단지성과 집단감성을 조화롭게 활용하면 사회적 결속력을 강화하고, 지속 가능한 발전을 도모할 수 있는 효과적인 전략을 마련할 수 있다.

문제를 해결하는
집단감성의 힘

집단 간에 감정 교류와 공감이 부족할 때 발생하는 다양한 갈등과 문제는 지금도 우리 주변에서 쉽게 볼 수 있다. 또한 이를 입증하는 사례 또한 많다. 코로나19 팬데믹 초기에 나타난 불안과 공포는 세계 여러 지역에서 혐오와 갈등을 촉발하며 집단행동을 변화시켰다. 이처럼 집단감정은 단순한 의견 형성을 넘어 거대한 집단행동으로 확산된다. 집단감정의 흐름은 이성적 토론이나 검증된 정보보다 빠르게 퍼지며, 예상치 못한 사회 현상을 불러일으킨다. 분명 지금은 집단지성보다 집단감정과 집단야성의 움직임이 더욱 강하게 작용하는 시대다.

그렇다면 문제 해결 과정에서 집단감정의 문제를 어떻게 조율해야 할까? 행동심리학에서 다루는 '시스템 1'과 '시스템 2' 이론은 이를 설명하는 데 유용한 틀을 제공한다. 이 개념은 노벨 경제학상을 수상한 대니얼 카너먼의 연구를 통해 널리 알려졌다. 카너먼은 '시스템 1'을 빠르고 직관적이며 자동적인 판단 과정으로 정의했고, '시스템 2'를 느리지만 분석적인 이성적 사고 과정으로 구분했다. 그의 연구는 특히 사람들이 집단적 의사결정을 할 때 어떻게 감정적 반응에 영향을 받는지 보여준다. 예를 들어 위기 상황에서는 즉각적인 감정적 반응인 '시스템 1'이 활성화되어 빠른 결정을 촉진하면서 종종 이성적 판단을 희생한다는 것이다.

이런 맥락에서 감정 조율의 중요성은 사회적 차원에서 더욱 커진다. 감정적으로 극단적인 반응은 집단 내 긴장을 초래하거나 의사결정을 왜곡할 수 있다. 그러나 이러한 상황에서 구성원들이 상호 신뢰와 공감을 기반으로 소통하면 갈등을 완화하고 문제를 해결할 수 있다. 이를테면 위기 상황에서 리더가 감정적 신호를 효과적으로 조율하여 구성원들에게 안정감을 주고 명확한 메시지를 전달한다면, 혼란스러운 상황에서도 효율적으로 집단을 이끌 수 있는 것이다. 이는 감정적 소통이 단순한 정보 교환을 넘어 심리 안정을 제공하고 집단의 응집력을 강화하는 데 기여할 수 있음을 시사한다.

또한 시스템 1과 시스템 2의 상호작용을 고려한 전략은 집단감성을 긍정적으로 활용할 가능성을 열어준다. 예를 들어 위기 상황에서 감정적으로 즉각적인 반응을 보이는 시스템 1을 지나치게 억제하지 않으면서도, 이를 시스템 2의 분석적 사고와 조화롭게 연결하면 균형 잡힌 의사결정을 도출할 수 있다. 이는 집단이 감정 요소를 무조건 배제하기보다는 이를 의식적으로 활용하여 창의적이고 현실적인 해결책을 찾는 데 도움을 준다.

이런 측면에서 '넛지 이론Nudge Theory'은 집단행동을 이끄는 감정 요소를 긍정적으로 활용할 수 있는 좋은 방법적 대안을 제시한다. 이는 행동경제학자인 리처드 탈러와 캐스 선스타인이 제안했는데, 사람들이 이성적으로 최선의 선택을 할 수 있도록 환경을 설계하는 방식을 강조한다. 특히 사회 갈등 상황에서 넛지 이론은 감정 신호를 활용하여 집단행동을 긍정적으로 유도하는 데 효과적이다. 예를 들어 팬데믹 시기에 "손을 씻으세요"라는 단순한 권고보다 "사랑하는 사람들을 위해 손을 씻으세요"라는 메시지가 더 큰 공감과 행동 변화를 이끌어냈다. 이는 감정적 메시지가 단순한 정보 제공보다 더 강력한 행동 유발 요인으로 작용함을 보여준다. 또한 '블랙 라이브스 매터Black Lives Matter' 운동에서도 공감과 책임감을 불러일으키는 메시지는 대규모 집회와 시위를 평화적으로 이끄는 데 기여하면서 감정적으로 격앙된 사회 갈등을 완화하는 데 중요한 역할을 했다.

넛지를 활용한 접근은 불확실성과 감정 대립이 심화된 상황에서 집단감성을 긍정적으로 조율하며 사회적 연대와 협력을 강화하는 데 큰 도움이 된다. 인간의 행동은 단순한 이성적 판단을 넘어 감정적 단서에 의해 크게 영향을 받기 때문에, 감정을 존중하고 이를 조화롭게 활용하는 접근이 다양한 갈등 상황에서 해결책으로 작용할 수 있음을 보여준다.

갈등 문제를 해결하기 위한 감정 조율의 어려움을 보여주는 또 다른 흥미로운 실험이 있다. 하버드 대학의 심리학과 교수 대니얼 길버트의 연구는 사람들이 미래 사건에 대해 감정적으로 예측하는 경향이 실제 결과보다 과장되거나 왜곡될 수 있음을 입증했다. 그는 이 연구에서 인간의 '감정적 예측 오류'라는 개념을 제시하면서, 사람들이 예상하는 즐거움이나 고통이 실제 경험에 비해 종종 극단적으로 과장된다는 점을 강조했다. 예를 들어 참가자들은 특정 사건이 자신들의 행복이나 불행에 큰 영향을 줄 것이라고 생각했지만, 실제 결과는 그러한 예측과 큰 차이가 있었다는 것이다. 그는 이러한 오류를 줄이기 위해 사건에 대한 감정적 반응을 재평가하고, 심리적 이완과 현실 검증을 통한 조율이 필요하다고 제안했다. 이를 통해 긴장을 완화하고 좀 더 균형 잡힌 의사결정을 이끌어낼 수 있다는 점을 부각했다.

카네기 멜론 대학의 조지 로웬스타인George Loewenstein은 '열망 갭hot-cold empathy gap' 이론을 통해 사람들이 냉정한 상태와 감정적으로 격앙된 상태에서 전혀 다른 결정을 내릴 수 있음을 입증했다. 그는 실험을 통해 사람들은 화가 난 상태, 두려운 상태, 혹은 흥분된 상태에서 감정에 휘둘려 이성적인 판단을 내리기 어렵다고 설명했다. 예를 들어 공포감을 느끼는 순간, 평소에는 위험하다고 인식하지 않던 행동을 피하거나 과장되게 반응한다. 로웬스타인은 사람들이 평온한 상태에서는 합리적인 판단을 내리지만, 격앙된 상황에서는 같은 상황을 전혀 다르게 인식한다는 점을 지적했다.

로웬스타인의 연구는 특히 갈등 상황에서 왜 사람들이 충동적인 행동을 하는지 설명하는 중요한 이론으로 자리 잡았다. 그는 '뜨거운 상태'에서 벗어나기 위해서는 상황을 즉시 판단하지 말고 잠시 감정을 식히는 것이 필요하다고 주장했다. 또한 훈련과 반복된 연습을 통해 감정적 상황에서도 좀 더 냉철한 의사결정을 할 수 있다는 점을 강조했다. 이처럼 그의 연구는 단순히 감정을 억누르는 것이 아니라, 이를 인식하고 조율함으로써 문제 해결의 효과를 높일 수 있음을 보여준다.

심리학자 마셜 로젠버그의 '비폭력 대화NVC, Nonviolent Communication' 이론은 갈등 상황에서 감정 조율과 공감의 중요성을 강조한 또 다른 사례다. 이 이론은 단순한 의사소통 방법론이 아니라, 인간관계의 본질을 이해하고 상호 이해를 증진시키는 실용적인 도구로 설계되었다. 그는 특히 비판과 판단이 배제된 대화가 상대방의 감정을 더 잘 이해하고, 이를 통해 갈등을 근본적으로 해결할 수 있다고 보았다. NVC는 관찰, 감정, 욕구, 요청이라는 네 가지 핵심 요소를 통해 상대방과 연결되며, 서로의 감정을 존중하는 환경에서 건설적인 대화를 유도한다. 예를 들어 갈등 상황에서 "너는 항상 내 말을 무시해"라고 비판적으로 표현하는 대신 "내가 말했을 때 경청받지 못한 기분이 들어서 속상하다"라는 방식으로 표현함으로써 감정의 오해를 줄이고 상호 공감을 촉진할 수 있다는 것이다. 이러한 접근은 개인적 관계뿐만 아니라, 조직 내 협력과 사회 갈등 해소에서도 효과적으로 활용되고 있다.

감정 조율의 효과는 또한 집단행동에서도 드러난다. 긍정적 감정의 강화는 집단 내 협력을 촉진하며, 공감과 신뢰는 대규모 협력 구조를 형성하는 기반이 된다. 리더가 감정적 반응을 조율하며 긍정적 메시지를 전할 때 구성원들은 단순히 지시에 따르는 것이 아닌 자발적으로 협력한다. 즉 감정 조율은 행동 변화뿐만 아니라 공동 목표를 위한 결속력을 높이는 강력한 도구가 된다. 이처럼 감정 관리와 조율은 인간관계의 회복과 사회 문제를 해결하는 데 필수 요소임을 보여준다.

11

감동은
말이 아니라
말투에 있다

말투와 표정, 목소리는 전달 수단을 넘어
상대방의 감정과 태도를 변화시키는 강력한 도구다.
비언어적 신호는 인간의 정서적 교류와 관계 형성의 핵심으로 작용하며,
상호작용의 질을 결정짓는다.
따라서 우리는 무엇을 말할지 고민하는 것만큼,
어떻게 말할지에 대해 깊이 생각해야 한다.

호감을 얻고 싶다면
꼬리 감는 원숭이처럼

　　미국 국립위생연구소 동물센터의 포크너A. Faulkner 박사 연구팀
은 2009년 꼬리 감는 원숭이Capuchin Monkey 몸짓 흉내 내기 실험을 진
행했다. 비언어적 소통의 중요성을 알아보기 위한 동물 연구였는데,
그해 세계적인 학술지 〈사이언스Science〉에 실렸다. 실험은 원숭이 앞
에 두 사람이 서서 원숭이의 행동을 따라하는 것인데, 그중 한 사람
만 원숭이의 행동을 따라하고, 다른 한 사람은 원숭이의 행동과 관
계없는 행동을 하는 것이다.

　　실험 결과, 원숭이는 두 사람 중에서 자신의 행동을 똑같이 따
라한 사람에게 더 오래 시선을 두었으며, 그 사람에게 가까이 와서
앉기도 했다. 그리고 동전과 먹이를 교환하는 게임을 하자 그 사람과
더 자주 교환을 했다. 이 실험은 원숭이가 자신을 흉내 내지 않은 사
람보다 흉내 낸 사람에게 더 호감을 갖게 되었음을 보여준다.

연구팀은 이후 2022년 다시 꼬리 감는 원숭이 새끼들의 행동을 좀 더 분석한 후, 흥미로운 실험 결과를 보고했다. 어린 원숭이들은 꼬리를 특정 방향으로 감는 행동으로 서로에게 호감을 표시하고 사회적 유대감을 형성하는데, 포크너 박사 연구팀은 이러한 행동이 단순한 습관적인 움직임이 아닌, 의사소통의 한 형태임을 증명하기 위해 로봇 원숭이를 이용한 실험을 설계했다. 한 로봇 원숭이는 새끼 원숭이가 꼬리를 왼쪽으로 감으면 호의적인 반응을 보이고, 오른쪽으로 감으면 무관심하거나, 심지어 공격적인 행동을 보이도록 프로그래밍되었다. 반대로 다른 로봇 원숭이는 꼬리를 오른쪽으로 감을 때만 호의적인 반응을 보이게 했다.

실험 결과는 놀라웠다. 새끼 원숭이들은 로봇 원숭이의 꼬리 감는 방향에 따라 자신의 행동을 바꿨다. 새끼 원숭이들은 호의적인 반응을 얻기 위해 왼쪽으로 꼬리를 감는 로봇 원숭이에게는 왼쪽으로, 오른쪽으로 꼬리를 감는 로봇 원숭이에게는 오른쪽으로 꼬리를 감았다. 즉 원숭이들은 사회적 상호작용에서 긍정적인 반응을 이끌어내기 위해 자신의 행동을 조절하는 능력을 보여준 것이다.

더욱 흥미로운 것은 원숭이들이 단순히 긍정적인 반응을 얻는 것뿐만 아니라, 로봇 원숭이와의 상호작용을 통해 정서적 유대감을 형성하는 모습을 보였다는 점이다. 호의적인 반응을 보이는 로봇 원숭이에게 더 많은 시간을 할애하고, 더 자주 접촉하려는 경향을 보였는데, 꼬리 감는 행동을 통한 호감 표현이 긍정적인 관계 형성에 중요한 역할을 한다는 것을 의미한다.

이 연구는 인간을 포함한 사회적 동물의 행동을 이해하는 데 중요한 시사점을 제공한다. 우리는 종종 무의식적으로 타인의 행동을 따라하거나 타인의 호감을 얻기 위해 자신의 행동을 조절한다. 이러한 행동은 단순한 모방을 넘어 사회적 유대감을 형성하고 긍정적인 관계를 구축하는 데 중요한 역할을 한다.

이와 같은 현상은 인간관계에서도 발생한다. 카페에서 대화를 나누던 중 상대방이 커피를 마시면 자신도 같이 마시거나 손을 많이 쓰는 상대방을 따라 자신도 손을 자주 쓰면 상호 호감도가 올라간다는 것이다. 이성의 관심을 얻기 위해서 뿐만 아니라 비즈니스 현장에서도 효과적인 방법이 될 수 있을 것이다.

목소리 톤이 갖는
특별한 매력

최근까지도 목소리가 사람의 감정에 미치는 영향을 다룬 다양한 연구가 진행되고 있다. 앨버트 메라비언Albert Mehrabian은 "소통의 93퍼센트는 비언어적 요소와 목소리에 의해 좌우된다"라고 강조했는데, 이는 시각 요소와 더불어 청각적 단서가 소통에서 얼마나 큰 영향을 미치는지를 보여준다. 그는 특히 목소리 톤과 억양, 말의 속도가 메시지의 의미를 전달하는 데 결정적인 역할을 한다고 주장했다. 이 연구는 목소리가 단순히 감정 표현에 그치지 않고, 인간관계에서 신뢰 형성과 설득력, 심지어 갈등 해소까지 주요한 역할을 한다는 점을 시사한다.

사람들과의 소통 과정에서 청각 요소인 목소리의 중요성에 대한 대표 연구로 스탠퍼드 대학의 심리언어학 분야 권위자인 제니퍼 리 Jennifer Lee 박사 연구팀이 2018년에 수행한 실험이 있다. 이 연구는 대화중에 화자의 목소리 톤, 높낮이, 속도가 사람들 감정과 인식에 미치는 영향을 실증적으로 분석했다. 연구팀은 다양한 목소리 특성을 가진 화자가 동일한 내용을 전달하는 여러 상황을 설정하면서, 500명 이상의 참가자를 대상으로 설문조사와 함께 뇌파 검사, 심박수 측정, 그리고 피부 전도도 분석 같은 생리적 데이터를 수집했다.

연구 결과, 목소리가 낮고 안정적인 톤을 가진 화자는 높은 신뢰도를 얻었으며, 청중의 82퍼센트가 화자의 말을 더 진지하게 받아들였다. 반대로 높은 음의 목소리나 빠른 속도로 말하는 화자의 경우, 청중의 76퍼센트가 긴장감을 느꼈으며 설득력이 낮아졌다고 응답했다. 특히 목소리의 감정적 뉘앙스가 메시지의 설득력에 중요한 영향을 미친다는 점이 확인되었다. 따뜻하고 부드러운 목소리는 89퍼센트의 참가자들에게 긍정적인 감정을 유발했으며, 날카롭고 차가운 목소리는 68퍼센트의 참가자들에게 방어적인 반응을 유도하는 결과를 보여주었다. 제니퍼 리 박사는 이러한 결과를 바탕으로 목소리 사용법이 소통 전략의 핵심 요소임을 강조했다. 그녀는 "목소리는 단순히 메시지를 전달하는 도구가 아니라, 감정적 신호를 통해 소통의 질을 결정짓는 중요한 요소"라고 언급했다.

남녀가 서로에게 느끼는 호감과 목소리 톤에 대한 연구도 주목을 받았다. 2020년 옥스퍼드 대학의 알렉산더 브라운 Alexander Brown 교수팀은 남성과 여성 간의 목소리 톤과 높낮이가 호감도와 관계 발전에 미치는 영향을 연구했다. 이 연구에서는 남녀 참가자들이 서로 다른 목소리 특성을 가진 상대방의 음성을 듣고 매력도와 호감도를 평가하도록 설계되었다.

연구 결과, 남성은 부드럽고 낮은 음성의 여성에게 더 높은 호감을 느꼈으며, 여성은 안정적이고 진중한 톤을 가진 남성의 목소리를 더 매력적으로 평가했다. 특히 목소리의 감정적 뉘앙스와 억양이 상대방에 대한 신뢰와 친밀감 형성에 중요한 역할을 한다는 점이 밝혀졌다. 이 연구는 목소리가 의사소통 수단을 넘어 관계 형성과 유지에 있어서도 강력한 영향을 미친다는 것을 보여준다.

나아가 조직 내에서 리더, 정치인, 혹은 방송인으로 사랑받는 목소리 톤에 대한 연구는 매우 중요한 주제다. 예를 들어 2021년 런던정경대학의 에밀리 윌슨Emily Wilson 교수팀은 리더십의 효과성과 목소리 톤의 상관관계를 연구했다. 연구팀은 다양한 연설 자료를 분석하고, 실험 참가자들에게 가상의 리더들이 다양한 목소리 톤으로 연설하는 모습을 보여주었다. 연구 결과, 낮고 안정적인 톤의 리더가 청중들에게 더 신뢰를 받았으며, 이러한 리더들은 팀원들에게 높은 수준의 협력을 이끌어낼 가능성이 더 높게 나타났다. 반면, 높은 음의 톤이나 지나치게 빠른 말투를 사용하는 리더는 청중에게 불안감을 주었으며, 설득력 또한 현저히 낮은 것으로 나타났다.

또한 이 연구는 목소리 톤이 메시지 전달에 그치지 않고, 리더의 권위와 인간적 매력을 동시에 전달하는 중요한 요소라는 점을 강조했다. 특히 정치인의 경우, 목소리 톤이 유권자들에게 신뢰를 형성하고 지지율에 직접적인 영향을 미친다는 사실도 확인되었다. 윌슨 교수는 "목소리의 억양과 속도, 톤은 리더가 청중과 어떻게 연결될지를 결정짓는 핵심 요소다. 이러한 요소를 효과적으로 사용하는 것은 성공적인 리더십과 대중적 인기에 필수적"이라고 언급했다.

이와 함께 방송인의 경우 목소리의 감정적 표현이 청중의 몰입도를 높이는 데 중요한 역할을 한다는 점도 추가적으로 발견되었다. BBC 방송국은 2022년에 실시한 자체 연구에서 청중들이 부드럽고 감정적인 목소리를 가진 아나운서를 더 신뢰하며, 그들의 메시지를 더 잘 기억한다는 결과를 발표했다. 이는 리더, 정치인, 그리고 방송인이 청중과 효과적으로 소통하기 위해 목소리 톤을 전략적으로 관리해야 한다는 점을 보여준다.

피그말리온 효과의 정서적 가치

'피그말리온Pygmalion'이란 말을 들어봤을 것이다. 흔히 '피그말리온 효과'란 관찰자의 기대가 대상에 영향을 미쳐 기대하는 바가 실현되는 심리적 현상을 의미한다. 이 효과는 그리스 신화에 등장하는 조각가 피그말리온의 일화에서 유래한다. 피그말리온은 자신의 이상형을 본떠 조각한 여성 조각상과 사랑에 빠진다. 그는 그 조각이 완벽한 인간이 되기를 간절히 바랐고, 이 열망은 사랑과 창조의 여신 아프로디테의 주목을 받는다. 아프로디테는 피그말리온의 진심 어린 소망과 헌신에 감동하여 조각상에 생명을 불어넣어 조각상을 실제 여인으로 만들었다. 조각상에서 깨어난 갈라테아는 피그말리온과 사랑에 빠져 행복하게 살았다는 이야기다.

피그말리온 이야기는 단순한 사랑 이야기를 넘어, 자신의 기대와 비전이 현실을 어떻게 변화시킬 수 있는지 보여주는 중요한 메시지를 전달한다. 현대 심리학에서는 이러한 개념을 '피그말리온 효과'라고 칭하는데, 이처럼 인간의 기대는 실제로 다른 사람의 행동과 태도를 바꾸는 강력한 심리적 현상으로 연구되고 있다.

버나드 쇼의 희극 《피그말리온》은 피그말리온 효과와 밀접하게 연관된 작품이다. 작품 속 주인공인 음성학자 헨리 히긴스는 길거리에서 꽃을 파는 소녀 일라이자 둘리틀을 품격 있는 숙녀로 변화시키려 한다. 처음 만났을 때 일라이자는 낮은 계급 출신으로 촌스러운 억양을 구사했다. 히긴스는 일라이자의 억양과 말투를 상류층의 발음으로 바꾸기 위해 3개월간 집중 교육을 진행하고, 일라이자를 완벽히 변모시킬 수 있다며 친구 피커링 대령과 내기를 한다. 일라이자는 이 과정을 단순한 언어 교정이 아닌 자신의 가능성을 발견하는 여정으로 경험한다. 히긴스는 일라이자가 자신감을 가질 수 있도록 지지하며, 그녀가 상류층의 일원으로 변모하도록 돕는다. 처음엔 좌절하던 일라이자도 히긴스의 끈질긴 노력으로 점차 자신을 믿게 되고, 이는 그녀의 정체성과 자부심을 형성하는 중요한 전환점이 된다.

이 작품은 언어와 태도의 변화가 개인의 외적 이미지를 바꿀 뿐아니라, 자신감과 자아를 재구성하는 데 얼마나 중요한지 보여준다. 히긴스는 일라이자의 언어와 태도를 교정하면서 그녀의 사회적 지위를 상승시키겠다는 목표를 가지고 있으며, 그의 기대와 지속적인 노력은 실제로 일라이자를 크게 변화시킨다. 이 작품은 단순히 교육에 대한 이야기가 아니라, 사회적 계급과 환경, 그리고 개인의 정체성이 어떻게 외부의 기대와 영향을 통해 형성될 수 있는지를 탐구한다.

이 작품에서 버나드 쇼가 전달하고자 했던 핵심 메시지는 사회 환경과 기대가 개인의 변화를 가능케 하는 강력한 요소라는 점이다. 히긴스의 기대는 일라이자에게 긍정적인 변화의 원동력이 되었지만, 작품은 이러한 변화가 외적인 면모를 넘어 인간의 내면과 정체성에도 영향을 미칠 수 있음을 강조한다. 또한 개인의 잠재력을 신뢰하고 이를 격려하는 과정이 얼마나 중요한지에 대한 메시지를 전달한다. 이는 현대 심리학에서 피그말리온 효과로 확장되어, 기대와 격려가 개인의 행동과 성과에 어떻게 영향을 미치는지 설명하는 이론적 토대가 되었다.

우리는 피그말리온 효과를 가져오는 선물을 '피그말리온 선물'이라고 한다. 예를 들어 부모가 자녀에게 "너는 반드시 훌륭한 사람이 될 거야"라는 믿음을 담아 선물을 건넬 때, 그 선물은 자녀의 자신감과 동기 부여를 강화하는 역할을 한다. 이러한 선물은 단순한 물건이 아니라, 기대와 격려의 메시지를 전달하는 매개체다. 아이들에게 책을 선물하면 물질적인 가치를 넘어선 중요한 메시지를 전달하게 된다. 이는 '책을 읽는 습관을 가지라'는 부모의 기대와 바람을 담고 있으며, 자녀의 지적 성장과 독서 문화 형성을 장려하는 역할을 한다. 이때 선물받은 책은 자녀가 읽을 때마다 부모의 메시지를 되새기게 하며, 이를 통해 독서에 대한 긍정적 인식을 자연스럽게 형성한다.

"넌 평소에 책을 너무 안 읽어"라고 불만 섞인 말투로 책을 전선물할 때와, "내가 이 책을 봤는데 내용이 너무 좋더라. 그래서 네 생각이 나서 한 권 샀네"라는 따뜻한 말투로 선물하는 경우를 비교해 보자. 겉보기에는 같은 선물이지만, 아이가 느끼는 심리적 반응과 결과는 확연히 다를 것이다. 전자의 경우, 책을 받는 순간 아이는 자신이 부족하다는 평가를 받는다고 느껴 부정적인 감정을 느낄 가능성이 크다. 반면 후자의 경우, 부모의 따뜻한 말과 함께 전달된 책은 아이에게 애정과 신뢰의 메시지를 전달하며 긍정적인 심리 반응을 일으킬 것이다.

책을 선물하는 행위는 그 자체로 강력한 메시지를 담고 있다. 하지만 이 메시지가 아이에게 효과적으로 전달되기 위해서는 선물을 건네는 태도와 말투가 매우 중요하다. 부모의 따뜻한 목소리와 진심 어린 칭찬은 아이에게 감정적 안정감을 주고, 책에 대한 호기심과 독서 동기를 자극한다. 이는 단순히 선물을 주고받는 차원을 넘어, 피그말리온 효과를 통해 아이가 부모의 기대를 실현하고자 하는 동기를 강화하는 데까지 이어질 수 있다. 이러한 과정에서 아이는 책 읽는 습관을 형성하고, 자기계발의 기회를 자연스럽게 얻는다. 이렇게 책 선물은 자녀와 부모 간의 유대감을 강화하며, 자녀가 자신의 잠재력을 키우는 데 중요한 역할을 한다.

살다 보면 일상에서 피그말리온 선물의 사례는 다양한 형태로 발견된다. 예를 들어 직장에서 상사가 직원에게 감사의 카드를 전하며 "당신의 노력이 이 팀에 큰 변화를 가져오고 있다"라는 메시지를 전달할 때, 이 간단한 카드는 종이 한 장의 의미를 넘어설 수 있다. 감사의 카드는 상사의 진심과 직원의 성과를 인정하는 태도를 담고 있어, 직원이 자신의 가치를 인식하고 팀에서 중요한 역할을 하고 있음을 깨닫게 한다. 이는 직원의 자신감을 고양시키고, 앞으로 더 높은 성과를 내기 위한 동기를 부여하는 데 중요한 역할을 한다.

또한 이러한 마음을 담은 선물은 팀 전체 분위기를 긍정적으로 변화시키는 데에도 기여할 수 있다. 상사의 격려는 한 사람이 아닌 다른 팀원들에게도 영감을 줄 수 있다. 상사가 특정 직원의 노력을 공개적으로 인정할 경우, 팀 전체가 더 나은 성과를 내기 위해 노력하는 분위기가 형성된다. 이는 조직 문화와 분위기를 강화하며, 직원들 사이에 긍정적이고 협력적인 에너지를 불러일으킨다. 이처럼 피그말리온 선물은 물질적 가치를 초월하여 심리적, 정서적 가치를 담고 있으며, 개인과 조직의 성장을 촉진하는 중요한 도구로 작용한다.

상대의 감정과 태도를
변화시키는 말투

"언어의 한계가 삶의 한계다." 이는 비트겐슈타인의 철학적 주장이다. 우리가 세계를 인식하고 이해하는 방식이 언어에 의해 형성된다는 것이다. 그의 대표작인 《논리-철학 논고Tractatus Logico-Philosophicus》에서는 언어가 현실을 어떻게 구성하고 경계 짓는지 탐구하며, 언어의 구조가 우리의 사고와 세계관에 결정적인 영향을 미친다고 보았다. "Word creates world"라는 표현은 언어의 창조적 힘을 상징적으로 보여준다. 'Word'에 알파벳 'l'을 더했을 뿐이다. 모든 세상은 언어로 구성된다는 것을 슬쩍 보여주는 느낌이다. 또한 영어 단어 'words'에서 's'를 앞으로 이동하면 'sword'가 된다. 말이 때로는 칼처럼 강력한 힘을 발휘할 수 있음을 시사한다. 분명 언어는 의사소통 수단을 넘어 인간의 사고를 조직하고 사회 현실을 구축하는 도구로 작용한다. 또한 그 말 속에 수많은 감정이 담겨 전달된다.

그래서 내용과 함께 말을 어떻게 전달하는지도 중요하다. 언어는 정보를 전달하는 수단을 넘어 감정과 태도, 의도까지 담아내는 복합적인 도구다. 같은 말을 하더라도 목소리 톤, 억양, 속도, 표정, 심지어는 몸짓과 같은 비언어적 요소에 따라 그 의미와 받아들여지는 방식이 크게 달라진다. 이는 비트겐슈타인의 언어 게임language game 개념과도 연결된다. 언어의 의미가 고정되어 있는 것이 아니라 사용되는 상황과 맥락에 따라 변화하기 때문이다. 예를 들어 '괜찮아'라는 단어는 따뜻한 위로가 될 수도 있고, 무관심한 반응으로 해석될 수도 있다. 결국 언어는 내용과 형식이 조화를 이루어야 진정한 소통이 가능하며, 말의 방식은 그 자체로 의미를 창출하는 중요한 요소인 것이다.

누구나 학창시절에 한 번쯤은 선생님의 따뜻한 말 한마디에 감동받고, 그것이 자신의 삶에 커다란 변화를 가져왔던 경험이 있을 것이다. 필자의 경우, 중학교 시절 국어 선생님이 그런 분이었다. 당시 한글날을 기념해서 교내 글짓기 백일장이 열렸는데, 1등을 한 필자의 글을 읽은 국어 선생님이 "너의 글에는 읽는 사람의 마음을 움직이는 힘이 있어"라는 칭찬을 해주셨다. 그 한마디가 수십 년이 지난 지금에도 컴퓨터 앞에 앉아서 글을 쓸 때마다 내 마음 한켠에 마치 차량 보험을 든 운전자처럼 하나의 굳건한 믿음이 되어 자리 잡고 있다. 그 당시에 그 말은 단순한 격려로만 들리지 않았다. 마치 "넌 그런 사람이 되어야 해." 하는 주문처럼 들렸다. 선생님의 진심 어린 말투와 따뜻한 눈빛은 필자의 마음속 깊이 자리 잡고 지금까지도 나에게 매번 신호를 보내는 듯하다.

우리는 흔히 '말보다는 말투가 중요하다'라고 말한다. 단순한 언어적 내용보다도 그것을 전달하는 방식, 즉 목소리, 말투, 그리고 표정이 상대방에게 미치는 영향이 더 크다는 뜻일 것이다. 사람들은 타인의 말투에서 진심과 기대를 읽어내며, 이에 감정적으로 반응하여 자신의 행동을 조정한다. 예를 들어 병원에서 의사가 따뜻하고 부드러운 말투로 환자를 대하면 환자는 안정감을 얻고, 의사에게 신뢰를 느낀다. 반면, 의사가 차갑고 단조로운 말투로 환자를 대하면 환자는 불안감을 느낀다.

이는 비단 의료 현장에서만 일어나는 일이 아니다. 부모와 자녀 간의 상호작용에서도 비슷한 사례를 찾아볼 수 있다. 부모가 자녀에게 "넌 항상 부족해"라고 짜증 섞인 말투로 이야기한다면, 자녀는 자신의 능력을 의심하고 자신감을 잃을 가능성이 높다. 하지만 "넌 정말 특별한 재능을 가졌어. 네가 조금 더 노력하면 훌륭히 해낼 거야"라는 따뜻한 말투로 자녀를 대한다면 자녀는 자신의 가능성을 믿고, 더 나은 결과를 이끌어낼 동기를 얻을 것이다. 특히 따뜻한 말투와 목소리는 자녀에게 정서적 안정감을 줄 뿐 아니라, 부모의 기대가 진심임을 전달하는 중요한 요소로 작용한다.

유명한 실제 사례도 많다. 아인슈타인이 어렸을 때 그의 부모는 그에게 항상 긍정적 기대와 지지를 보여주었다. 아인슈타인이 말을 늦게 배워 주변에서 걱정과 우려의 목소리가 많았을 때도 "우리 아이는 특별한 생각을 가진 아이야. 천천히 자신의 속도로 성장하고 있을 뿐이야"라며 믿음을 표현했다고 한다. 이러한 따뜻한 격려와 신뢰는 아인슈타인이 자신의 재능을 발휘하고 역사에 남을 위대한 과학자로 성장할 수 있는 밑거름이 되었을 것이다.

학교에서도 이런 경우는 흔하게 볼 수 있다. 선생님이 학생에게 "너는 충분히 잘할 수 있어"라고 따뜻하게 격려해 줄 때 학생은 교사의 기대를 충족시키기 위해 더 열심히 노력한다. 하지만 "넌 이런 것도 못하니?"라며 냉소적인 말투로 쏘아붙인다면 학생은 자신감이 무너지고 학습 동기마저 잃어버릴 것이다.

이러한 사례는 헬렌 켈러와 그녀의 스승 설리번 선생님의 이야기를 통해서도 잘 드러난다. 헬렌 켈러는 시각과 청각을 잃고 절망적인 상황에 처했지만, 설리번 선생님의 끊임없는 격려와 긍정적인 기대 덕분에 언어를 배우고 세상과 소통할 수 있었다. 설리번 선생님은 "헬렌, 너는 해낼 수 있어. 나는 네가 얼마나 강한지 알아"라는 태도로 헬렌을 대했으며, 이는 헬렌이 자신감을 얻고, 결국 위대한 업적을 이루는 원동력이 되었다.

조직 내에서도 마찬가지다. 상사가 부하 직원에게 "나는 당신의 능력을 신뢰합니다"라고 말하면서 진심 어린 태도로 격려한다면, 직원은 더 높은 성과를 내기 위해 스스로를 믿고 노력하게 될 것이다. 한 회사의 리더가 직원들에게 "우리 팀은 반드시 이 프로젝트를 성공시킬 수 있어"라고 열정적으로 말했다고 가정하자. 이 말은 단순한 지시가 아니라, 팀원들에게 신뢰와 기대를 심어주는 메시지가 된다. 결과적으로 팀원들은 프로젝트 성공을 위해 협력하며 최선을 다하게 된다.

일상적인 인간관계에서도 따뜻한 말 한마디가 큰 변화를 일으킬 수 있다. 친구에게 "힘들면 언제든 이야기해"라는 진심 어린 말을 건넨다면 상대방은 큰 위로와 안정감을 느낄 것이다. 낯선 사람에게도 마찬가지다. 길을 묻는 사람에게 "여기서 오른쪽으로 돌면 됩니다. 좋은 하루 되세요"라고 친절히 대답하면, 상대방은 그날 하루를 긍정적으로 기억할 가능성이 높다.

이처럼 말투와 표정, 목소리는 전달 수단을 넘어 상대방의 감정과 태도를 변화시키는 강력한 도구다. 비언어적 신호는 인간의 정서적 교류와 관계 형성의 핵심으로 작용하며, 상호작용의 질을 결정짓는다. 따라서 우리는 무엇을 말할지 고민하는 것만큼, 어떻게 말할지에 대해 깊이 생각할 필요가 있다.

긍정적 대화가 만들어내는 기적

말 한마디의 따뜻함은 인간관계에서 필수적인 요소다. 인간관계에서 사용하는 언어의 온도는 관계의 깊이를 결정짓는 중요한 요인으로 작용한다. 이는 좋은 인간관계를 형성할 뿐 아니라, 사람들에게 동기와 희망을 제공하고 세상을 더 나은 곳으로 만든다.

연구에 따르면, 긍정적인 언어는 신경화학적 변화를 유도하여 사람들의 정서적 안정과 신뢰 형성을 도와준다. 하버드 대학 심리학 연구소에서 진행한 데이비드 로즌솔David Rosenthal 박사의 연구는 따뜻하고 긍정적인 말이 스트레스 호르몬인 코르티솔 수치를 효과적으로 낮추고, 유대감을 강화하는 옥시토신 분비를 촉진한다는 점을 밝혀냈다.

2018년에 발표된 이 연구는 직장 환경을 중심으로 이루어졌는데, 200명의 참가자를 대상으로 긍정적인 언어와 부정적인 언어의 영향을 비교하는 실험이었다. 긍정적인 언어를 들은 그룹은 업무 성과와 협동 능력이 유의미하게 향상되었으며, 정서적 안정감 또한 크게 증가했다. 예를 들어 "수고했어, 네 덕분에 프로젝트가 성공했어"라는 간단한 문장은 참가자들에게 자신감과 동기 부여를 제공했다. 이러한 피드백을 받은 참가자들은 자신의 가치와 기여가 인정받는다고 느꼈으며, 더 높은 수준의 창의력과 몰입을 보여주었다. 로즌솔 박사는 이러한 결과를 바탕으로 긍정적인 언어가 개인과 조직 전반에 걸쳐 심리적 안정과 생산성을 높이는 데 결정적인 역할을 한다고 결론지었다.

이 연구는 부부나 친구 사이에서도 따뜻한 언어 사용이 얼마나 중요한지 강조한다. "오늘 정말 고생 많았어. 네가 있어서 다행이야"와 같은 말은 공감의 표현을 넘어 관계의 신뢰를 강화하고 정서적 안정감을 제공한다는 사실이 실험을 통해 확인되었다. 이처럼 긍정적인 언어 사용은 인간관계 전반에서 심리적 유대감을 증진하고, 스트레스 상황에서도 서로를 지지하는 강력한 도구로 작용한다.

인간관계 심리학자인 존 가트맨의 연구는 부부 관계에서 긍정적인 대화의 중요성을 강조한다. 가트맨은 40년 이상 수천 쌍의 부부를 관찰하며 부부 관계의 안정성과 긍정적 상호작용의 상관관계를 분석했다. 그의 연구에 따르면, 건강한 관계를 유지하는 부부는 비판이나 비난보다 칭찬과 격려를 포함한 긍정적인 상호작용을 훨씬 더 많이 하는 것으로 나타났다. 특히 그는 5:1의 비율, 즉 긍정적인 상호작용이 부정적인 상호작용보다 다섯 배 많아야 관계의 안정성을 유지할 수 있다고 말한다. "사랑의 실험실"에서 진행된 연구는 매우 흥미롭다. 그는 부부가 일상 대화와 갈등 상황에서 사용하는 언어를 녹화하고, 이를 분석하여 긍정적인 표현과 부정적인 표현의 비율을 계산했다. "고마워" "잘했어"와 같은 긍정적 표현은 상대방에게 신뢰와 애정을 전달하며 관계를 강화하는 역할을 하는 반면, "왜 항상 그런 식이야?"와 같은 비판적인 표현은 부정적인 영향을 미쳐 관계를 악화시킬 가능성이 높았다.

이처럼 말의 온도는 인간관계에서 소통 이상의 역할을 한다. 프랑스 철학자 장 폴 사르트르는 "말은 행동이다"라고 말하면서 언어가 의사소통의 도구를 넘어 관계와 권력의 핵심적인 역할을 한다고 강조했다. 말 한마디가 전쟁을 막거나 사랑을 시작하거나 갈등을 해결할 수 있음을 우리는 역사와 일상에서 수없이 목격했다. 마틴 루서 킹 주니어의 〈I Have a Dream〉 연설은 단순한 언어적 표현이 아니라, 억압받는 사람들에게 희망과 행동할 수 있는 용기를 주는 촉매가 되었다. 반대로 신뢰와 존중이 결여된 말은 관계를 파괴하고 불화를 심화시킬 수 있다.

말은 사람들 간의 정서적 연결을 형성하고, 상호 신뢰와 존중을 구축하며, 궁극적으로 더 건강하고 행복한 관계를 만들어낸다. 중요한 것은 우리가 어떤 단어를 선택하고, 어떤 마음으로 그것을 전달하느냐의 문제다. 말은 권력이고, 변화의 도구이며, 희망과 치유를 전하는 가장 인간적인 행위임을 잊지 말아야 한다. 이처럼 우리의 언어는 의사 전달의 수단을 넘어 세상을 긍정적으로 변화시키는 강력한 힘이 될 수 있다.

스스로에게도 건네는 따뜻한 위로

따뜻한 말은 자기 자신에게도 중요한 영향을 미친다. 아리스토텔레스는 "우리는 반복적인 행동에 의해 정의된다. 그러므로 탁월함은 행위가 아니라 습관이다"라고 말하면서 자기 자신과의 대화가 어떻게 습관화되고 내면의 태도를 형성할 수 있는지 강조했다.

심리학자 크리스틴 네프는 2011년 연구에서 자기 자신에게 따뜻한 말로 위로를 건네는 행위가 스트레스를 완화하고 정신의 회복탄력성을 강화한다는 것을 입증했다. 그녀는 실패와 같은 도전적인 상황에서 "나는 최선을 다했고, 괜찮아. 다음에는 더 잘할 수 있어"라는 자신과의 대화가 자신을 향한 비난을 줄이고 성장과 학습의 기회를 제공한다고 강조했다. 해당 연구는 약 200명의 참가자를 대상으로 진행되었는데, 자기 비판적 태도보다 자기 자비를 실천한 그룹이 더 낮은 스트레스 호르몬 수치를 보였고, 심리적 안정감도 증가했다.

2015년에 콜로라도 대학에서 진행한 연구는 자기 대화와 관련된 구체적인 신경학적 메커니즘에 대한 탐구였다. 연구진은 뇌의 자기 참조 처리 영역self-referential processing regions이 자기 자비적 대화 중 활발하게 활성화됨을 확인했다. 이 연구는 자기 자신에게 긍정적인 언어를 사용하는 것이 심리적 위안을 넘어서 신경학적 수준에서 부정적 생각을 줄이며 감정 조절을 촉진한다고 설명했다.

이와 관련하여 데이비드 로즌솔도 직장 환경에서 긍정적인 자기 대화의 효과를 탐구했다. 실험에 따르면, 긍정적인 언어를 사용한 참가자들은 스트레스 호르몬 수치가 감소하고, 집중력과 창의성이 증가한 것으로 나타났다. 그는 "나는 충분히 가치 있는 사람이다"와 같은 자기 대화가 스트레스 상황에서도 자신감을 유지하도록 돕는다고 결론지었다. 이는 단순히 위로의 차원을 넘어 신경학적 안정감과 생산성을 촉진하는 데 결정적인 역할을 하고 있음을 잘 보여준다.

유명한 테니스 선수 세리나 윌리엄스는 경기 중 자신에게 긍정적인 말을 건네며 멘탈을 관리하는 것으로 잘 알려져 있다. 그녀는 경기 중에 "나는 강하다" 또는 "나는 이길 수 있다"와 같은 문구를 반복하며 긴장을 해소하고 집중력을 유지한다. 윌리엄스는 이러한 자기 대화가 세계적인 챔피언으로 성장하는 데 핵심적인 역할을 했다고 말한다. 이는 스포츠 심리학에서도 긍정적인 자기 대화의 대표 사례로 자주 인용된다.

이는 긍정심리학Positive Psychology의 핵심 원칙 중 하나로, 인간의 강점과 긍정적 경험을 강조하는 접근법에서 입증된 바 있다. 긍정심리학은 사람들이 자신의 잠재력을 최대한 발휘할 수 있도록 낙관적 사고와 긍정적인 정서 경험을 촉진한다. 이러한 접근은 단순히 마음을 다스리는 데 그치지 않고, 장기적인 삶의 만족도를 높이는 데도 기여한다.

스스로에게 반복적으로 "나는 중요한 일을 할 수 있는 능력이 있다"라고 말하는 사람은 그렇지 않은 사람보다 목표 달성률이 35퍼센트 더 높은 것으로 나타났다. 하버드 대학 심리학 연구팀이 500명을 대상으로 한 실험 연구에 따르면, 자아 효능감self-efficacy을 강화하는 긍정적인 자기 대화는 개인의 동기 부여와 문제 해결 능력을 크게 향상시킨다. 또한 자기 대화를 사용한 그룹이 목표 설정 및 성과 평가 과정에서 더 높은 수준의 자신감을 보였음을 확인했다.

콜로라도 대학의 리M. Lee와 카터S. Carter 연구에서는 반복적인 자기 대화가 실패를 성장의 기회로 받아들이는 태도에도 영향을 미친다는 점을 밝혔다. 연구에 참여한 피실험자들 중 긍정적인 자기 대화를 습관화한 그룹은 실패를 경험한 후에도 신속히 회복하며 새로운 전략을 도출하는 경향이 강했다. 이는 긍정적이고 반복적인 자기 대화가 정신 건강에만 국한되지 않고, 개인의 삶 전반에 걸쳐 긍정적인 변화를 일으키는 핵심 요소임을 시사한다.

일론 머스크도 이와 유사한 철학을 언급한 바 있다. 그는 "나는 매일 아침 스스로에게 묻는다. '오늘 내가 세상에 긍정적인 영향을 미칠 수 있는 방법은 무엇인가?'"라고 말하면서, 자기 대화가 자신의 혁신적인 아이디어와 지속적인 도전의 원동력이었다고 밝혔다. 이러한 사례는 긍정적인 자기 대화가 심리적 위안을 넘어 구체적인 행동과 성과를 이끄는 중요한 도구임을 보여준다.

12

공간 그 특별함,
서로의 존재를
잇다

인간은 공간을 통해 세상을 이해하고 경험한다。
우리는 공간 속에서 위치를 파악하고, 방향을 설정하며,
사물과의 관계를 인지한다。
공간 인지는 단순히 물리적 환경을 파악하는 것을 넘어
사고, 기억, 학습과 같은 인지 과정에도 깊이 관여한다。

공간의
숨은 의미

무리지어 피어 있는 꽃보다 두 셋이서 피어 있는 꽃이 도란도란 더
의초로울 때가 있다.
두 셋이서 피어 있는 꽃보다 오직 혼자서 피어 있는 꽃이 더 당당
하고 아름다울 때가 있다.
너 오늘 혼자 외롭게 꽃으로 서 있음을 너무 힘들어 하지 말아라.

서정 시인 나태주의 〈혼자서〉라는 제목의 시다. 적당한 공간이
오히려 꽃의 존재 가치와 아름다움을 돋보이게 하고 있음을 얘기하
며 혼자라는 외로움을 위로한다. 빽빽하게 채워짐보다는 오히려 여
백의 미를 살린 공간이 돋보일 수 있음을 말하고 있는 것이다.

공간은 단순히 물리적인 장소 그 이상이다. 인간에게 공간은 존
재를 형성하고, 경험을 규정하며, 삶의 의미를 부여하는 요소다. 철

학자 마르틴 하이데거는 "인간은 단순히 공간 속에 존재하는 것이 아니라, 공간을 통해 존재를 드러낸다"라고 했다. 공간이 물리적 환경일뿐 아니라 인간의 존재와 밀접하게 연결된 현상학적 요소임을 강조한 것이다.

현대 심리학자 에이브러햄 매슬로는 인간의 기본 욕구 피라미드에서 안전과 안정성을 공간과 깊이 연관 지었다. 공간이 인간 생존과 심리적 안정감에 필수적이라는 것이다. 그는 "안전한 공간은 인간의 삶에서 기본적이며, 그 안정감이 결여될 때 불안감과 스트레스가 증가하며 심리적 고립감을 초래할 가능성이 높다"라고 했다.

2003년 발표된 UCLA 심리학 연구팀의 실험 결과도 이를 뒷받침한다. 심리학자 존 가르시아John Garcia 박사팀은 참가자를 대상으로 공간의 안정감이 결여된 환경에서 심리적 반응을 관찰했다. 응답자의 67퍼센트가 지속적인 불안감을 보고했고, 45퍼센트는 사회적 관계의 질 저하까지 경험했다고 밝혔다.

프랑스의 철학자이자 사회학자 앙리 르페브르도 공간이 사회관계를 구조화하고 유지하는 데 중요한 역할을 한다고 주장했다. 그는 공간을 물리적이고 수동적인 배경으로만 보지 않고, 인간 활동과 사회적 과정, 그리고 권력계가 얽힌 복합적 산물로 해석했다. 그러면서 공간을 세 가지 차원으로 구분했다. 첫째, 물리적 공간perceived space은 일상생활에서 사람들이 물리적으로 경험하고 인식하는 공간이다. 둘째, 개념적 공간conceived space은 도시 계획, 지도 제작, 건축 등 전문가들에 의해 만들어진 추상적인 공간이다. 셋째, 사회적 공간lived space은 사람들이 실제로 살아가는 경험적 공간으로 상징과 감정을 통해 형성 유지된다.

　그는 '공간의 생산'이라는 개념을 통해 사회 불평등과 갈등을 분석할 수 있는 중요한 틀을 제공했다. 도시 구조와 설계는 사회 계층화를 반영하며, 특정 집단의 접근을 제한하거나 권리를 배제하는 수단이 될 수 있다고 했다. 이러한 관점은 도시학, 사회학, 지리학 등 다양한 학문 분야에 영향을 미쳤으며, 특히 공간을 인간의 사회 경험과 권력 역학을 이해하는 핵심 요소로 자리 잡게 만들었다.

　미국 건축가 프랭크 로이드 라이트는 건축 디자인에서 공간의 조화와 유기적 관계를 강조하면서 "공간은 인간의 삶을 풍요롭게 하고, 개인과 환경 사이의 균형을 이루는 도구"라고 했다. 그의 작품인 〈낙수장Fallingwater〉은 인간과 자연이 조화롭게 공존할 수 있는 공간의 가능성을 보여주는 대표 작품이다.

　하이데거, 매슬로우, 르페브르, 라이트와 같은 학자와 디자이너들의 통찰은 공간이 물리적 개념을 넘어 인간 존재와 사회 구조를 이해하는 핵심 요소이고, 공간에 대한 이해와 활용은 인간 생존, 가족의 유대 강화, 조직의 효율성 증대, 그리고 사회적 연대 구축에 필수적이라는 것이다. 인간은 공간을 통해 세상을 이해하고 경험한다. 우리는 공간 속에서 위치를 파악하고, 방향을 설정하며, 사물과의 관계를 인지한다. 공간 인지는 단순히 물리적 환경을 파악하는 것을 넘어 사고, 기억, 학습과 같은 인지 과정에도 깊이 관여한다.

　심리학자 에드워드 톨먼의 연구는 쥐가 미로 속에서 길을 찾는 과정을 통해 공간에 대한 '인지 지도cognitive map'를 형성하는 것을 잘 보여준다. 이는 인간도 공간 경험을 통해 주변 환경에 대한 심상을 구축하고, 이를 바탕으로 의사결정을 내리고 행동을 계획한다는 것을 시사한다. 공간과 공간 인지는 인간 행동에 강력한 영향을 미칠 수밖에 없다. 그래서 어떤 공간은 특별한 행동을 유도하도록 설계될 수도 있다는 것이다.

넓고 개방된 공간은 창의적인 사고와 협업을 촉진하는 반면, 조용하고 개인적인 공간은 집중과 사색에 도움이 된다. 건축가 크리스토퍼 알렉산더는 자신의 책《패턴 언어A Pattern Language》에서 공간 디자인을 통해 사람들의 행동을 유도하고 공동체 의식을 강화할 수 있다고 주장했다. 그는 광장, 골목길, 정원 같은 공간 요소들이 사람들의 만남과 교류를 촉진하고, 사회적 연결을 강화하는 데 중요한 역할을 한다고 했다.

공간은 특히 인간의 감정과도 깊은 연관성을 가진다. 특정 공간은 특정 감정을 유발할 수도 있다. 높은 천장과 밝은 조명은 긍정적이고 활기찬 감정을 불러일으키는 반면, 어둡고 좁은 공간은 불안감이나 우울감을 유발한다. 심리학자 로저 울리히Roger Ulrich는 1984년 병원 환경이 환자 상태에 미치는 영향을 연구한 후 흥미로운 결과를 발표했다. 그는 담낭 수술 환자를 대상으로 한 연구에서 병실 창문을 통해 자연 경관을 볼 수 있는 환자들과 벽을 바라보는 환자들을 비교 분석했는데, 자연 경관을 접한 환자들은 평균적으로 병원에서 하루 더 적게 머물렀으며, 진통제를 덜 사용했고, 간호사들이 기록한 불만 사항도 적었다.

울리히는 "자연 경관은 스트레스를 완화하고 심리적 안정을 제공함으로써 회복 과정을 가속화한다"고 설명했다. 이후 그의 연구는 치유 환경heealing environment 설계의 기초가 되었다. 병원뿐만 아니라 요양 시설, 교육 기관, 그리고 직장 설계에도 널리 활용되고 있다. 이는 공간의 질적 요소가 단순히 물리적 환경이 아니라, 인간의 심리 및 생리 상태에 미치는 영향을 실증적으로 보여주는 대표 사례다.

또한 공간은 사회적 상호작용을 매개한다. 사람들은 공간을 공유하면서 관계를 형성하고, 정보를 교환하며, 공동체를 형성한다. 공간은 사회 규범, 가치관, 문화를 반영하며, 사회적 상호작용을 규제하는 역할도 한다. 사회학자 어빙 고프먼은 자신의 저서 《일상생활에서의 자아 표현The Presentation of Self in Everyday Life》에서 인간의 사회적 상호작용을 연극 무대에 비유했다. 그는 공간을 무대, 사람들을 배우로 보고 사회적 상호작용을 연기로 해석했다. 그에 따르면, 사람들은 공간을 활용하여 자신을 표현하고, 타인에게 인상을 심어주며, 사회적 역할을 수행한다고 한다.

나아가 공간은 개인과 집단의 정체성 형성에도 중요한 역할을 한다. 우리가 살아가는 공간은 우리의 가치관, 신념, 문화를 반영하며, 우리가 누구인지를 드러내는 중요한 지표가 된다. 특정 지역이나 도시는 고유한 역사, 문화, 건축 양식을 가지고 있으며, 이는 그곳에 거주하는 사람들의 정체성을 형성하는 데도 영향을 미친다. 또한 개인의 집이나 방은 그 사람의 취향, 개성, 삶의 방식을 보여주는 공간이다. 그 사람의 방을 보면 그 사람을 알 수 있는 이유다.

슈필라움,
창의성을 위한 자유 영역

공간은 인간의 삶과 불가분의 관계에 있다. 공간은 우리의 인지, 행동, 감정, 사회적 상호작용, 그리고 정체성을 형성하는 데 중요한 역할을 하기 때문이다. 요즘 방해받지 않는 자기만의 공간인 '슈필라움Spielraum'을 갖는 것이 단순한 유행을 넘어 필수 요소로 자리 잡고 있다. '슈필라움'은 독일어로 '놀이Spiel'와 '공간Raum'의 합성어다. '내 마음대로 할 수 있는 자율적이고 주체적인 공간'을 의미한다. 단순히 물리적인 공간에 국한되지 않고 심리적 여유와 안정을 포함하는 개념이다. 남의 시선을 신경 쓰지 않고 온전히 자신을 표현하고 자유를 만끽할 수 있는 공간, 즉 놀이 공간이자 여유 공간, 나만의 힐링 공간이다.

슈필라움은 자존감과 매력을 형성하고, 품격을 유지하며, 제한된 삶 속에서도 창조적인 재구성을 가능하게 한다. 우리가 밀집된 환경 속에서도 본능적으로 최소한의 자기만의 공간을 확보하려 하거나 '내 공간'을 마련하고 정성껏 가꾸며 애써 지키려는 이유다. 이는 현대인들이 각자의 '케렌시아Querencia'를 추구하는 현상을 이해하는 중요한 키워드로 작용한다. '케렌시아'는 본래 스페인어로 '안식처'를 뜻한다. 소가 투우사와 싸울 때 위험을 피해 잠시 쉬기 위해 머무르는 안전한 장소를 의미한다. 현대에서는 개인이 지친 일상 속에서 심리적 안정을 찾고 자신을 재충전할 수 있는 위안 공간이다.

2017년 옥스퍼드 대학의 로버트 윌리엄스Robert Williams 교수가 이끈 사회심리학 연구팀은 공동 작업 환경co-working space이 인간의 협업 능력과 친밀감을 강화하는 데 효과적이라는 연구 결과를 발표했다. 개방형 설계와 개인화된 작업 구역의 균형이 적절히 조화될 때 팀원들 간 신뢰가 형성되고 갈등이 줄어드는 긍정적인 영향을 미친다는 것이다.

연구는 전 세계 15개국에서 1,000명 이상의 참가자를 대상으로 진행되었는데, 개방형 환경에서 일하는 팀들이 전통적인 사무실에서 일하는 팀보다 협업에 대한 만족도가 평균 40퍼센트 더 높았음이 드러났다. 특히 공간 설계가 심리적 안정감을 제공할 때 팀원들은 더 자유롭게 아이디어를 공유했으며, 창의성과 문제 해결 능력 또한 동시에 향상되었다. 윌리엄스 박사는 "공동 작업 환경은 단순히 물리적 공간을 재구성하는 것이 아니라, 인간의 심리적 요구와 사회적 상호 작용을 고려한 설계가 필요하다"라고 강조하면서, 이러한 공간은 현대 조직에서 팀워크와 효율성을 극대화하는 데 중요한 역할을 한다고 덧붙였다.

독일 베를린 자유대학에서 박사학위를 받은 김정운 교수는 현대 사회에서 개인의 정신 안정을 위한 공간으로서 슈필라움의 중요성을 강조했다. 그는 자신의 저서 《창조적 시선》에서 슈필라움을 휴식이나 놀이 장소로 한정하지 않고, 창조적 사고와 자율성을 회복하는 핵심 매개체로 정의했다. 특히 현대 사회의 몰개성화와 경쟁 중심 구조에서 벗어나기 위해 자기만의 공간이 절대적으로 필요하다면서, 이 공간이 정신적 여유를 되찾는 데도 필수적이라고 강조했다.

현대 도시 설계 연구에서 안전한 공공 공간은 범죄를 줄이고 주민들의 사회 교류를 촉진하며, 지역 사회의 결속력을 강화하는 데도 기여한다. 스웨덴 룬드 대학 연구팀은 도시 공원의 접근성과 설계가 주민들의 정신 건강에 미치는 영향을 조사했는데, 녹지가 많은 공원이 스트레스 해소와 정서 회복에 긍정적인 영향을 미친다고 밝혔다. 이 연구팀의 페터스 크리스토퍼슨Peters Christopherson 박사는 "녹지 공간은 도시의 심미성을 높이는 역할을 넘어 인간의 심리적 복지를 위한 필수 자원"이라고 강조했다.

2020년에는 일본 교토 대학 연구팀이 자연 환경과 정신 건강의 연관성을 분석한 결과, 녹지가 풍부한 공간에서 15분 이상 머무는 것만으로도 스트레스 수준이 30퍼센트 이상 감소하고 긍정적 감정이 촉진되는 효과를 확인했다. 이러한 연구들은 도시 설계와 심리적 건강의 상관관계를 탐구하는 데 중요한 기초 자료를 제공하며, 자연 공간의 접근성이 개인의 정서적 복지에 필수적임을 입증했다.

하버드 대학의 생물학 인간행동연구소가 조사한 결과도 주목할 만하다. 이 연구소에서는 실내 식물 배치와 적절한 조명이 개인의 스트레스 감소에 미치는 영향을 조사했는데, 그 결과 사무실에 녹색 식물이 배치되었을 때 직원들의 스트레스 호르몬 수치가 20퍼센트 이상 감소하고, 자연광을 이용한 공간에서는 생산성과 창의성이 30퍼센트 이상 증가하는 효과가 관찰되었다. 이러한 연구는 슈필라움 설계가 개인의 감정 치유뿐만 아니라 조직의 전반적 업무 성과에도 직접적으로 영향을 미칠 수 있음을 보여준다.

인간관계에 깊이를 더하는
공간의 특별함

인간관계 차원에서 슈필라움은 사람들의 상호작용의 질을 높이는 데 중요한 역할을 한다. 개방적이고 여유로운 공간은 사람들이 편안하게 대화하고 협력할 수 있는 환경을 조성한다. 이는 인간관계의 깊이를 더하고 신뢰를 강화한다.

하버드 대학의 사회심리학 연구팀이 2018년에 발표한 연구의 결과를 보면, 개방형 사무실 환경에서 일하는 팀들이 폐쇄형 사무실에서 일하는 팀들보다 협업 능력과 창의성이 25퍼센트 이상 높았다고 한다. 연구를 이끈 앤드류 로버츠Andrew Roberts 박사는 "개방 공간은 물리적 장벽을 제거함으로써 사람들 간의 심리적 거리를 좁히고, 더 나은 의사소통과 관계 형성을 촉진한다"고 설명했다.

독일의 베를린 자유대학에서 진행된 연구에서도 여유롭고 개방적인 환경에서 대화가 진행될 경우, 참가자들의 정서적 안정감과 친밀감이 증가했다는 결과가 나타났다. 이러한 환경은 단순히 물리적 공간에 국한되지 않고, 사람들이 자연스럽게 교류하고 협력하며, 사회적 유대를 강화할 수 있는 심리적 공간으로 작용한다. 슈필라움은 인간관계의 질을 높이는 데 있어서 물리적, 심리적 모두에서 필수적인 요소로 평가받고 있다.

문화학자 에드워드 홀Edward Hall은 자신의 저서 《숨겨진 차원The Hidden Dimension》에서 매우 구체적으로 공간의 의미를 담은 '프록시믹스Proximics'라는 이론을 제시했다. 이는 인간이 공간을 인식하고 사용하는 방식을 연구하는 개념으로, 사람들이 사회적 상호작용에서 물리적 거리를 어떻게 조절하는지를 설명한다. 그러면서 인간의 상호작용에 있어 네 가지 주요 거리 유형을 정의했다.

먼저, 친밀거리intimate distance는 약 0~45cm로 가족이나 연인과 같이 매우 가까운 관계에서 사용된다. 이 거리에서는 감각적 접촉이 가능하기도 하다. 개인거리personal distance는 약 45cm~1.2m로 친구나 가까운 동료와의 사적인 대화에 적합하다. 이 공간은 서로의 표정을 명확히 볼 수 있으며 편안한 대화를 나눌 수 있는 거리다. 사회거리social distance는 약 1.2~3.6m로 비즈니스 관계나 상호작용이 덜 친밀한 상황에서 사용된다. 이 거리는 대화는 가능하지만 개인적 정보 교환보다는 공식적인 대화에 적합하다. 마지막으로 공공거리public distance는 약 3.6m 이상으로 강의나 발표와 같은 공공장소에서 사용된다. 이 공간에서는 개인적인 상호작용보다 일방적인 전달이 적합하다. 프록시믹스 이론은 인간관계의 친밀함에 따라 심리적 거리가 내포하는 적당한 물리적 거리를 보여준다.

슈필라움은 단순히 물리적 공간의 개념을 넘어 인간관계와 심리적 안녕을 위한 중요한 기제로 작용하고 있다. 공간적 거리의 적절한 설정은 인간 상호작용의 질을 높이고, 개인의 행복과 집단 성과 모두에 긍정적인 영향을 미칠 수 있다.

토포필리아,
정체성과 유대감을 만들다

　'토포필리아^{Topophilia}'는 인간이 특정 장소나 공간에 느끼는 애정과 연결성을 의미한다. 이는 공간에 대한 인간의 감정 연결과 애착이 우리의 행복과 관계에 미치는 영향을 이해하는 데 중요한 개념이다. 우리가 매일 경험하는 공간은 단순한 배경이 아니라, 우리의 정서적 안정, 기억, 그리고 관계 형성에 깊이 관여하는 중요한 요소라는 것이다.

　지리학자 이푸 투안이 자신의 저서 《토포필리아^{Topophilia}》에서 제안한 개념이다. 이 개념은 인간의 감정과 공간 사이의 관계를 깊이 있게 탐구하는 데 중요한 이론적 틀로 사용된다. 그에 의하며 "공간은 단순한 배경이 아니라, 우리의 경험과 관계를 통해 형성되는 살아 있는 유기체와도 같다. 토포필리아는 단순한 장소에 대한 선호를 넘어서 그 공간이 인간의 정체성과 감정에 깊은 영향을 미치는 심리적이고 문화적인 유대감을 포함한다." 예를 들어 어린 시절 추억이 깃든 고향이나 여행하면서 발견한 특별한 장소는 우리의 감정과 기억 속에 뚜렷이 자리 잡는다. 이는 그 공간의 물리적 특성 때문만이 아니라, 그 공간이 우리의 경험과 관계 속에서 만들어낸 의미 때문에 일어나는 현상이다.

　토포필리아는 또한 인간관계에 긍정적인 영향을 미친다. 2021년 하버드 대학의 심리학자 사라 밀러^{Sarah Miller}가 이끄는 연구팀은 개인이 좋아하는 장소에서 느끼는 정서적 안정감이 사회관계의 질에 미치는 영향을 분석했다. 이 연구는 설문조사와 심층 인터뷰를 진행하여 자신이 특별한 애착을 느끼는 공간을 자주 방문하는 사람들은 친구 및 가족과의 상호작용에서 더 높은 만족도를 보고했다는 결과를 도출했다.

연구팀은 이러한 공간이 물리적 장소라는 의미를 넘어 관계의 친밀감과 정서적 유대를 강화하는 매개체로 작용한다고 평가했다. 밀러 박사는 "특별한 공간은 개인에게 심리적 안정감을 제공할 뿐만 아니라, 사회관계를 심화시키는 데도 중요한 역할을 한다"고 언급했다. 또한 이 공간들이 스트레스 해소와 긍정적 정서 형성에 도움을 주며, 이는 결과적으로 사회관계의 질을 높이는 주요 요인이 된다는 점을 밝혀냈다.

철학자 랄프 왈도 에머슨은 "우리가 사랑하는 공간은 우리가 사랑하는 사람들과 공유된 경험으로 만들어진다"라고 말하면서 공간과 관계의 상호작용을 시적으로 표현한 바 있다. 최인아 작가의 《내가 가진 것을 세상이 원하게 하라》에서도 공간에 대한 통찰을 엿볼 수 있다. 사람과 세상, 그리고 개인과 사회적 관계에 대한 자신의 경험담을 담은 이 책에서 저자는, 자신이 가진 가치를 재발견하고 이를 통해 세상과 연결되는 방법을 소개하는데, 특히 '아름다운 거리beautiful distance'라는 표현을 자주 언급한다. 이는 서로의 개인적인 공간과 자유를 존중하면서도 서로에게 필요한 지지와 조언을 제공할 수 있는 거리를 말한다. 이러한 거리는 건강한 인간관계를 유지하는 데 매우 중요하며, 우리 삶을 더 아름답게 만든다. 지금 우리에게는 그와 같은 적당한 공간과 거리가 필요하다.

사람은 사랑 없이는 살 수 없지만
대부분의 사람은 사랑하는 법을 모르고 살아간다.
•에리히 프롬•

행복은 우리 내부에 있다.
행복의 문을 여는 열쇠는 당신이 쥐고 있다.
•헬렌 켈러•

메타필링의 쓸모

인간은 궁극적으로 행복하기 위해 산다. 하지만 현실은 어떤가. 누구나 행복을 추구하지만 행복을 손에 쥐는 사람은 그다지 많지 않다. 3부에서는 메타필링을 우리의 삶과 일상 속에 녹여냄으로써 우리가 행복해질 수 있는 길을 찾아본다. 행복해지기 위한 개인의 성공과 성장에 메타필링을 어떻게 활용할 수 있는지, 개인의 성장과 성공에 가장 필요한 '공감'의 감정은 무엇이고 어떤 요소로 이루어져 있는지, 그리고 AI가 사회 전반에 출현한 기술 혁명의 시대에 우리의 교육과 행복의 개념은 어떻게 바뀌어야 하는지 살펴본다.

세상을 바꾸고 달라진 세상 속에서 행복한 자아를 실현하는 '메타필링 마스터.' 그 새로운 개념의 인재가 되기 위한 일곱 가지 행동 방안과 이를 통해 추구하는 네 가지 핵심 가치는 독자들에게 지금까지와는 전혀 다른 인재상을 제시함으로써 새로운 미래의 가치를 펼쳐 보일 것이다.

타인과의 관계를 통해 공감 능력, 의사소통 능력, 협력 능력 등을 향상시키고,
정서적인 안정감을 유지하는 것은 사회적, 감정적 쇄신의 중요한 부분이다.
인간은 타인과 상호작용을 통해 사회적 행동과 감정을 배우고 발전시킨다.
따라서 긍정적인 사회관계를 형성하고 유지하는 것은
개인의 사회적, 감정적 성장에 필수적이다.

13

성장과
성공을 위한
감정 실천

성장과 성공,
비슷한 듯 다른 개념

　　다들 열심히 살라고 말한다. 한 번밖에 없는 인생인데 시간 낭비하지 말고 바쁘고 열정적으로 살라고 말이다. 그런데 우리는 왜 열심히 살아야 할까? 매우 철학적인 질문이기도 하다. 대부분의 사람들은 이 질문에 대해 '행복하기 위해서, 성공하기 위해서'라고 답한다. 그렇다면 이런 인생을 살기 위해 우리에게 필요한 것은 정말 무엇인가 고민하게 된다.

　　'성공'은 일반적으로 개인이나 조직이 설정한 목표를 달성하고, 이를 통해 외부로부터 인정과 성취감을 얻는 것을 의미한다. 이는 특정한 결과나 업적, 사회 지위, 또는 물질 보상으로 나타날 수 있다. 성공은 명확한 목표와 그에 따른 결과로 정의되며, 목표에 도달했을 때 사람들은 '성공했다'고 평가한다.

　　하지만 '성장'은 성공과 비슷한 듯하지만 본질적으로 다른 개념이다. 성장은 외적인 평가나 결과보다는 개인의 내면 변화와 발전을 의미하며, 이는 단일한 목표를 달성했다고 해서 끝나는 것이 아니라 지속적이고 연속적인 과정으로 이루어진다. 성장은 스스로의 한계를 인식하고 이를 극복하기 위해 끊임없이 배우고 발전하는 과정이다. 이는 실패와 도전, 새로운 경험을 통해 내면의 역량을 확장해 나가는 여정이며, 종종 외적인 성공보다 더 깊이 있는 만족과 성취감을 가져다준다.

성공이 특정한 성과나 결과에 초점을 맞춘다면, 성장은 그 과정과 여정에 더 큰 가치를 둔다. 성공은 일시적인 결과일 수 있지만, 성장은 평생 지속되는 자기 발전의 과정이다. 그래서 성장에 대한 내면적이고 심리적 느낌이 내가 잘 살고 있는지를 결정하는 중요한 요소가 된다.

그런 의미에서 최초로 남극 탐험에 성공한 로알드 아문센의 이야기는 울림이 있다. 1911년, 아문센은 남극점에 최초로 도달한 탐험가로서 인류 역사에 이름을 남겼다. 그의 여정은 탐험 이상의 의미를 지닌다. 치밀한 계획, 유연한 사고, 정서적인 안정감과 팀워크의 중요성을 강조하는 대표적인 사례다.

아문센은 남극 탐험을 위해 철저한 준비를 했다. 그는 혹독한 환경에서 생존하기 위한 최적의 방법을 연구하고, 북극권의 이누이트족으로부터 생존 기술을 배웠다. 이를 통해 극한의 추위에 맞서는 옷차림, 개썰매 타는 법, 식량 관리 방법 등을 체계적으로 익혔다. 또한 탐험 장비를 가볍게 하는 등 효율성에 집중했으며, 불필요한 요소를 제거하여 자원 낭비를 최소화했다.

당시 아문센과 경쟁했던 영국의 로버트 스콧 탐험대는 과학 탐사를 강조하며 복잡한 장비와 운송 수단을 사용했지만, 이는 혹독한 남극 환경에서 오히려 부담이 되었다. 하지만 아문센은 단순하고 효과적인 전략을 선택했다. 그는 개썰매를 주된 운송 수단으로 활용하고, 경로를 철저히 계획하여 에너지와 자원을 효율적으로 관리했다.

　　또한 탐험 과정에서 아문센은 유연한 사고와 리더십을 발휘했다. 그는 계획을 상황에 맞게 유연하게 조정하면서 팀원들의 건강과 사기, 정서적인 안정감을 최우선으로 고려했다. 이러한 리더십은 극한의 환경 속에서도 팀원들이 신뢰와 협력으로 뭉칠 수 있는 원동력이 되었다. 그 결과 아문센은 1911년 12월 14일 남극점에 성공적으로 도달했고, 모든 팀원이 무사히 귀환했다. 철저한 준비와 전략적 사고, 그리고 유연한 리더십이 결합된 결과였다.

　　결국 성장과 성공은 고정된 목표가 아니라, 끊임없이 변화하는 환경 속에서 스스로를 점검하고 개선해 나가는 유기적인 여정임을 인식하는 것이 중요하다. 그래서 성장 속에서 변화의 타이밍을 잡는 것이 당연히 중요해진다. 위기는 항상 예고 없이 찾아오며, 이를 어떻게 받아들이고 대응하는가가 개인과 조직의 미래를 결정짓는다. 환경 변화에 민감하게 반응하고, 변화의 기회를 선제적으로 포착하는 능력은 지속 가능한 성공의 핵심 요소로 작용한다. 이는 단순히 빠르게 대응하는 것을 넘어 변화를 예측하고 준비하는 능력을 의미한다. 예를 들어 기술 산업에서는 트렌드 변화나 신기술 등장에 신속하게 대응하지 못하면 경쟁에서 도태될 수 있다. 반면, 변화의 흐름을 읽고 적절한 시점에 과감한 결단을 내리는 것은 큰 도약의 기회로 이어질 수 있다.

석학 이어령 교수가 자주 썼던 고사성어 항용유회(恒擁有悔)는 '항상 꼭대기에 오르면 후회를 하게 된다'는 의미다. 인간의 성취와 그 이후의 심리 변화에 대한 깊은 통찰을 담고 있다. 이는 정상을 찍으면 결국 내리막길이 시작된다는 점에서 한 번의 성공에 안주하기보다는 끊임없는 변화를 추구해야 한다는 메시지를 전한다. 정상에 올랐다고 느끼는 순간이야말로 스스로를 돌아보고, 새로운 목표를 설정하여 더 넓은 영역으로 나아가야 할 시기인 것이다.

일시적인 성장이나 성공은 비교적 쉽다. 이는 종종 외부적인 환경 요인이나 일시적인 운에 의해 크게 좌우될 수 있기 때문이다. 갑작스러운 시장 수요 증가나 일회성 트렌드, 혹은 예상치 못한 기회 포착이 일시적인 성과로 이어질 수 있다. 이러한 일회성의 기회나 순간적인 열정만으로도 어느 정도 성과를 얻을 수는 있다. 이는 많은 사람들이 단기 성공을 경험하면서 착각할 수 있는 부분이기도 하다. 그러나 이러한 성공은 지속 가능하지 않으며, 시간이 지나면서 자연스럽게 그 한계가 드러난다.

반면, 지속적인 성장과 성공은 전혀 다른 차원의 과제다. 이는 단순한 결과가 아닌 꾸준한 노력과 전략적 사고, 그리고 장기적인 비전이 뒷받침되어야 가능한 일이다. 이를 위해서는 무엇보다 철저한 자기 분석이 필요하다. 자신의 강점과 약점을 명확히 인식하고, 현재의 위치와 미래의 목표 사이 간극을 객관적으로 평가하는 과정이 반드시 필요하다. 자기 분야에 대한 냉철한 평가는 자신이 속한 시장과 환경 변화에 유연하게 대응할 수 있는 기반을 마련해 준다.

윈스턴 처칠은 "성공은 최종적인 것이 아니다. 실패는 치명적인 것이 아니다. 중요한 것은 계속 나아갈 용기다Success is not final, failure is not fatal, It is the courage to continue that counts"라고 말했다. 이 말에서 우리는 성장과 성공의 차이를 이해하고, 감정과 메타필링을 통해 자신을 단련하는 과정을 이해할 수 있다.

Sharpen the Saw

유명한 자기계발 및 조직 경영 컨설턴트 스티븐 코비가 쓴《성공하는 사람들의 7가지 습관The 7 Habits of Highly Effective People》은 전 세계적으로 수많은 사람들에게 영감을 주고 삶의 변화를 이끌어낸 고전이다. 이 책에서 코비는 효과적인 삶을 위한 습관을 제시하면서, 이것이 단순히 성공을 위한 기술이 아니라, 내적 성장을 통해 삶의 균형과 만족을 이루는 데 필수적인 원칙이라고 강조한다.

그 7가지 습관은 '주도적으로 행동하라Be Proactive.' '목표를 생각하며 시작하라Begin with the End in Mind.' '소중한 것을 먼저 하라Put First Things First.' '윈-윈을 생각하라Think Win-Win.' '먼저 이해하고, 그다음에 이해시켜라Seek First to Understand, Then to Be Understood.' '시너지를 내라Synergize.' '톱을 갈아라Sharpen the Saw'이다.

각각은 개인의 내적 성장뿐만 아니라 다른 사람들과의 관계에서 효과성을 극대화하는 데 중점을 둔다. 예를 들어 '소중한 것을 먼저하라'는 개인적 차원에서 주어진 시간의 효율성을 감안하라는 뜻이다. '먼저 이해하고, 그다음에 이해시켜라'는 공감적 경청의 중요성을 강조하며, 대인관계에서 상대방의 입장을 이해하는 것이 대화와 협력의 핵심이라는 점을 시사한다. 이러한 원칙은 오늘날 개인적 차원에서 이루는 성공뿐만 아니라 조직 내 리더십과 팀워크에서도 중요한 가치를 지닌다.

7가지 습관 중 마지막으로 언급된 '톱을 갈아라'는 저자가 가장 중요하게 강조한 개념으로, 끊임없는 자기계발과 성장을 위한 필수 과정이다. 이는 지적 성장뿐만 아니라 정서적, 신체적, 영적 차원에서도 지속적인 노력이 필요함을 의미한다. 지속적인 자기 쇄신을 통해 우리는 삶의 균형을 유지하고 효과성을 극대화할 수 있다. 이는 마치 나무꾼이 계속해서 나무를 베기만 하면 톱날이 무디어져 효율성이 떨어지는 것과 같다. 따라서 우리는 삶의 여러 영역에서 꾸준히 자신을 갈고 닦아야 한다.

코비는 이 습관을 '개인적 생산 능력'이라고 정의하며, 자신을 돌보는 것을 의미한다고 했다. 톱을 가는 것은 신체적, 사회적/감정적, 정신적, 그리고 영적인 차원에서 자신을 쇄신하는 것이며, 이는 곧 우리 삶의 네 가지 차원 모두에서 균형 잡힌 쇄신을 추구해야 함을 강조하는 것이다.

우선 신체적 차원은 효과적으로 활동하고, 스트레스를 견디며, 질병에 저항하고, 잠재력을 최대한 발휘할 수 있도록 신체를 돌보는 것을 의미한다. 건강한 식습관, 규칙적인 운동, 충분한 휴식 등을 통해 신체를 건강하게 유지하고 에너지를 재충전하는 것은 기본이다. 이는 마치 "건강한 신체에 건강한 정신이 깃든다"는 고대 로마 시인

유베날리스의 명언처럼, 신체 건강이 정신 건강과 삶의 활력에 중요한 영향을 미친다는 것을 보여준다.

정신적 차원은 독서, 시각화, 계획, 글쓰기 등을 통해 정신을 계발하는 것을 의미한다. 이런 활동을 통해 지식과 사고력을 향상시키고 정신 성장을 도모하는 것은 정신 쇄신의 핵심이다. 이는 "배움에는 왕도가 없다"는 경구처럼 끊임없는 노력과 연습만이 정신적 성장을 이끌어낼 수 있음을 시사한다.

나아가 사회적/감정적 차원은 다른 사람과의 의미 있는 관계를 발전시키는 것을 의미한다. 서비스, 공감, 시너지, 내적 안정 등이 이에 포함된다. 타인과의 관계를 통해 공감 능력, 의사소통 능력, 협력 능력 등을 향상시키고, 정서적인 안정감을 유지하는 것은 사회적/감정적 쇄신의 중요한 부분이다. 심리학자 앨버트 반두라의 사회 학습 이론Social Learning Theory에 따르면, 인간은 타인과 상호작용을 통해 사회적 행동과 감정을 배우고 발전시킨다. 따라서 긍정적인 사회관계를 형성하고 유지하는 것은 개인의 사회적/감정적 성장에 필수적이다.

마지막으로 영적 차원은 가치관을 명확히 하고, 헌신하고, 명상하고, 자연과 교감하는 등의 활동을 통해 영감을 얻고 삶의 의미를 되새기는 것을 의미한다. 이런 활동을 통해 내면의 가치관을 확립하고 삶의 목적과 의미를 되새기며 정신적인 평화를 얻는 것은 영적 쇄신의 중요한 측면이다. '마음챙김'에 대한 많은 연구는 명상이 스트레스 감소, 집중력 향상, 정서 조절 능력 증진 등 긍정적인 효과가 있음을 보여준다.

코비는 이 네 가지 차원의 쇄신을 통해 삶의 균형을 유지하고 시너지 효과를 창출해야 한다고 강조한다. 즉 한 영역에만 치중하지 않고 모든 영역에서 꾸준히 노력해야 진정한 의미의 자기 쇄신을 이룰 수 있다는 것이다. 네 가지 차원은 서로 연관되어 있으며, 하나의 차원을 소홀히 하면 다른 차원에도 부정적인 영향이 나타날 수 있다. 따라서 균형 잡힌 삶을 위해서는 네 가지 차원 모두에서 꾸준히 노력할 것, 즉 '톱을 갈 것'을 강조한다.

톱을 가는 습관을 실천하기 위해서는 자신의 현재 상태를 객관적으로 평가하고, 구체적인 계획을 수립하여 꾸준히 노력해야 한다. 또한 자신에게 맞는 방법을 찾고 습관화하여 지속적으로 자기 쇄신을 실천해야 한다. '천 리 길도 한 걸음부터'라는 속담처럼, 작은 노력들이 모여 큰 변화를 이끌어낼 수 있다는 것을 기억하고 꾸준히 노력하는 것이 중요하다. 이런 일상의 루틴은 개인의 효과성 증진, 대인관계 개선, 삶의 질 향상 등 다양한 긍정 효과를 가져다줄 것이다.

긍정적 감성 문화, 기업 성공의 숨은 엔진

구글에서 2012년에 시작된 '아리스토텔레스 프로젝트Aristotle Project'는 팀 구성원 간 메커니즘과 업무 성과를 실증적으로 분석하는 실험이었다. 실험 결과, 심리적 안정감, 상호 존중, 신뢰가 팀 성과에 가장 큰 영향을 미치는 요인으로 밝혀졌다. 긍정적 감정과 에너지는 이러한 심리적 안정감을 조성하는 데 중요한 역할을 하며, 팀 구성원들이 자유롭게 아이디어를 제시하고, 건설적인 비판을 주고받으며 협력적인 관계를 구축하도록 돕는 것으로 나타났다.

성공하는 기업은 좋은 감성 문화를 갖고 있다. 긍정적 감정은 비즈니스 성공을 위한 숨은 엔진이다. 최근 몇 년 동안 크게 주목받은 개념인 감성 브랜딩은 기업의 마케팅 접근 방식에 혁명을 일으켰다. 전통적인 마케팅 전략이 주로 합리성과 논리에 호소하는 데 중점을 두었다면, 감성 브랜딩은 인간의 감정 영역을 탐구하여 소비자와 깊은 관계를 맺는 것이다. 기쁨, 설렘, 향수 등의 감정을 이끌어냄으로써 브랜드는 경쟁사와 차별화되는 독특한 개성을 창출할 수 있으며 소비자와 독특하고 감정적인 유대를 통해, 기업은 충성도 높은 고객 기반을 구축하고 혼잡한 시장에서 자신의 브랜드를 차별화할 수 있는 것이다.

그렇다면 조직의 긍정적인 감성은 어떻게 만들어질까? 리더의 솔선수범, 명확한 가치관 공유, 직원들의 참여를 장려하는 제도 마련, 그리고 적극적인 행동을 강화하는 보상 시스템 도입 등 다양한 노력이 필요하다. 또한 상호 존중, 신뢰, 개방적인 의사소통, 협력, 공정성, 다양성을 존중하는 분위기도 좋다.

실제로 비즈니스 협상의 성공 열쇠는 논리보다 감성이다. 미국 펜실베이니아 대학 와튼 스쿨 협상 연구소의 조사 결과에 따르면, 합의의 결정적 요소 중 전문 지식과 관련 있는 사례는 8퍼센트에 불과한 반면, 호감이나 신뢰 같은 인간적 요소가 합의를 이끌어낸 사례는 무려 55퍼센트였고, 나머지 37퍼센트는 협상의 절차적 요소가 합의의 이유였다. 이는 논리나 근거 자료보다 사람과 그 절차가 합의에 훨씬 더 중요하다는 점을 증명한다. 이처럼 감정이 상한 상태에서는 어떠한 논리나 증거도 소용없다는 것을 알 수 있다.

보통 조직 내에서는 뇌 활동의 동기화 현상으로 리더의 감정이 동료들에게 쉽게 전이되며, 이는 조직 전체의 심리와 행동에 영향을 미친다. 이스라엘의 바이츠만 과학 연구소Weizmann Institute of Science의 연구진은 여러 사람이 같은 영화를 볼 때 특정 장면에서 모든 사람의 신경세포 활동이 강한 일치성을 보인다는 사실을 발견했다. 연구 책임자 노암 소벨Noam Sobel은 감정 전이가 우리가 기존에 인식한 것보다 훨씬 빠르고 정교하게 이루어진다고 주장했다. 즉 상대방에게 가장 강한 영향력을 행사하는 확실한 방법 중 하나는 감정을 효과적으로 활용하는 것이다.

또한 개방적인 의사소통 채널을 구축하고, 직원들 간의 상호작용을 증진시키는 것은 긍정적 감정을 증진시키는 데 중요하다. 팀워크 활동, 협력적인 프로젝트, 소셜 이벤트, 멘토링 프로그램 등을 통해 직원들 간의 유대감을 강화하고, 긍정적인 관계를 형성하며, 긍정적 감정을 공유할 수 있는 환경을 조성해야 한다. 또한 수평적인 의사소통 문화를 조성하고, 직원들의 의견을 경청하며, 건설적인 피드백을 주고받는 것은 긍정적 감정 증진과 조직 성과 향상에 기여한다.

이를 위해 편지 쓰기, 칭찬 릴레이, 동료에게 감사 표현하기, 긍정적인 피드백 주고받기 등을 통해 직원들의 긍정적 감정을 강화하고, 긍정적인 조직 문화를 조성할 수 있다. 또한 조직 차원에서 직원들의 성과와 노력에 대한 인정과 보상 시스템을 구축하는 것은 직원들의 동기 부여, 긍정적 감정 증진, 그리고 조직 몰입도 향상에 기여한다.

메타필링의 실천 전략
'RULER'

마크 브래킷 예일 대학 교수는 자신의 저서 《감정의 발견Permission to Feel》에서 'RULER'라는 성공적인 감정 조절과 건강한 정서적 발달을 위한 다섯 가지 핵심 단계를 소개했다. 'RULER'는 영어로 두 가지 의미를 지닌다. '측량할 수 있는 자'도 있지만 '지배자'라는 의미도 있다. 아마 브래킷 교수는 우리 각자가 자신의 감정을 잘 측정해서 그 감정을 잘 관리할 수 있는 '감정 지배자'가 되기를 원하는 것 같다. RULER는 **R**ecognizing(감정 인식하기), **U**nderstanding(감정 이해하기), **L**abeling(감정 명명하기), **E**xpressing(감정 표현하기), **R**egulating (감정 조절하기) 등 다섯 단어의 약자다. 한 개씩 구체적으로 살펴보자.

・ 감정 인식하기 Recognizing ・

자신의 감정뿐만 아니라 타인의 감정, 그리고 맥락적 분위기context까지 알아차리는 것을 포함한다. 이는 비언어적 신호, 표정, 톤 등을 통해 감정을 읽어내는 능력과 깊이 관련되어 있으며, 감성지능의 기본이 된다.

・ 감정 이해하기 Understanding ・

이러한 감정이 왜 발생했는지, 그리고 그것이 어떤 상황과 연관되어 있는지 파악하는 단계다. 이는 감정을 단순히 느끼는 것을 넘어 그 근원을 탐구함으로써 자신의 행동과 타인의 반응을 더 잘 이해하도록 돕는다.

감정에 적절하게 이름 붙이는 것을 말한다. 브래킷은 이 단계를 감정 조절의 필수 조건으로 강조하며, 감정을 정확히 명명함으로써 우리가 더 명확하게 사고하고 효과적으로 의사결정을 내릴 수 있다고 주장한다.

· **감정 표현하기** Expressing ·

감정을 적절한 방식으로 표현하여 자신의 메시지를 잘 전달하고 타인과 공유하는 것을 포함한다. 이 능력은 부정적인 감정조차도 건강하고 건설적인 방식으로 전달되도록 도와준다.

· **감정 조절하기** Regulating ·

마지막 단계이면서도 가장 중요한 능력이다. 스트레스와 불안을 관리하며, 긍정적인 감정을 유지하거나 부정적인 감정을 효과적으로 다루는 방법을 배워가는 과정이다. 브래킷은 특히 이 단계에서 마음챙김 기술과 같은 구체적인 전략을 활용할 것을 권장하며, 이를 통해 개인은 정서적 안정감을 유지할 수 있다고 강조했다.

더 나아가 브래킷은 인간의 다양한 감정을 4가지 색으로 분류한 '무드 미터Mood Meter'를 소개했다. 'RULER'로 보면 세 번째에 해당하는 '감정 명명하기' 단계다. 시스템은 감정을 에너지 수준energy과 감정의 긍정성pleasantness에 따라 네 가지 사분면으로 나누어 정의한다. 노란색(quadrant 1)은 높은 에너지와 긍정적인 감정을 나타내며 활기vigor, 기쁨joy, 열정passion 같은 감정이 포함된다. 반대로 빨간

색(quadrant 2)은 높은 에너지와 부정적인 감정을 상징하며 분노anger, 불안anxiety, 좌절frustration 등이 속한다. 파란색(quadrant 3)은 낮은 에너지와 부정적인 감정을 표현하며 슬픔sadness, 실망disappointment, 우울depression 등의 감정을 나타낸다. 녹색(quadrant 4)은 낮은 에너지와 긍정적인 감정을 의미하며 평온함calm, 만족satisfaction, 안락함comfort 등의 상태를 포함한다.

이러한 네 가지 사분면은 감정 상태를 시각적으로 파악할 수 있도록 돕고, 이를 통해 사람들이 자신의 감정을 더 잘 이해하고 관리할 수 있도록 한다. 브래킷은 각 감정을 이해하기 쉽도록 100가지의 세분화된 감정에 이름을 붙였으며labeling, 이를 통해 개인이 자신의 감정을 더 명확히 인식하고 조절할 수 있도록 돕는다.

'무드 미터'는 학교와 기업에서 성공적으로 적용되어 많은 긍정적인 결과를 보여주었다. 한 뉴욕 초등학교에서는 이 시스템을 도입한 후, 학생들이 자신의 감정을 더 정확히 인식하고 표현하는 능력을 갖추게 되었으며, 학급 내 갈등과 부정적 행동이 현저히 감소했다고 한다. 브래킷은 한 다국적 기업에서도 무드 미터를 활용하여 직원들의 스트레스를 줄이고 협업을 증진시켰다. 그는 "감정 관리는 개인뿐 아니라 조직 전체의 성과와 혁신을 촉진하는 열쇠"라고 강조하며, 감정의 시각화와 분석을 통해 개인과 팀의 효율성을 높일 수 있다고 강조했다.

이키가이,
삶의 이유와 가치

이키가이生きがい, IKIGAI는 일본에서 유래한 개념으로 '삶의 이유' 또는 '삶의 가치'를 의미한다. 단순히 흥미나 재능을 넘어 삶의 목적과 방향성을 제시하는 가치이자 삶의 만족도를 높이는 실천적 방법론이다. '일어날 가치가 있는 삶'을 만들어주는 원동력이며, 개인의 행복과 사회적 연결, 그리고 삶의 궁극적인 목표를 향해 나아가도록 이끌어준다. 가르시아 헥토르와 프란체스크 미라에스가 그들의 저서 《나이 들어가는 내가 좋습니다Ikigai: The Japanese Secret to a Long and Happy Life》에서 소개한 개념이다.

저자들은 특히 일본 오키나와 지역 사람들의 장수와 행복 비결을 탐구했는데, 좋아하는 것, 잘하는 것, 세상에 필요한 것, 돈을 벌 수 있는 것의 교집합이 행복의 비결이라고 말했다. '좋아하는 것'은 진정으로 즐기고 열정을 느끼는 일이며, '잘하는 것'은 타고난 재능이나 훈련을 통해 습득한 기술이다. '세상에 필요한 것'은 재능과 노력이 사회에 기여하고 다른 사람들에게 도움을 줄 수 있는 부분이고, '돈을 벌 수 있는 것'은 능력과 노력을 통해 경제적인 보상을 얻을 수 있는 활동이다. 이 네 가지 요소가 조화롭게 균형을 이룰 때 진정한 이키가이를 찾았다고 할 수 있다는 것이다.

이키가이는 일상의 깊은 성찰과 끊임없는 자기 탐구를 통해 발견되는 삶의 지침이며, 자기 성찰, 다양한 경험, 주변 사람들의 의견, 전문가의 도움, 작은 것부터 시작하는 것 등의 방법을 통해 찾을 수 있다. 특히 찾는 과정에서 우리들의 감정 상태는 매우 중요한 역할을 한다고 덧붙였다. 긍정적인 감정은 이키가이를 향한 동기 부여를 강화하고, 어려움에 직면했을 때 좌절하지 않고 극복할 수 있도록 도와준다. 반면, 부정적인 감정은 이키가이를 찾는 것을 방해하고 삶의 만족도를 떨어뜨릴 수 있다고 한다. 그런 면에서 우리가 어떻게 감정을 잘 다스리면서 갈 것인지는 이키가이 측면에서도 매우 중요한 결정 요인이라는 것을 또 한번 알 수 있다.

최근 신경과학, 심리학, 행동경제학 등 다양한 분야에서 긍정적 감정이 개인의 성공에 미치는 영향을 규명하는 연구들이 활발하게 진행되고 있다. 노스캐롤라이나 대학 채플힐 캠퍼스의 케넌 특훈 교수인 바버라 프레드릭슨의 확장 및 구축 이론Broaden-and-Build Theory, 긍정심리학 개척자들의 계보를 잇는 행복학의 권위자 숀 아처의 행복 우위 효과The Happiness Advantage 등이 대표적이다. 특히 프레드릭슨의 확장 및 구축 이론은 긍정적 감정이 개인의 인지 자원과 사회 자원을 확장하고, 이를 기반으로 더 많은 기회를 창출한다는 점을 강조한다. 이 이론은 긍정적 감정이 사람들의 주의를 확장하여 창의적이고 융통성 있는 사고를 가능하게 한다는 점에서 중요한 의미를 가진다.

그녀는 긍정적인 감정을 느낄 때 사람들은 새로운 아이디어를 탐구하거나 문제를 다각도로 바라보는 능력을 강화하게 된다는 사실을 실험을 통해 입증했다. 참가자들에게 긍정적, 부정적, 중립적 감정을 유발하는 비디오 클립을 보여준 후 문제 해결 능력을 측정한 결과, 긍정적 감정을 경험한 그룹이 더 창의적이고 폭넓은 사고를 하는 것으로 나타났다. 또한 이러한 긍정적 감정은 장기적으로 사회적 유대와 신뢰를 강화하고, 건강, 회복탄력성, 전반적인 삶의 만족도를 높이는 데 기여하며, 개인과 사회의 성장을 지속적으로 뒷받침하는 핵심 동력임을 강조했다.

손 아처는 2010년에 발표한 책 《행복 우위 효과The Happiness Advantage》에서 행복이 성공의 결과가 아니라 성공의 원동력이라는 점을 강조했다. 그는 긍정적 감정이 업무 효율성과 창의성을 증진시키는 과정을 여러 사례와 연구를 통해 입증했다. 그는 하버드 대학에서 학생들을 대상으로 진행한 연구에서, 긍정적인 심리 상태를 유지한 학생들이 부정적인 심리 상태에 있는 학생들보다 학업 성취도가 높고, 스트레스를 관리하는 능력도 뛰어나다는 결과를 도출했다.

이러한 연구는 직장 환경에서도 마찬가지로 적용될 수 있음을 보여준다. 아처는 특히 긍정적 감정이 업무 몰입과 혁신을 촉진하고, 직원들이 조직 내에서 상호 신뢰를 형성하며 협력을 강화하는 데 기여한다고 강조했다. 그는 행복은 생산성과 창의성을 위한 기초이며, 성공적인 결과를 위한 가장 강력한 자산이라고 적었다.

이키가이 실천에서 긍정적 감정은 주관적인 만족감을 넘어 실질적인 변화와 성공을 이끌어내는 힘으로 작용한다. 예를 들어 구글은 직원들에게 자유롭고 유연한 근무 환경을 제공하며, 직원들이 열정을 느끼는 프로젝트에 몰입할 수 있도록 지원한다. 이는 긍정적 감정과 몰입을 동시에 자극하며 혁신적인 결과로 이어진다. 사우스웨스트 항공은 유머와 긍정적인 관계를 통해 조직 내 협력 문화를 형성하는데, 이는 직원과 고객 모두에게 긍정적인 영향을 미치고 있다.

미국의 아웃도어 의류 기업 파타고니아는 직원들의 이키가이를 존중하는 기업 문화로 유명하다. 파타고니아의 창립자 이본 쉬나드

Yvon Chouinard는 "우리는 우리의 삶을 사랑하기 위해 사업을 한다"라는 말을 남겼을 정도로 직원들의 삶의 질 향상에 큰 가치를 두었다. 파타고니아는 직원들에게 "지구를 살리기 위해 사업을 한다"라는 강력한 사명감을 심어주고 환경 보호 활동에 적극적으로 참여할 수 있도록 지원했다. 직원들은 자신의 업무가 세상에 긍정적인 영향을 미친다는 사실에 자부심을 느끼고 회사의 목표 달성을 위해 적극적으로 노력한다고 한다.

또한 파타고니아는 유연 근무제, 재택근무, 육아 휴직 등을 통해 직원들이 일과 삶의 균형을 이루고 개인적인 이키가이를 추구할 수 있도록 지원한다. 직원들은 서핑, 등산, 낚시 등 자신이 좋아하는 활동을 즐기면서 일에 대한 영감을 얻고 스트레스를 해소하며, 이는 업무 효율성 향상과 창의적인 아이디어 발상으로 이어진다. 이러한 기업 문화는 직원들의 높은 만족도와 생산성으로 이어져 파타고니아를 지속 가능한 성장을 이어가는 성공적인 기업으로 자리매김하게 만들었다.

한때 파산 위기에 몰렸던 일본항공의 경우도 들여다보자. 일본항공은 직원들의 이키가이를 회복시키는 것을 경영 혁신의 핵심 전략으로 삼았다. 이나모리 가즈오稲盛和夫 회장은 "직원 한 사람 한 사람이 자신의 일에 긍지와 보람을 느끼고, 회사 발전에 기여하고 있다는 자각을 갖게 하는 것"이 중요하다고 강조했다. 경영진은 직원들과 소통을 강화하고, 직원들이 자신의 업무에 자부심과 의미를 느낄 수 있도록 노력했다. 객실 승무원들에게는 고객 서비스 교육뿐만 아니라 기내식 개발, 여행 상품 기획 등 다양한 분야에서 자신의 역량을 발휘할 수 있는 기회를 제공했고, 직원들의 아이디어를 적극적으로 수렴하고 업무 개선에 반영하는 '제안 제도'를 활성화하여 직원들의 참여 의식을 높였다. 이러한 노력을 통해 일본항공은 직원들의 사기를 높이고, 고객 만족도를 향상시켜 성공적으로 경영 위기를 극복할 수 있었다.

이처럼 이키가이는 개인의 삶의 만족도를 높일 뿐만 아니라 기업 경영에도 적용되어 직원들의 동기 부여, 생산성 향상, 혁신, 고객 만족 등 다양한 측면에서 긍정적인 효과를 가져왔다.

14

나와 당신, 그리고
세상을 연결하는
공감의 힘

조직에서 공감은 성공의 열쇠다.
구성원들 사이의 소통과 협력을 이끌어내는 데 공감은 필수 역할을 한다.
또한 공감은 창의적인 문제 해결을 가능하게 하며
우리 사회 통합의 원동력이 되기도 한다.
서로 다른 배경을 가진 사람들이 서로의 입장을 이해하고 공감할 때
사회 구성원으로서 연대감을 형성하고
공동체 의식을 함양할 수 있게 되는 것이다.

인간의 마음을 이해하는
거울 뉴런

다른 사람이 웃으면 따라 웃을 때가 있다. 슬퍼하면 함께 슬퍼도 할 때도 많다. 누군가가 음료수를 마시면 나도 목이 마르다고 느낄 때처럼 말이다. 이는 우리 뇌의 '거울 뉴런Mirror Neurons'이라는 신경 세포가 작용한 결과다. 1996년 이탈리아 파르마 대학 생리학 연구소의 자코모 리촐라티Giacomo Rizzolatti 교수와 그의 연구팀은 특이한 신경 세포를 발견했다. 이 세포는 특정 행동을 수행할 때뿐만 아니라, 다른 개체가 동일한 행동을 하는 것을 관찰할 때도 활성화된다.

이 뉴런은 원숭이 뇌에서 특정 운동 신경세포들이 활성화되는 패턴을 통해 처음 확인되었다. 원숭이가 음식을 먹을 때뿐만 아니라 다른 원숭이가 먹는 것을 볼 때에도 해당 뉴런이 활성화되는 것을 확인한 것이다. 이후 이 신경세포는 거울처럼 작동한다고 해서 '거울 뉴런'이라는 이름이 붙여졌다. 인간과 다양한 동물에서도 이와 유사한 신경 메커니즘이 존재하고 있다.

그렇다면 거울 뉴런은 인간의 감정 활동과 어떤 연결고리가 있을까? 거울 뉴런은 단순한 행동 모방을 넘어서 타인의 의도와 감정을 이해하는 데도 중요하다. 타인의 표정을 관찰하는 것만으로도 그들의 느낌과 비슷한 감정을 느낀다는 것이다. '이심전심'이 이 상황에 맞는 사자성어일 것이다.

이후 거울 뉴런은 자폐 스펙트럼 장애ASD와 같은 신경 발달 문제와 관련하여 활발히 연구되어 왔다. 자폐를 지닌 사람들은 사회적 상호작용과 공감 능력에서 어려움을 겪는 경우가 많다. 일부 연구자들은 이를 거울 뉴런 체계의 결함과 연결 짓는다.

2007년, 뇌과학자 마르코 이아코보니Marco Iacoboni는 자폐 환자들의 거울 뉴런 체계가 정상적으로 작동하지 않을 가능성을 제기하며, 이를 기반으로 '깨진 거울 이론Broken Mirror Theory'을 제안했다. 이 이론은 거울 뉴런의 비정상적 활동이 자폐 환자들이 타인의 행동과 감정을 이해하거나 모방하는 데 어려움을 겪게 만들 수 있다는 것이다.

깨진 거울 이론은 자폐 환자들이 타인의 표정이나 몸짓을 보고 이를 감정적으로 해석하거나 자신과 연결 짓는 데 어려움을 겪는 이유를 설명한다. 예를 들어 2010년 한 연구에서는 자폐 환자들이 표정 인식이 필요한 과제를 수행할 때, 뇌의 전운동피질premotor cortex과 거울 뉴런 관련 영역에서 활동이 저하되는 현상이 발견되었다. 이러한 연구는 거울 뉴런 체계의 결함이 자폐 스펙트럼 장애의 핵심 증상을 이해하는 데 중요한 단서를 제공한다고 평가받는다.

리촐라티의 초기 발견 이후, 거울 뉴런에 대한 연구는 신경과학,

심리학, 교육학 등 여러 분야에서 확장되었고, 인간의 사회적 상호작용을 설명하는 데에도 인용되고 있다. 뇌는 단순한 컴퓨터가 아니다. 우리 생각과 행동은 뇌의 복잡한 신경망 구조와 밀접하게 연결되어 있다. 이러한 구조 자체가 우리의 '하드웨어이자 소프트웨어'라고 할 수 있다. 신경과학자 빌라야누르 라마찬드란^{Vilayanur Ramachandran} 박사는 거울 뉴런의 발견이 인간의 마음을 이해하는 데 DNA 발견 이후 가장 큰 혁신이 될 것이라고 기대하기도 했다. 아마도 공감이란 특별한 감정을 이해하는 데도 도움이 될 것이다.

공감이
학업 성취도를 높인다?

공감이란 무엇일까? 그리고 왜 중요할까? 공감은 단순히 인간관계를 풍요롭게 하는 감정의 공유나 반응에 그치지 않는다. 마이크로소프트의 CEO 사티아 나델라는 "공감은 단순한 개인적 특성이 아니라 혁신과 조직 발전의 핵심 원동력"이라고 강조하며, 이는 조직 내 신뢰와 유대감을 높여 기업 성과에 직접적으로 영향을 미친다고 주장했다. 나아가 공감은 리더십에서도 중요한 덕목으로 작용하며, 구성원들에게 심리적 안정감을 제공하고, 협력적인 조직 문화를 형성하는 데 기여한다.

원래 공감^{empathy}이라는 단어는 그리스어 'empatheia'에서 유래되었다. 'en'은 안쪽을, 'path'는 감정을 뜻하므로, 공감은 '안에서 느끼는 감정'이라는 사전적 의미로 해석할 수 있다. 하지만 단순히 '동감sympathy'과 같은 의미로 생각해서는 안 될 듯하다. 슈미트와 클라크Schmitt & Clark는 이러한 차이를 명확히 하면서 '연민compassion' '교감Communion'과도 구분하여 공감을 설명한다.

공감은 타인의 감정을 이해하고 마치 내가 그 감정을 느끼는 것처럼 경험하는 능력이다. 단순히 "아, 당신은 지금 슬프군요"라고 인지하는 것을 넘어 상대방의 슬픔을 마음속 깊이 느끼고 함께 아파하는 것이다. 마치 내가 그 사람의 신발을 신고 세상을 바라보는 것처럼 그의 입장에서 생각하고 느끼는 것이다. 이는 타인과 깊은 유대감을 형성하고 진정한 소통을 가능하게 하는 마법과도 같다. 예를 들어 길에서 넘어져 다친 사람을 보았을 때 '얼마나 아플까?'라고 생각하며 함께 아파하는 것이 공감이다. 공감이 정서적인 영역에 집중한다면, 동감은 인지적인 영역에 가깝다. 친구가 "이 영화 정말 감동적이었어!"라고 말했을 때 "맞아, 나도 눈물 났어"라고 답하는 것은 동감이다. 동감은 서로의 생각을 확인하고 공유하며 유대감을 형성하게 만든다.

이처럼 공감, 연민, 동감은 각기 다른 의미와 뉘앙스를 지니지만, 모두 인간관계를 풍요롭게 만드는 소중한 감정이다. 이러한 감정을 잘 이해하고 활용한다면 우리는 더욱 깊이 있는 인간관계를 맺고, 서로에게 힘이 되어주며, 살아가는 기쁨을 누릴 수 있다.

개인에게 공감은 성장의 촉매제다. 공감 능력이 뛰어난 사람은 타인의 감정에 빠르게 반응하고 그들의 필요를 파악하는 데 능숙하다. 조직에서 공감은 성공의 열쇠다. 현대 사회에서 조직은 다양한 배경과 가치관을 가진 사람들의 집합체다. 이러한 구성원들 사이의 소통과 협력을 이끌어내는 데 공감은 필수 역할을 한다. 리더가 구성원들의 의견에 귀 기울이고 공감하는 태도를 보일 때 구성원들은 조직에 대한 소속감과 충성심이 높아지면서 자발적으로 협력하고 헌신한다. 또한 공감은 창의적인 문제도 해결한다. 구성원들의 다양한 관점을 이해하고 공감하는 과정에서 새로운 아이디어가 탄생하고 혁신이 촉진될 수 있다. 공감을 바탕으로 한 소통은 조직 내 갈등을 해결하고 생산성을 향상시키는 데에도 기여한다.

공감은 우리 사회 통합의 원동력이 되기도 한다. 다양한 문화와 가치관이 공존하는 사회에서 공감은 사회 통합을 위한 필수 요소다. 서로 다른 배경을 가진 사람들이 서로의 입장을 이해하고 공감할 때 사회 구성원으로서 연대감을 형성하고 공동체 의식을 함양할 수 있게 되는 것이다.

다양한 연구에서 공감 능력은 학생들의 교육과 학업 성취도 향상에 긍정적인 영향을 미친다고 밝혀졌다. 대니얼 골먼은 자신의 저서 《SQ 사회지능Social Intelligence》에서 공감 능력을 사회적 상호작용에서 중요한 역할을 하는 핵심 능력으로 정의하며, 이를 학습 과정과 인간관계의 필수 요소로도 강조한다. 골먼은 공감이 단순히 감정을 느끼는 것이 아니라, 타인의 입장을 이해하고 그에 적절히 반응하는 능력임을 밝혔다. 이를 통해 효과적인 의사소통과 협력적인 관계 형성이 가능하며, 이들 사이의 교육적 효과는 커질 수 있다고 주장한다.

2020년 캐나다 브리티시 컬럼비아 대학 연구에 따르면, 교사와 학생 간 공감 소통이 학업 성취도와 정서적 안정감에 긍정적인 영향을 미친다고 한다. 공감 능력이 높은 교사와 함께한 학생들은 학업 참여도가 22퍼센트 증가했으며, 정서적 안정감을 보고한 비율이 31퍼센트 높았다. 연구를 이끈 제니퍼 마킨슨^Jennifer Markinson 교수는 "교사와 학생 간의 신뢰와 공감은 학생들의 학습 동기를 강화하고 학습 경험을 긍정적으로 변화시키는 핵심 요인"이라고 강조했다.

공감 능력이 높은 학생들은 타인의 감정을 이해하고 배려하며, 원만한 대인관계를 형성하는 데 능숙하다. 또한 갈등 상황에서는 문제 해결에 적극적으로 참여하고, 긍정적인 해결 방안을 모색하는 경향을 보인다. 이처럼 공감 능력은 학생들의 사회성 발달에 필수적이며, 이를 통해 건강한 관계 형성과 성공적인 학습 경험을 가능하게 한다.

세계경제포럼의 〈미래고용보고서^Future of Jobs Report〉는 미래의 인재에게 중요한 핵심 역량 중 하나로 공감 능력을 언급했다. 이 능력을 개인적 특성일 뿐 아니라, 협업과 문제 해결을 위한 필수적인 기반으로 강조하고 있는 것이다. 미래 사회는 인간적 요소를 기반으로 한 창의적이고 복잡한 문제 해결 능력이 요구되기에, 공감은 다양한 배경과 경험을 가진 사람들과 효과적으로 협력하고 창의적인 솔루션을 도출하며 갈등을 해결하는 데 핵심적인 역할을 한다고 보고서는 쓰고 있다. 또한 공감적 리더십을 보유한 조직은 직원의 몰입도가 21퍼센트 높아지고, 이직률이 17퍼센트 감소한다고 언급하기도 했다.

이제부터라도 학생들의 공감 능력을 키우는 데 역점을 두고 교육 과정에 공감 능력을 키울 수 있는 내용을 포함해야 한다. 문학, 예술, 사회 과목 등을 통해 타인의 감정을 이해하고 공감하는 경험을 제공하고 토론, 협력 학습, 역할극 등의 활동을 통해 공감 능력을 실제로 활용할 수 있는 기회를 제공해야 한다.

교사는 학생들에게 공감 능력의 중요성을 인지시키고, 공감적인 태도를 보여주는 역할 모델이 되어야 한다. 학생들의 감정에 귀 기울이고, 공감하는 태도로 소통하며, 학생들 간의 갈등 상황에서 중재자 역할을 수행함으로써 학생들의 공감 능력 발달을 지원해야 한다. 학교는 학생들 간의 공감과 배려를 강조하는 학교 문화를 조성해야 한다. 학교 폭력 예방 교육, 또래 상담 프로그램 운영, 다양한 공동체 활동 등을 통해 학생들이 서로 협력하고 배려하는 경험을 제공해야 한다.

분명 공감 능력은 21세기 미래 사회를 살아갈 학생들에게 필수 역량이다. 학교 교육은 학생들의 공감 능력을 키우는 데 중요한 역할을 담당해야 한다. 이를 통해 학생들의 학업 성취도 향상, 사회성 발달, 미래 사회 적응력을 높일 수 있다. 공감 능력을 갖춘 학생들은 타인을 이해하고 배려하며, 협력과 소통을 통해 문제를 해결하는 미래 사회의 주역으로 성장할 것이다.

공감을
학습하라

그렇다면 공감 능력은 타고나는 것일까, 아니면 배울 수 있을까? 이 질문에 답하기 위해 다양한 연구가 진행되었다. 첫 번째 관점은 공감을 인간의 타고난 본능으로 보는 것이다. 거울 뉴런 연구가 이 입장을 대표한다. 이외에도 공감 능력이 선천적인 능력이라는 것을 뒷받침하는 다른 연구 결과도 있다. 일란성 쌍둥이가 이란성 쌍둥이보다 공감 능력이 더 유사하다는 연구 결과는 공감 능력에 유전 요인이 작용함을 시사한다. 옥시토신 수용체 유전자의 특정 변이를 가진 사람들이 타인의 감정에 더 민감하게 반응한다는 연구 결과는 특정 유전자가 공감 능력에 영향을 미칠 수 있음을 보여준다.

뇌 영상 연구에서는 타인의 감정을 관찰하거나 공감할 때 전두엽의 안와전두피질과 전측대상피질 등 뇌의 특정 영역들이 활성화되는 것을 확인했다. 이러한 영역들은 감정 처리, 사회적 인지, 자기 인식 등에 관여하며 공감 능력의 신경학적 기반을 보여준다. 진화심리학에서는 공감 능력이 인간의 사회적 협력과 집단 생존을 위해 진화된 적응적 메커니즘이라고 설명하며, 부모-자녀 간의 애착 형성에서도 공감 능력이 중요한 역할을 한다는 점을 강조한다. 이런 연구 결과는 공감 능력이 단순히 학습된 능력이기 전에 유전적, 신경학적, 진화적 기반을 가진 인간의 본능적인 능력임을 보여준다.

반면, 두 번째 시각은 공감을 계발할 수 있는 기술로 보는 것이다. 미국의 사회심리학자 대니얼 바슨은 '공감-이타주의 가설Empathy-Altruism Hypothesis'을 통해, 공감이 본능적인 반응에 그치지 않고 학습과 훈련을 통해 강화될 수 있음을 주장했다. 그는 진정한 이타주의가 존재한다고 믿으며, 이를 설명하기 위해 이 가설을 제시했는데, 핵심은 다른 사람의 고통을 목격했을 때 우리가 느끼는 공감이 이타적인 동기를 유발하고, 궁극적으로 도움을 주는 행동으로 이어진다는 것이다. 그는 공감적 관심empathic concern을 통해 사람들이 타인의 고통을 경감시키고자 행동한다고 보았고, 공감은 단순한 정서적 반응이 아니라 실제로 타인의 삶에 긍정적인 변화를 가져오도록 행동을 유도하는 원동력이 된다고 주장했다.

미국의 사회심리학자 로버트 치알디니도 자신의 저서 《설득의 심리학Influence》에서 공감의 힘을 강조했다. 그는 사람들이 타인의 감정에 공감하고, 그들의 입장을 이해할 때 더 쉽게 설득된다는 것을 실험을 통해 입증했다. 사람들이 기부금을 요청할 때 기부자의 감정에 공감하고 그들의 선행을 칭찬하는 메시지를 함께 전달하면 기부금 액수가 더 많아진다는 것이다. 그는 사람들을 설득하는 6가지 주요 원칙을 제시했는데, 그중 하나가 바로 '호감의 원칙'이다.

치알디니는 사람들이 자신이 좋아하는 사람에게 '예'라고 말할 가능성이 높다는 점을 강조하면서 이런 호감을 얻는 데 공감이 가장 중요한 역할을 한다고 했다. 그러면서 몇 가지 공감 형성 방법을 제안했다. 먼저 유사성을 통한 공감 형성이다. 보통 사람들은 배경, 가치관, 관심사, 라이프스타일 등에서 유사성을 발견하면 상대방에게 친밀감을 느끼고, 이는 설득에 대한 저항을 줄이는 역할을 한다. 따라서 설득을 시도할 때는 상대방과의 공통점을 찾고, 이를 통해 공감대를 형성하는 것이 중요하다는 얘기다. 예를 들어 영업사원이 고객과 취미나 관심사를 공유하며 대화를 시작하면, 고객은 영업사원에게 더욱 호감을 느끼고 제품 구매에 대한 거부감이 줄어들 수 있다.

다음으로는 진심 어린 칭찬을 통한 공감 형성이다. 사람들은 자신을 칭찬하는 사람에게 호감을 느끼는 경향이 있다. 진심으로 칭찬하는 것은 상대방의 장점을 인정하고 존중하는 의미를 전달한다. 상사가 직원의 업무 성과를 몇 마디로 얘기하는 것보다 구체적으로 성과를 얘기하면서 진심으로 칭찬하면, 직원은 상사에게 더욱 호의적인 감정을 갖게 된다. 그렇게 되면 이후 상사의 요청에 더 긍정적으로 응답할 가능성도 높아진다.

치알디니는 목표를 공유하며 협력을 통한 공감 형성도 강조했다. 우리는 협력을 통해 공동체 의식을 만들어낼 수 있으며, 이는 상호 간 호감도를 높이고 설득을 용이하게 한다. 회사에서 팀 프로젝트를 진행할 때, 팀원들은 공동의 목표를 달성하기 위해 서로 협력하고 의지하며 유대감을 형성한다. 이러한 협력 경험은 팀원 간의 신뢰를 높이고, 서로의 의견에 귀 기울이게 만들어 효과적인 의사소통도 가능하게 한다.

마지막으로 공감적 경청의 중요성도 언급했다. 상대방의 말에 귀 기울이고 그들의 감정을 이해하려고 노력하는 공감적 경청이 설득의 중요한 요소라는 것이다. 적극적으로 경청하고 공감하는 모습을 보여주면 상대방은 자신의 의견이 존중받고 있다고 느낀다. 이는 설득에 대한 저항을 줄이고 상호 간 신뢰를 구축하는 데 도움을 준다.

비즈니스 성공을 책임지는 공감의 여덟 가지 요소

오래전 미국 카네기 연구소에서는 성공한 CEO들을 대상으로 무엇이 성공을 가져다주는지 조사했다. 연구 결과에 따르면, 남들보다 뛰어난 전문 능력과 기술을 갖춘 변호사나 회계사가 각자의 분야에서 성공할 확률은 겨우 15퍼센트에 불과했다. 그렇다면 나머지 85 퍼센트의 성공 요인은 무엇이었을까? 인간관계, 즉 사람들과 좋은 관계를 맺고 유지하는 능력이 가장 결정적인 요소로 밝혀졌다.

2010년 하버드 대학 경영대학원의 연구에서도 비슷한 결과가 나타났다. 연구진은 20년간 CEO 200여 명을 추적하며 그들의 성공 요인을 분석했다. 그 결과 성공한 리더들의 공통점은 강력한 공감 능력을 가지고 있다는 것이었다. 이 연구는 공감력이 뛰어난 리더가 팀원과의 신뢰를 구축하고, 갈등을 효과적으로 해결하며, 조직의 성과를 지속적으로 향상시키는 데 중요한 역할을 한다고 강조했다.

이와 더불어 2018년 스탠퍼드 대학의 대인관계 심리학 연구에 따르면, 공감 능력이 높은 사람들이 협상 상황에서 더 나은 결과를 얻었다. 또한 조직 내에서 협력을 이끌어내며 동료와의 관계에서 더 높은 만족도를 보인다는 점도 밝혀졌다. 이 연구는 공감이 단순한 감정 반응이 아니라 전략적 사고와 효과적인 커뮤니케이션을 뒷받침하는 핵심 요소라는 점을 보여준다.

2021년 하버드 대학의 제니퍼 가브리엘Jennifer Gabriel 연구팀이 진행한 실험 사례에서도 공감 능력이 높은 리더가 팀원들과 깊은 신뢰 관계를 형성하며, 협업 과정에서 우수한 성과를 달성한다는 사실이 밝혀졌다. 이 연구는 100개 이상의 글로벌 팀을 대상으로 진행되었는데 리더의 공감 능력이 조직 내 심리적 안정감psychological safety을 높이는 데 결정적인 역할을 한다고 했다. 또한 공감 점수가 높은 리더의 팀이 그렇지 않은 팀보다 23퍼센트 더 높은 성과를 기록한 것으로 나타났다. 이러한 공감적 리더십은 직원들의 이직률을 15퍼센트

감소시키는 데 기여하며, 직원 만족도와 업무 몰입도를 향상시키는 핵심 요인으로 평가받았다

지난 2006년에 발간된 《공감의 힘》의 저자이자 DYB교육 대표인 송오현 박사는 공감은 "서로의 차이를 인정하여 사람들 사이의 갈등을 상쇄시키고, 함께 발전해 나갈 방향과 에너지를 제공하는 관계를 만들어준다"라고 말한다. 그는 세상을 살아가는 모습은 모두 다르지만, 모든 사람이 공통적으로 느끼는 감정이 있기에 공감이 가능하다고 강조한다. 또한 공감이 차이 속에서 가치를 발견하는 능력을 길러주며, 갈등 상황에서 회피나 두려움을 극복하게 하며 더욱 깊은 관계를 구축할 기회를 제공한다고 했다. 즉 공감은 감정적 동질성을 넘어 상대의 고유한 특성과 잠재력을 인정하고 믿어주는 행위를 포함한다는 것이다. 이를 통해 상대방은 자신의 능력을 최대한 발휘할 수 있는 동기를 얻으며, 서로의 성장에 기여할 수 있는 건강한 관계가 형성된다고 저자는 강조한다.

> 치열한 비즈니스 현장에서 리더에게 가장 필요한 능력은 구성원의 마음을 이해하고 격려하고 인정하며 구성원들의 마음을 움직이는 '공감'이다. 관심과 사랑을 바탕으로 한 공감이야 말로 성공을 이루는 강력한 도구이며, 구성원들의 잠재력과 능력을 이끌어낼 수 있는 가장 손쉬운 방법이다. … 공감은 느끼는 것이지만 공감 능력은 감정과 사고를 적절한 방법과 시기를 택해 표현하고 전달하는 것이다. 구성원들이 서로 다름을 인정하는 것도, 다름 가운데 조화를 이루고 팀워크와 시너지를 창출하는 것도 모두 공감을 통해서 가능하다.

그는 또한 공감을 형성하는 여덟 가지 핵심 요소를 강조했다. 첫째, 열린 마음open-mind을 갖고 다양한 관점을 수용하는 자세가 필요하다. 둘째, 인간관계를 창의적이고 긍정적으로 발전시키는 힘이 중요하다. 셋째, 최적의 결정을 내릴 수 있도록 상대를 설득하는 기술이 요구된다. 넷째, 사회 비전은 나눌수록 커진다는 믿음을 공유하는 것이 필수적이다. 다섯째, 구성원들의 자신감을 북돋아주는 칭찬과 격려의 말이 필요하다. 여섯째, 상대방의 입장에서 생각하는 배려심(역지사지)이 요구된다. 일곱째, 감성과 이성을 적절하게 조화시키는 균형감이 중요하다. 마지막으로, 각자의 역할에 대한 열정이 공감을 더욱 깊이 있게 만든다.

　　이와 함께 그는 공감 능력을 키우고 발전시킬 수 있는 일곱 가지 실천 방법도 같이 제시했다. 첫째, 단점도 있는 그대로 받아들이고 사랑하는 태도를 길러야 한다. 둘째, 자신의 감정을 조절하고 표현할 수 있는 감정의 채널을 확보하는 것이 중요하다. 셋째, 현재 가진 것들에 대한 만족을 배우고 긍정적인 태도를 유지해야 한다. 넷째, 다양한 경험을 통해 공감의 폭을 넓히는 것이 필요하다. 다섯째, 감정을 억누르기보다는 생산적으로 표현하는 법을 익혀야 한다. 여섯째, 인내와 끈기를 갖고 목표를 향해 나아가는 열정을 길러야 한다. 마지막으로, 행복을 단순한 감정이 아닌 성공을 위한 필수 요소로 인식하고, 스스로 행복을 창조하는 법을 배워야 한다.

　　송오현 박사는 공감 능력의 여덟 가지 요소와 공감 능력을 향상시키는 일곱 가지 방법을 실천하는 것이 효과적인 대인관계를 구축하는 핵심이라고 강조한다. 공감은 단순한 감정적 반응이 아니라 상대방의 입장을 이해하고 존중하는 태도에서 비롯되며, 이를 실천할 때 진정한 리더십과 성공적인 협업이 가능해진다는 것이다.

　　진화 학자이자 과학 철학자인 장대익 교수는 자신의 책《공감의 반경》에서 공감에 대한 통념을 이제는 수정해야 한다고 했다. 그는 공감을 정서적 공감과 인지적 공감으로 분류하면서, 인지적 공감은 느낌을 넘어서 상대를 이해하려는 이성이고 의지적인 활동이라고 정의했다. 인간에게는 정서적, 인지적 공감이 모두 필요한데, 우리는 정서적 공감만으로 공감의 반경을 제한하고 있는 경우가 많다고 한다. 이는 나와 연관되어 있는 '내집단in-group'에 대한 지나치게 깊고 좁은 배타적인 공감이 되기 쉽다.

　　이 책의 부제는 '느낌의 공동체에서 사고의 공동체로'이다. 저자는 공감의 반경을 넓혀 인지적 공감으로 나아가야 한다고 주장하면서, 그 해답은 다양한 배경을 가진 사람들 간의 접촉과 교류에 있다고 말한다. 지금과 같은 증오의 시대에 대한 해답으로 정서적 공감을 넘어 인지적 공감으로 나아가기를 제안한다. 인간은 본능적으로 내집단을 위주로 공감하는데, 이러한 공감의 반경을 넓혀 나의 내집단이 아닌 외집단에도 인지적 공감을 통해 공감하자는 의미다.

　　또한 장대익 교수는 공감에는 구심력과 원심력이라는 두 가지 힘이 존재한다고 말한다. 공감의 구심력은 내집단에 대한 선택적 과잉 공감으로 타집단에 대한 폭력이 되기 쉬운 반면, 공감의 원심력은 타인의 관점을 이해하는 인지적 공감으로 공감의 반경을 넓히는 역할을 한다는 것이다. 타인에게로 향하는 공감은 감정에만 기반을 두지 않으며 이성을 발휘해 그 사람이 되어보는 것이 중요하다고 한다.

그때 공감의 힘은 중심에서 바깥쪽으로 향하는 원심력의 형태를 띠며 반경을 점점 넓혀 비인간 동물과 기계까지도 포용할 수 있게 된다. 요컨대 혐오와 분열을 극복하는 일은 공감의 깊이가 아니라 공감의 반경을 넓히는 작업에 달려 있는 것이다.

15

감정노동,
부정이 아닌
긍정의 힘이 되다

감정노동은 사회 규범과 기대에 따라 자신의 감정을 조절하고,
상대방에게 긍정적인 감정을 전달하는 노력을 의미한다.
이는 특히 어려운 상황에서도 관계를 지속적으로 발전시키는 데 필요한
정서적 자원을 제공한다. 적절한 감정노동은 상대방에게 진정성을 전달하고
신뢰를 형성하는 데 필수적이다. 관계는 단순히 시작되는 것이 아니라
지속적으로 가꾸고 성장시키는 노력의 산물인 것이다.

감정은 축복일까,
저주일까?

　여기 감정을 전혀 느끼지 못하는 병을 가진 한 아이가 있다. 소년은 보통 사람들이 느끼고 표현하는 감정을 도무지 알지 못한다. 마치 살아 있는 로봇과 같다. 이 소년은 감정을 느끼는 감각기관이 존재하지 않는 병, 이른바 '알렉시티미아Alexithymia'를 갖고 태어났다. 이 병은 감정을 인식하고 표현하는 능력이 부족한 신경심리학적 장애다. 감정에 이름을 붙이거나 타인의 감정을 해석하는 것이 매우 어려워 사회관계 형성에 어려움을 겪는다.

　이 소년은 어린 시절부터 또래 아이들과 다르다는 것을 느꼈지만 자신이 왜 그렇게 느끼는지조차 이해할 수 없었다. 그는 기쁨, 슬픔, 두려움과 같은 감정을 경험하지 못했다. 감정을 모른다는 이유로 괴롭힘을 당했고 친구를 사귀기도 어려웠다. 사람과의 관계에서 늘 혼란을 느꼈지만 소년은 할머니와 엄마의 따뜻한 보살핌 속에서 잘 성장한다. 그러던 중 불의의 사고로 가족을 잃고 홀로 남겨진 소년은 예상치 못한 많은 사건에 휘말리고 세상과 관계 맺는 법을 배우면서 진정한 내면의 성장을 이루어나간다.

그 소년의 이름은 '윤재', 손원평 작가의 소설 《아몬드》 속에 등장하는 인물이다. 우리 뇌 깊숙한 곳에는 편도체라는 작은 기관이 있다. 편도체를 뜻하는 영단어 'Amygdala'는 고대 그리스어 'amygdálē'에서 유래했으며, 이는 아몬드를 의미한다. 이 명칭은 편도체의 모양이 아몬드와 비슷하기 때문에 붙여졌다. 감정을 처리하고 저장하는 데 중요한 역할을 한다. 위험 상황에 직면했을 때 빠르게 반응하여 '싸우거나 도망치거나'와 같은 생존 본능을 작동시키며, 세상을 경험하고 반응하는 방식에 지대한 영향을 미치는 감정의 중추다. 윤재는 이 아몬드, 즉 편도체가 아주 작아 감정을 느끼지도 표현하지도 못하는 아이였던 것이다.

그렇다면 기쁨, 즐거움, 고통, 슬픔, 공포 등 아무런 감정을 느끼지 못하는 소년이 바라보는 세상은 어떤 모습일까? 감정을 전혀 개입하지 않고 바라본 사람들은 소년에게 어떻게 보일까? 소설책의 내용을 인용하면 다음과 같다.

사람들은 멀면 먼 대로 할 수 있는 게 없다며 외면하고, 가까우면 가까운 대로 공포와 두려움이 너무 크다며 아무도 나서지 않았다. 대부분의 사람들이 느껴도 행동하지 않았고 공감한다면서 쉽게 잊었다.

윤재의 눈에 비친 세상 사람들은 감정을 갖고 공감한다면서도 서로를 외면하고, 일이 있을 때 아무도 나서지 않는 모습으로 보인다. 감정을 전혀 느끼지 못하는 한 아이의 눈에 비친, 감정을 가진 우리들의 모습이다. 지금은 '감정노동 시대'라고 이야기한다. 때로는 '공감 불능Affective Empathy Deficit'과 '감정 과잉Emotional Overload'이라는 상반된 문제를 동시에 겪고 있다. 사회적으로 요구되는 감정 표현과 그로 인한 피로감 속에서, 우리는 종종 감정을 조절하거나 이해하는 것이 어려운 순간을 마주한다.

그런 점에서 감정을 느끼지 못하는 윤재의 이야기는 우리에게 깊은 질문을 던진다. '감정을 완전히 배제한 채 살아가는 삶은 어떨까?', '감정이 인간관계에 미치는 영향은 무엇일까?'와 같은 질문 말이다. 윤재의 이야기를 통해 우리는 감정의 본질과 그 소중함을 다시금 깨닫는다. 이 작품을 읽는 동안 줄곧 스스로에게 던지는 질문은 '감정은 축복일까, 저주일까?' 하는 문제였다. 윤재의 시각을 통해 조금은 나 스스로를 돌아보고 반성하게 된다.

스트레스를 달고 사는 현대인들

현대 사회에서 정신적 스트레스는 이미 생활의 일부로 자리 잡았다. 미국 심리학회APA의 2021년 발표에 따르면, 매년 미국인들의 70퍼센트 이상이 경제적 압박, 직장 내 갈등, 개인 문제 등 다양한 이유로 심각한 스트레스를 경험하고 있다고 한다. 이 조사에서는 특히 직장인 중 절반 이상이 업무 관련 스트레스 때문에 불면증, 만성 피로, 집중력 저하 등의 문제를 겪으며, 번아웃 증상을 호소하고 있다는 사실이 밝혀졌다.

유럽 국가에서도 스트레스에 대한 다양한 연구가 발표되었다. 유럽연합 집행위원회가 2020년에 발표한 〈유럽 직장 내 스트레스 보고서〉를 보면 응답자의 약 59퍼센트가 직장에서 정신적 부담을 느낀다고 답했다. 특히 의료 및 교육 분야 종사자들이 가장 높은 스트레스를 보고했다. 스웨덴 심리학연구소가 2019년 발표한 보고서 〈사회 관계 및 직장 문화의 질이 정신 건강에 미치는 영향〉의 결과도 유사하다. 이 보고서 또한 스트레스 지수가 높은 직장은 우울증 및 불안장애 발생률을 높인다고 결론을 내렸다.

최근 한국의 2022년 〈국민건강통계〉에서도 비슷한 경향이 나타났다. 이 보고서는 전국 성인을 대상으로 스트레스 수준을 분석했는데, 조사에 따르면 성인의 약 60퍼센트가 일상적인 스트레스를 느끼고 있으며, 40퍼센트 이상이 '심한 스트레스를 받는다'고 응답했다. 특히 30대와 40대는 경제적 부담 증가, 직장 내 책임 확대, 가정 내 역할 부담 등으로 지수가 높았다. 이들은 직장 내 고성과 요구, 그리고 가정 내 돌봄 의무 등 이중 부담으로 일상에서 충분한 휴식 시간을 갖기 어렵다고 답했다.

해당 연구는 성별에 따른 차이도 보고했다. 여성 응답자들은 특히 가사와 육아에서의 불평등한 부담이 주요 스트레스 요인이라고 언급했다. 남성 응답자들은 사회적 기대에 부응해야 한다는 압박감을 주요 원인으로 지적했다. 이러한 결과는 현대 사회에서 스트레스가 단순한 개인 문제가 아니라 구조 문제라는 점을 보여준다. 이를 해결하기 위한 적극적인 대책이 필요한 이유다.

문제는 최근으로 올수록 스트레스가 더 심해진다는 사실이다. 그리고 스트레스의 중요한 원인이 육체적인 것보다는 정신적, 정서적 측면이 더 많다. 그래서 흔히 '감정의 노예가 되었다'라는 말로 마치 감정이 자신을 지배하는 독재자인 양 이야기하게 된다.

감정은 분명 두 가지 얼굴을 갖고 있다. 내가 잘 활용하면 삶과 존재의 가치를 높이고 감사의 마음을 갖게 한다. 그러나 그 감정에 너무 매몰되거나 감정이 이끄는 대로 가다보면 심각한 정신적, 신체적 어려움에 직면하곤 한다. 심지어는 스스로 삶을 포기하기도 한다. 어쩌면 우리에게 감정은 천사와 악마의 모습을 동시에 갖고 있는 듯하다.

세계보건기구는 2019년 발표한 보고서에서 글로벌 스트레스 수준이 지난 20년 동안 20퍼센트 이상 증가했다고 밝혔다. 특히 디지털 기술의 발전과 불안정한 사회 분위기로 인한 불안이 스트레스 요인을 급격히 증가시킨 요인으로 지적되었다. 그뿐만이 아니다. 2021년 유럽연합의 정신 건강 보고서에 따르면 응답자의 약 30퍼센트는 최근 5년 동안 스트레스가 급격히 증가했다고 답했다. 이는 사회 변화와 기술 발전이 개인의 심리 부담을 더욱 가중시키고 있음을 보여준다. 분명 현대인들은 심각한 스트레스로 고통받고 있다.

과도한 스트레스는 현대인의 정신건강에 치명적인 부작용을 초래한다. 세계보건기구는 2021년 보고서에서 전 세계적으로 2억 8,000만 명 이상의 사람들이 우울증으로 고통받고 있으며, 이는 성인 인구의 약 4퍼센트에 해당한다고 밝혔다. 이 중 매년 약 70만 명이 스스로 목숨을 끊는다. 스트레스와 정신건강 문제는 특히 젊은 층에서 심각했다. 유니세프의 2020년 보고서는 10대 청소년의 약 13퍼센트가 정신건강 문제를 경험하고 있다고 경고하면서, 학업 압박과 사회관계의 스트레스를 주요 원인으로 꼽았다.

직장 내 스트레스도 큰 문제다. 2021년 미국 심리학회는 직장인들의 77퍼센트가 업무 관련 스트레스 때문에 건강 문제를 경험한다고 보고했으며, 이 중 33퍼센트는 직장 스트레스가 심각한 수준이라고 답했다. 유럽연합 집행위원회는 2020년 발표한 보고서에서도 유럽 내 직장인의 59퍼센트가 스트레스를 주요 업무 문제로 꼽았고, 그중 약 25퍼센트가 장기적인 불안과 번아웃을 경험했다고 밝혔다.

감정노동을
다시 정의하다

최근까지도 많은 연구에서 공통적으로 발견한 사실은 현대인들이 받고 있는 스트레스의 가장 중요한 원인이 사람들과의 관계에서 비롯된다는 것이다. 대인관계가 삶의 질을 결정하는 중요한 이유다. 필자는 정현종 시인의 〈방문객〉이라는 시를 아주 좋아한다. 이 시는 짧지만 깊은 여운을 남긴다. 사람들과의 새로운 만남이 가져다주는 인연의 소중함과 그 경이로움을 찬미하는 시다. 시는 이렇게 시작한다.

사람이 온다는 것은 실은 어마어마한 일이다. 그는 그의 과거와 현재와 그리고 그의 미래와 함께 오기 때문이다. 한 사람의 일생이 오기 때문이다.

새로운 만남은 정말 소중한 인연이다. 이 시는 만남이 한 순간의 사건이 아니라, 한 사람의 모든 삶과 경험이 교차하는 놀라운 일임을 이야기한다. 그러나 그것은 단지 시작에 불과하다. 특별한 관계로 발전하려면 서로를 이해하고 공감하는 과정이 필수적이다. 그 만남의 지속은 인연을 넘어 우리의 선택과 노력에 따라 깊이와 방향이 달라진다. 이는 우리가 얼마나 진정성 있게 타인을 대하고 그 인연을 소중히 여기는가에 따라 관계의 질이 결정된다는 점을 시사한다.

그렇다면 관계를 유지할 때 무엇이 가장 중요할까? 상대방에 대한 우선적인 감정적 배려와 공감이 필요하다. 감정노동은 사회 규범과 기대에 따라 자신의 감정을 조절하고 상대방에게 긍정적인 감정을 전달하는 노력을 의미한다. 이는 특히 어려운 상황에서도 관계를 지속적으로 발전시키는 데 필요한 정서적 자원을 제공한다. 적절한 감정노동은 단지 표면적인 행동이 아니라, 상대방에게 진정성을 전달하고 신뢰를 형성하는 데 필수적이다. 관계는 단순히 시작되는 것이 아니라 지속적으로 가꾸고 성장시키는 노력의 산물인 것이다.

감정노동은 심리학자 앨리 러셀 혹실드가 1983년 그의 저서《감정 노동The Managed Heart》에서 처음으로 언급한 개념이다. 그녀는 감정노동을 "개인이 사회적 규범과 기대에 부응하기 위해 자신의 감정을 조절하고, 특정 감정을 표현하거나 억제하는 작업"으로 설명했다. 이는 미소를 짓거나 친절을 보이는 것을 넘어 상대방의 감정을 이해하고 이를 조화롭게 맞추는 과정을 포함한다. 예를 들어 서비스업 종사자들은 고객 요구에 대응할 때 긍정적인 감정을 유지해야 한다. 이는 종종 개인의 감정 자원을 소모시킨다. 육체노동은 결과물이 물리적으로 드러나는 반면, 감정노동은 보이지 않는 내면의 에너지를 지속적으로 소모하기 때문에 더 큰 어려움을 동반한다. 혹실드는 이러한 감정노동의 반복이 정서적 탈진과 소진burnout으로 이어질 수 있음을 경고하면서, 감정노동이 현대 사회에서 해결해야 할 중요한 심리적 과제라고 설명한다.

빈 의과대학의 신경정신과 교수였던 빅터 프랭클이 "우리는 무엇이 되어야 한다는 사명에 매달리기보다는 더 좋은 관계를 만들어 나가야 한다"라고 말했던 것처럼, 관계는 운명을 넘어 노력의 산물이다. 그렇기에 관계를 유지하고 발전시키기 위해서는 단순한 의무감 이상의 정서적 투자와 공감이 필요하다. 특히 어려운 상황에서 상대방의 감정을 이해하고 적절히 반응하는 과정은 관계를 강화한다. 이는 생존의 차원을 넘어 삶의 의미를 재발견하게 만든다. 프랭클의 관점은 감정노동이 고통스러운 작업이 아니라, 인간관계를 심화시키고 삶의 질을 높이는 중요한 행위임을 강조한다.

감정노동은 일터에서 뿐만 아니라 가정과 일상에서도 필수적이다. 한 리더가 겪는 도전은 단지 명령을 전달하는 데 있지 않고 부하 직원들의 마음을 이해하고 조율하는 과정에 있다. 분위기를 힘들게 하는 갈등을 푸는 대화 속에는 상대를 이해하려는 작은 감정 조율이 숨어 있어야 한다. 마치 자녀의 성장 과정에서 부모에게 수없이 요구되는 감정적 배려처럼 말이다.

스티브 잡스는 "기술을 혁신하는 것보다 어려운 것은 사람들과의 관계를 혁신하는 일이다"라고 말했다. 그는 혁신을 통해 새로운 제품과 비즈니스 모델을 만들어냈지만, 결국 이 모든 것은 사람들 간의 공감과 소통으로 완성된다고 강조했다. 잡스는 애플의 수많은 프로젝트에서 갈등을 해소하고 협업을 이끌어내기 위해 감정적인 연결을 중시했으며, 이를 통해 사람들을 설득하고 동기를 부여할 수 있었다.

이러한 접근은 혁신이 단지 물질적 성과에 그치지 않고, 인간적 공감과 소통으로 뒷받침되어야 한다는 점을 시사한다. 그러므로 감정노동은 피할 수 없는 고통이 아니라, 관계의 질을 높이고 공동체를 춤추게 하는 원동력이 될 수 있다. 어떤 만남이 시작되는가 하는 점보다 그 만남을 어떻게 지속적으로 조화롭게 성장시켜 나가느냐가 중요한 이유다.

내분비계 생리학자 한스 셀리에는 "스트레스는 삶의 소금과 같다"라고 말했다. 스트레스는 완전히 없어야 하는 것이 아니라, 적절히 관리되었을 때 동기를 부여하고 성취를 촉진한다는 것이다. 그의 연구는 적정 수준의 스트레스가 사람들에게 도전 의식을 불러일으키며, 문제 해결 능력을 강화하고 목표를 이루는 데 도움을 줄 수 있음을 보여준다.

그래서 감정노동은 단지 고통과 부담으로만 취급될 수는 없다. 다양한 연구에 따르면 감정노동을 긍정적으로 활용할 경우 사회적 연결과 개인의 성장으로 이어질 수 있다. 의료 현장에서 감정노동을 긍정적으로 인식한 간호사들의 사례는 감정노동이 환자와의 관계를 개선하고 환자 만족도를 크게 향상시킬 수 있음을 보여준다.

2018년에 발표된 존스 홉킨스 대학 연구에서는 감정노동을 적극적으로 활용한 간호사들이 그렇지 않은 간호사들에 비해 환자의 신뢰도를 35퍼센트 이상 높이고, 환자 만족도 점수를 평균 40퍼센트 향상시켰다는 결과를 보고했다. 연구를 이끈 메리 앤더슨Mary Anderson은 "감정노동은 단순한 감정의 표현을 넘어 환자와의 관계에서 진정성을 전달하고 치료 효과를 극대화하는 도구로 작용한다"라고 강조했다.

고객 서비스 업계에서도 유사한 결과가 나타났다. 하버드 비즈니스 스쿨의 리처드 해크먼Richard Hackman이 주도한 연구는 감정적 피로를 회피하지 않고 동료들과 적극적으로 소통하며 감정노동을 관리한 직원들이 팀워크를 강화하고 업무 만족도를 높이는 데 성공했다고 밝혔다. 감정노동은 피해야 할 부담이 아니라, 올바르게 관리되고 활용될 때 긍정적인 성과를 이끌어내는 중요한 요소임을 입증했다. 이러한 연구는 감정노동이 개인과 조직 모두에 이익을 가져다줄 수 있는 강력한 도구임을 시사한다.

쓸데없는 연락의 쓸모

미국의 사회심리학자인 로버트 자욘스Robert Zajonc는 여러 차례 실험을 통해 단순히 자주 보기만 해도 상대방에 대한 호감이 높아지는 '단순 노출 효과mere exposure effect'를 밝혀냈다. 자욘스는 실험 참가자들에게 비슷한 인상의 A와 B 두 사람의 얼굴 사진을 보여주는 실험을 실시했는데, 참가자들이 알아채기 어려운 방식으로 A를 B보다 훨씬 더 많이 노출시켰다. 그 결과, 대부분의 참가자들은 B보다 A 얼굴에 더 큰 호감을 보였다. 그는 이러한 단순 노출 효과는 심리적 친밀감을 형성하는 데 도움이 된다고 했다. 특별하거나 중요한 내용이 없더라도 자주 전화하거나 메시지를 주고받는 행동은 단순한 반복 접촉이지만, 그럼에도 상대방과의 관계를 긍정적으로 변화시킬 수 있다는 것이다.

2005년에 이루어진 심리학자 메리 앤더슨과 동료들의 연구는 친구 간의 빈번한 연락과 주기적인 소통이 심리적 안정감을 높이며, 관계에 대한 신뢰와 유대감을 증대시킨다는 것을 입증하기도 했다. 이 연구에서는 대학생 참가자들을 대상으로 매일 메시지를 주고받는 그룹과 그렇지 않은 그룹으로 나누어 실험했으며, 소통 빈도가 높았던 그룹이 더 높은 신뢰감과 친밀도를 보였다는 것이다. 연구자는 이를 통해 물리적 거리와 상관없이 정기적인 소통이 유대관계에 강력한 효과를 미친다는 점을 강조했다.

유사하게 2012년 하버드 대학의 인지과학자 조셉 모런Joseph Moran 교수팀의 연구에서는 직장 동료들이 짧은 대화와 비공식 소통을 통해 친밀감을 형성하면서 협업 능력을 높이는 몇 개의 사례를 분석했다. 연구에 따르면, 매일 아침 짧은 안부 인사나 커피 브레이크 때 이루어지는 소소한 대화가 동료 간의 신뢰를 높이고 업무 결과를 향상시키는 중요한 요인임이 밝혀졌다. 특히 이 연구는 회사 내 다양한 팀이 일정 기간 동안 비공식적 소통을 의도적으로 증가시킨 후, 생산성과 관계 만족도가 눈에 띄게 개선된 사례가 포함되어 있다. 이처럼 반복적인 상호작용은 관계를 강화시키는 중요한 심리 요소로 작용하며, 인간관계를 발전시키는 데 필수적인 역할을 한다는 것을 보여준다.

뇌공학적 차원에서 무의식에 대한 연구에서도 비슷한 결과가 도출된다. 마케팅 전문가 제임스 비카리는 1957년에 진행한 유명한 실험에서 뉴저지주 극장에서 영화를 상영하는 동안 콜라와 팝콘 광고 문구를 단 3000초분의 1 동안 스크린에 노출시켰다. 관객들은 이 이미지들을 의식적으로 인지하지 못했지만, 해당 실험 후 6주 동안 콜라와 팝콘 판매량이 각각 18퍼센트와 57퍼센트 증가했다고 한다. 이 실험은 당시 대중의 큰 관심을 받으며 무의식적 광고 기법에 대한 논쟁을 촉발하기도 했다.

비슷한 최신 연구로는 스텐퍼드 대학의 심리학자 존 바그의 실험이 있다. 그는 다양한 프라이밍priming 연구를 통해 무의식적인 단어, 이미지, 행동 단서가 사람들의 의사결정과 행동에 어떻게 영향을 미치는지 탐구했다. 대표적인 실험 중 하나는 참가자들에게 무의식적으로 '예의 바름'이나 '참을성'과 관련된 단어를 노출시키고 나서 다른 사람과의 상호작용을 관찰하는 방식이었다. 실험 결과, 긍정적인 단어를 본 참가자들은 더 인내심 있는 태도를 보였으며, 부정적인 단어에 노출된 참가자들은 쉽게 짜증을 내거나 무례하게 행동하는 경향을 보였다. 이 연구는 무의식적 자극이 미세하지만 지속적인 행동 변화를 유발할 수 있음을 시사하며, 일상에서 우리가 인지하지 못하는 요소들이 생각과 감정, 행동에 강력한 영향을 미친다는 점을 강조하는 것이었다.

〈뉴욕타임스〉의 칼럼니스트이자 베스트셀러 작가인 데이비드 브룩스는 자신의 저서 《소셜 애니멀The Social Animal》에서 인간의 탁월한 성취력에 대해 설명하면서 무의식 차원의 간절함이 매우 중요하다고 언급했다. 그는 프랑스 혁명기나 대공황 시기 등 역사적으로 어려운 시기에도 무의식적 결단과 창의적 사고를 통해 상황을 극복한 수많은 인물을 언급하며 이를 강조했다. 예를 들어 영국 수상 윈스턴 처칠은 제2차 세계대전 중 절망적인 순간에도 무의식적으로 느껴지는 사명감을 바탕으로 강력한 연설과 결단을 내렸다. 그의 연설 중 "우리는 해변에서 싸울 것이며, 결코 항복하지 않을 것입니다"라는 유명한 구절은 국민의 사기를 끌어올리며 전쟁의 흐름을 바꾸는 데 중요한 역할을 했다고 브룩스는 평가했다. 브룩스는 이 연설이 단순한 수사가 아닌 처칠의 내면 깊은 곳에서 나온 신념과 무의식적 의지가 결합된 힘의 증거라고 강조했다.

브룩스는 현대 스포츠 심리학에서도 무의식적 습관과 준비가 경기 중 순간적인 반응과 성공적인 판단으로 이어진다는 여러 구체적인 연구를 예로 들어 무의식의 힘을 설명했다. 그는 특히 NBA 선수들이 결정적인 순간에 직관적인 슛을 성공시키는 사례를 언급하며, 이러한 직관이 오랜 시간 반복된 훈련과 무의식적인 동작 패턴의 결과라고 강조했다.

스포츠 심리학자 켈리 맥고니걸은 경기 중 스트레스 상황에서 무의식이 어떻게 작용하는지 연구하면서 선수들이 전략적인 판단보다는 순간적인 반사 행동을 통해 최고의 성과를 낸다는 것을 입증했다. 브룩스는 또한 마라톤 선수나 올림픽 레벨의 운동선수들이 어느 순간 무아의 경지인 '존flow state'에 들어가는 순간을 설명하며, 이는 훈련된 무의식의 힘이 신체적 피로를 뛰어넘는 결정적인 요소라고 덧붙였다. 이를 통해 그는 스포츠뿐만 아니라 일상의 도전적인 상황에서도 무의식적인 준비와 반복이 중요한 역할을 한다고 보았다.

브룩스는 이를 통해 무의식은 상상 이상의 능력을 발휘할 수 있으며, 때로는 불가능해 보이는 상황에서도 기회를 찾아낼 수 있다고 보았다. 그는 무의식이 단순히 잠재된 힘이 아닌, 끊임없이 학습하고 경험을 바탕으로 새로운 가능성을 열어주는 창의적 원천임을 강조했다. 나아가 그는 일상의 무의식적 사고와 행동이 얼마나 많은 혁신적 결과를 가져오는지에 대한 다양한 사례를 제시하며, 이는 인간이 살아가면서 누릴 수 있는 가장 경이로운 경험이라고 보았다. 브룩스는 이를 축복이라고까지 표현하며 무의식의 중요성을 강조한다.

이제는 감정노동에서
감정놀이로

즐거움은 인간의 본성 중 하나이며, 이는 일을 잘 해내는 데 필수적이다. 인간은 본성적으로 '호모 루덴스', 즉 '유희의 인간'이라는 요한 하위징아의 주장처럼 놀이와 즐거움을 통해 창의성과 효율을 발휘할 수 있다.

하위징아는 인간이 놀이를 통해 관계를 형성하고 사회 가치를 공유하며, 창의적 성취를 이루어낸다고 말했다. 이러한 관점은 오늘날의 감정노동에도 적용될 수 있다. 즐거움을 통해 감정적 피로를 완화하고 관계의 질을 높이는 것은 개인뿐 아니라 조직 전체에 긍정적인 영향을 미친다.

　하버드 비즈니스 스쿨에서 실행한 연구는 긍정적인 직장 문화가 감정노동을 '놀이'로 전환할 수 있다는 사실을 강조한다. 이 연구는 2018년 리처드 해크먼 교수와 동료들이 발표한 연구로, 150개 이상의 다국적 기업을 대상으로 5년간 진행되었다. 연구에 따르면, 업무에 놀이 요소를 포함하면 직원들은 더 큰 창의성과 자율성을 경험하며, 일의 목적을 명확히 이해할 수 있게 된다. 이 과정에서 '즐거움'이라는 요소는 업무 몰입도를 30퍼센트 이상 향상시켰으며, 팀 내 협업과 문제 해결 능력 또한 크게 증가시켰다. 연구 결과는 특히 리더의 감정적 지지가 팀 성과에 미치는 영향을 분석하며, 공감과 유머가 스트레스를 해소하고 창의적 아이디어를 촉진한다고 밝혔다. 넬슨 만델라가 "진정한 혁신은 즐거움 속에서 탄생한다"라고 언급했듯, 진정성 있는 공감과 유머는 긴장된 업무 환경을 활기차게 바꿀 수 있는 강력한 도구임을 보여주었다.

　최근 다양한 분야에서 즐거운 감정노동을 긍정적인 비즈니스 전략으로 활용하는 사례가 늘고 있다. 특히 의료, 교육 및 고객 서비스 분야에서는 '감정노동'을 '감정놀이'로 바꾸기 위한 다양한 프로그램이 시도되고 있다. 일본의 한 병원에서는 간호사들이 창의적인 방식으로 환자들과 소통하고 긍정적인 경험을 제공할 수 있도록 유머와 감정 지지를 결합한 '웃음 케어 프로그램'을 도입했더니 환자 만족도와 회복률이 동시에 상승했다는 결과를 발표했다. 미국의 한 IT 기업에서는 직원들의 정서적 회복과 팀워크 강화를 위해 매주 '게임 데이'

를 운영하여 업무 중 놀이 요소를 포함시킨 결과, 협업과 업무 능률이 향상되었다고 한다.

　교육 현장에서도 학생들의 학습 동기와 집중력을 높이기 위해 수업에 놀이 요소를 포함하는 '감정 학습 프로그램'이 효과를 보였다. 스탠퍼드 대학의 2017년 연구에 따르면, 놀이 기반 학습을 도입한 교실에서는 학생들의 참여율이 평균 45퍼센트 이상 증가했으며, 과제 수행 시간이 단축되고 학습에 대한 긍정적인 태도가 향상되었다. 특히 사회 정서 학습SEL 프로그램은 학생들의 공감 능력과 협업 기술을 증진시켜 교사와 학생 간의 관계를 더욱 강화했다.

　스탠퍼드 대학의 교육 심리학자인 캐롤 드웩은 학습 동기와 긍정적 감정 사이의 상호작용을 강조하면서 놀이 요소가 포함된 학습이 학생들에게 자기 효능감을 심어주는 데 중요한 역할을 한다고 주장했다. 그녀의 연구는 놀이 중심 학습이 학습 과정을 단순히 과제로 보지 않게 하며, 학생들이 새로운 정보를 받아들이는 데 긍정적인 태도를 갖도록 돕는다고 설명한다. 드웩은 학습에 포함된 감정적 즐거움이 학업 성취도를 높이는 데 핵심 동기가 된다는 점을 강조했다.

　2018년에 발표된 핀란드 교육부의 연구에서는 초등학교 학생들이 정기적으로 놀이 시간을 가졌을 때 학습 태도와 정서적 안정감이 크게 개선된 결과를 보여주었다. 연구는 놀이 시간이 학생들의 창의성과 협업 능력을 증진시키며, 교사와 학생 간의 관계를 심화시키는 데 긍정적 영향을 미친다고 분석했다. 연구를 이끈 사미 라히코Sami Lahiko 박사는 "놀이를 통한 학습은 학생들이 스트레스를 관리하고 학업에 더욱 몰입하도록 돕는 강력한 도구"라고 말했다.

이처럼 교육에서 감정적 즐거움과 놀이 요소를 활용하는 접근은 학생들의 학습 환경과 결과를 긍정적으로 변화시키는 데 중요한 역할을 하고 있다. 결국 즐거움은 단지 일탈이 아닌 생산적인 활동의 필수 요소다. 감정노동을 긍정적으로 수용하고 이를 '놀이'로 전환한다면, 일터는 단순한 생계 수단을 넘어 성장과 만족감을 주는 공간이 될 수 있다. 감정노동을 새로운 시각으로 바라본다면 우리는 더 나은 관계와 조직 문화를 만들어갈 수 있다.

16

지성보다 감성
감성보다 인성

인성은 인간다움의 본질이며,
감성은 개인과 집단의 조화를 이끌어내는 열쇠다.
특히 아이들의 교육에서는 인성과 감성이 인간다움의 핵심을 이루는
요소로 작용한다. 이를 통해 단순히 정보를 습득하는 것을 넘어
배려와 공감, 책임감을 바탕으로 한 의미 있는 학습과 성장을 이끌어낼 수 있다.

다정함도 스펙이다

브라이언 헤어와 버네사 우즈가 쓴 책《다정한 것이 살아남는다 Survival of the Friendliest》는 인류의 진화 과정에서 '다정함friendliness'이라는 특성이 어떻게 생존에 유리하게 작용했는지, 그리고 사회관계에서 어떤 이점을 가져다주는지 심층적으로 분석했다. 저자들은 다윈의 '적자생존' 개념을 재해석하며 경쟁과 이기심만큼이나 협력과 친화력 또한 인류 생존의 핵심 요소였음을 강조했다.

특히 인지 능력과 사회성이 뛰어난 호모 사피엔스가 네안데르탈인과의 경쟁에서 살아남을 수 있었던 것은 바로 '다정함' 덕분이라고 했다. 다정함은 단순히 친절이나 배려와 같은 행동으로만 한정되지 않는다. 오히려 "타인의 감정에 공감하고, 협력적인 관계를 맺으며, 집단 내에서 사회적 유대감을 형성하는 능력까지 포함하는 것"으로 정의한다. 이러한 다정함이 생존을 위한 진화과정에 필수 요소라는 것이다. 예를 들어 무리에서 배척당한 개인은 혼자서 사냥이나 채집을 하기 어려웠고 포식자의 위협에도 취약했기 때문에 생존 가능성이 낮았지만, 타인과 긍정적인 관계를 맺고 사회적 지지를 얻는 자는 생존이 가능했기에 다정함이라는 능력이 필요했다는 것이다.

　책에서 저자들은 보노보와 개의 사례를 통해 다정함과 협력이 진화와 생존 전략의 중요한 요인이라고 이야기한다. 보노보는 아프리카 콩고 지역에 서식하는 유인원으로 침팬지와 가장 가까운 친척 종이다. 침팬지와 달리 갈등 상황에서 폭력 대신 협력과 공감으로 문제를 해결하며, 이는 집단의 안정성과 생존율을 높이는 데 기여한다. 개는 인간과 긴밀한 관계를 통해 진화해 온 동물로 낯선 사람에게도 친근하게 다가가는 성향이 생존에 유리하게 작용했음을 보여준다. 저자들은 이러한 두 동물의 사례를 통해 다정함과 협력이 도덕 덕목을 넘어 생존과 번영에 실질적인 영향을 미친다는 점을 설득력 있게 제시하고 있다.

　결국 이 책은 인간의 본성에 대한 새로운 시각을 제시하며, 다정함이 단순한 미덕을 넘어 생존과 번영을 위한 필수 요소임을 보여준다. 더불어 경쟁 사회에서 살아남기 위해서는 이기심과 경쟁만큼이나 다정함과 협력이 중요하다는 점을 일깨워주며, 더 나은 사회를 만들기 위해 우리가 어떤 노력을 해야 할지에 대한 고민을 던진다.

　고양이나 개와 비슷하게 야생 여우도 순하게 길들이면 인간과 공존이 가능하다는 흥미로운 사례도 있다. 특히 러시아 과학자 드미트리 벨랴예프Dmitry Belyaev의 여우 길들이기 실험은 이를 입증한 대표적인 연구로 꼽힌다. 이 실험은 1950년대에 시작되어 여우의 유전적 특성과 행동을 세대별로 관찰하면서, 인간에게 친숙한 성향을 선택적으로 교배하는 방식으로 진행되었다.

벨랴에프와 그의 연구팀은 시베리아 농장에서 은색 여우를 대상으로 실험을 시작했다. 그들은 초기에는 비교적 온순한 성향을 보이는 여우들을 선별하여 교배시켰는데, 이때 여우의 반응성, 인간에 대한 두려움, 공격성 등의 행동 특성을 면밀히 관찰했다. 연구팀은 여우들이 사육 환경에 어떻게 적응하는지 평가하기 위해 사람의 손길에 대한 반응, 케이지 문을 열었을 때의 태도, 낯선 사람에게 보이는 행동을 기록했다. 몇 세대가 지나면서 선택된 여우들은 뚜렷한 행동 변화를 보이기 시작했다. 초기에는 경계심이 강하고 공격적인 태도를 보였던 여우들이 점차 꼬리를 흔들거나 사람에게 다가가며 애정 표현을 하는 등 개와 유사한 친근한 행동을 보인 것이다. 이러한 행동 변화와 함께 여우들의 외형에도 변화가 나타났는데, 귀가 더 부드럽게 처지고, 털 색깔이 밝아지며, 꼬리가 말리는 등 전형적인 가축화 징후가 관찰되었다.

이 연구는 행동의 변화뿐만 아니라, 귀와 털 색깔 같은 외형 변화도 나타났음을 보여주면서 길들이기가 유전자와 행동 모두에 영향을 미칠 수 있음을 증명했다. 벨랴에프의 여우 실험은 인간과 동물의 관계가 진화적, 생물학적으로 어떻게 발전할 수 있는지 보여주는 중요한 사례로 평가받으며, 현대 진화생물학과 유전학 연구에 큰 영향을 미쳤다.

구글의 '아리스토텔레스 프로젝트'는 다정함이 팀의 효율성을 높이는 데 중요한 역할을 한다는 것을 실증적으로 보여준다. 이 프로젝트는 약 180개 팀을 대상으로 분석을 진행했는데, 조직 운영과 성과에 팀원 개개인의 능력이나 전문성보다 심리적 안정감psychological safety이 훨씬 중요한 요소로 밝혀졌다. 심리적 안정감이란 팀원들이 서로를 존중하고 지지하며, 자신의 의견을 편안하게 개진할 수 있는 환경을 의미한다. 이는 다정함과 신뢰를 기반으로 한 팀워크가 창의성과 생산성을 향상시키는 데 결정적인 역할을 한다는 것을 보여준다.

분명 다정함은 개인과 조직 모두에 긍정적인 결과를 가져다주는 중요한 자질이다. 따라서 현대 사회에서 개인과 조직은 다정함을 키우고 실천하기 위한 노력을 기울여야 한다. 다정함을 통해 서로 소통하고 협력하는 문화를 조성한다면, 개인의 행복과 조직의 성장을 동시에 이루어낼 수 있을 것이다.

메타인지 + 메타감성 = 메타캐릭터

우리나라 속담 중에 "난 사람이 아니라 된 사람이 되어라"는 속담이 있다. 이는 타고난 재능이나 지식의 많고 적음보다는 인간적으로 성품이 좋고 남을 배려하는 사람이 되라는 가르침을 담고 있다. 인성을 갖추라는 뜻이다. 개인의 성공을 넘어 타인과의 관계에서도 신뢰를 쌓고 조화를 이루는 삶을 지향한다는 점에서 깊은 교훈을 주는 속담이다.

그렇다면 인성은 무엇일까? 그리고 왜 인성이 중요할까? 우리는 이 책에서 지금까지 감정에 대한 정확한 이해와 메타필링 차원에서의 관리와 조절이 매우 중요하다는 점을 이야기했다. 하지만 이번 장에서는 지성보다는 감성이, 나아가 이들보다 더 중요한 것은 인성이라는 얘기를 하려고 한다.

인성이란 인간의 행동과 태도, 도덕적 판단을 이루는 기본적인 성품을 의미한다. 즉 사람 됨됨이다. 어쩌면 인성은 그 사람이 갖고 있는 지성, 감성, 그리고 다양한 성격 요소가 합쳐져서 만들어내는 속성이다. 영어로는 '캐릭터character'로 표현되는데, 이는 라틴어 'characteristicus'에서 유래한 말로 '표시', '새김'이라는 뜻을 가진다. 이 어원은 인성이 개인의 고유한 특성과 본질을 상징적으로 나타낸다는 점을 강조한다.

스티브 잡스는 "인간의 마음을 움직이는 것이 기술보다 더 위대하다"라는 말로 혁신적인 성과를 이루는 데 감성과 공감의 중요성을 언급했다. 이 말은 감성과 인성이 기술이나 지식보다 인간 중심의 사회를 이루는 데 중요한 역할을 한다는 점을 잘 보여준다. "자신이 한 행동은 결국 자신에게 돌아온다What goes around comes around"라는 영어 속담은 인성이 사회관계와 성공에 얼마나 중요한지 보여주는 대표적인 표현이다. 이는 사람이 베푸는 행동과 태도가 결국 자신의 삶으로 돌아온다는 진리를 담고 있다.

2010년에 발표된 펜실베이니아 대학의 연구는 1,200여 명을 대상으로 타인에게 긍정적인 행동을 보이는 사람들이 얼마나 더 강한 사회적 지지망을 형성하고 높은 삶의 만족도를 경험하는지에 대한 조사였다. 연구 결과, 정기적으로 배려와 친절을 실천한 참가자들이 삶의 만족도를 25퍼센트 더 높게 보고했으며, 그들 중 70퍼센트는 위기 상황에서도 도움을 줄 수 있는 신뢰할 만한 사회적 지지망을 갖고 있음을 발견했다.

연구진은 특히 이러한 긍정적 행동이 스트레스 관리와 정신건강에도 중요한 영향을 미친다는 점을 발견했다. 긍정적 행동을 실천한 그룹은 스트레스 호르몬인 코티솔 수치가 평균적으로 18퍼센트 감소했으며, 이는 심리적 안정감을 높이는 데 직접적으로 기여했다. 연구 책임자인 에밀리 스미스Emily Smith는 "타인에게 베푸는 행동은 단순한 도덕적 선택이 아니라, 인간의 전반적인 삶의 질을 향상시키는 데 중요한 요소"라고 강조했다. 이러한 결과는 인성이 단순히 도덕적 덕목에 머무르지 않고, 개인의 성공과 행복에 직접적으로 영향을 미친다는 점을 분명히 보여준다.

지성은 인간의 사고력을 강화하는 데 중요한 역할을 하지만, 이를 뒷받침하는 감성과 인성이 더욱 중요하다는 점은 부인할 수 없다. 지성만으로는 타인과의 관계나 복잡한 사회적 협업에서 발생하는 도전 과제를 효과적으로 해결하기 어렵다. 뛰어난 지적 능력을 갖춘 사람이더라도 타인의 감정을 이해하고 공감하며 조화를 이루는 능력이 부족하다면, 장기적으로 성공적인 인간관계를 유지하기 어렵다. 따라서 미래 사회를 준비하기 위해서는 지성보다 감성과 인성을 우선적으로 개발해야 한다는 점이 강조된다.

인성은 인간다움의 본질이며, 감성은 개인과 집단의 조화를 이끌어내는 열쇠다. 특히 아이들 교육에서는 인성과 감성이 인간다움의 핵심을 이루는 요소로 작용한다. 이를 통해 단순히 정보를 습득하는 교육을 넘어 배려와 공감, 책임감을 바탕으로 한 의미 있는 학습과 성장을 이끌어낼 수 있다. 미래의 리더가 될 아이들이 이러한 능력을 함양할 때, 개인의 성공은 물론이고, 지속 가능한 사회를 구축하는 데 기여할 수 있을 것이다.

다시 말해, 성장과 성공을 위해 필요한 것은 지성, 감성, 그리고 인성의 순이다. 똑똑함에 더해 따뜻한 마음을 갖고 있어야 한다. 그럼으로써 주변으로부터 "그 사람 참 괜찮아"라는 칭찬을 받을 수 있어야 한다. 특히 AI로 대표되는 미래 사회는 메타인지에 메타필링을 더함으로써 메타캐릭터라는 인성을 갖춘 사람이 가장 경쟁력이 있을 것이다.

AI 시대에는
어떤 인재가 필요할까?

지금 세상을 한 단어로 정의하면 'AI 시대'가 아닐까? AI 기술은 우리의 삶과 산업 전반을 재편하고, 모든 것이 기술과 연결되는 새로운 세상을 열어가고 있다. 맥킨지 글로벌 연구소의 보고서에 따르면, AI는 2030년까지 글로벌 GDP에 약 15.7조 달러를 추가하며 경제 패러다임을 근본적으로 변화시킬 것으로 예상된다. 또한 세계경제포럼은 2025년 현재 직업의 85퍼센트가 AI 기술과 연계되거나 재구성될 것으로 전망하며, 이는 단순한 기술 혁신을 넘어 인간의 노동, 교육, 사회 구조 전반에 영향을 미칠 것을 시사했다. 이러한 환경에서 AI 기술은 단순한 도구가 아니라, 미래를 설계하고 결정짓는 핵심 요소로 자리 잡고 있다.

그렇다면 AI 시대에는 어떤 인재가 살아남을 것인가를 고민하지 않을 수 없다. 최근 수많은 학자와 교육자들이 주목하는 질문이기도 하다. 인류의 기술 발전은 지식과 정보의 습득과 처리 능력을 기계가 거의 완벽히 대체할 수 있도록 만들었다. AI는 방대한 데이터 분석, 문제 해결 속도, 예측 능력 등에서 인간을 넘어서는 성과를 보여준다. 하지만 인간다움, 즉 공감 능력, 도덕적 판단, 창의적 문제 해결 능력은 여전히 AI가 쉽게 따라올 수 없는 영역으로 남아 있다. 이러한 특성은 단순히 지식의 축적을 넘어 타인과 협력하고 사회관계를 맺는 데 필수적이다.

미래 사회에서 두각을 나타낼 인재는 단순히 많은 지식을 보유한 사람이 아니라, 복잡한 사회 맥락에서 창의적이고 도덕적인 판단을 내릴 수 있는 사람들일 것이다. 2022년 스탠퍼드 대학의 연구에 따르면, 높은 정서적 지능을 가진 직원들은 조직 내 갈등 해결 능력이 뛰어나며 생산성이 더 높다고 한다. 연구진은 500여 개의 기업 데이터를 분석하여 공감 능력이 뛰어난 리더가 팀원들로부터 더 큰 신뢰와 지지를 얻고, 이로 인해 혁신적인 아이디어와 협업이 활발히 이루어진다는 사실을 밝혀냈다. 또한 이러한 리더십은 직원들의 이직률을 감소시키고 조직의 안정성을 높이는 데 기여했다. 이는 AI 시대에서도 인간적 매력과 풍부한 인성과 감성을 가진 사람들이 조직과 사회에서 더욱 중요한 위치를 차지할 가능성을 시사한다.

세계경제포럼의 〈미래 일자리 보고서Future of Jobs Report〉는 AI 시대에서 인성과 감성을 겸비한 인재가 가장 중요한 경쟁력을 갖출 것이라고 지적하면서 창의성, 공감 능력, 도덕적 판단이 기술적 숙련도보다 더 큰 가치를 가질 것이라고 밝혔다. 빌 게이츠는 "미래의 성공은 단순히 기술 숙련도가 아니라, 얼마나 많은 사람들이 당신과 함께 일하고 싶어 하는지에 달려 있다"라고 말하면서 인간다움이 미래 사회의 핵심 자질임을 강조했다. 이는 AI 기술이 단순한 작업과 데이터를 처리하는 역할을 넘어 인간다운 판단과 관계 구축 능력이 성공의 핵심으로 자리 잡고 있다는 것을 명확히 보여준다.

이제는 우리 아이들에게 무엇을 강조해야 할지 심각하게 고민해 봐야 할 때가 왔다. 이를 위해 교육의 궁극적인 목표를 재정의해야 하는 시점이다. '난 사람'이 아니라 '된 사람'을 키우는 교육을 통해 아이들이 사회적 책임감과 인간다움을 갖춘 성숙한 개인으로 성장할 수 있도록 지도해야 한다. 우리가 지금 강조하는 교육의 방향이 아이들의 미래뿐만 아니라, 우리 사회 전체의 번영을 결정짓는 중요한 열쇠가 된다는 사실을 잊으면 안 된다.

1등만을 키우는 교육이 아닌
인성을 키우는 교육으로

"교육의 목표는 지식이 가득한 머리를 만드는 것이 아니라, 따뜻한 마음을 가진 사람을 만드는 것이다." 영국 철학자 허버트 스펜서가 한 말이다. 이 말은 인성과 감성이 지성보다 중요한 이유를 명확히 보여준다. 스펜서는 지식이 사회 발전에 필요하지만, 그것만으로는 인간 사회를 지속 가능하게 만들 수 없으며, 배려와 도덕적 성품이 사회 조화를 이루는 데 핵심적이라고 주장했다. 독일 철학자 이마누엘 칸트도 "인간의 위대함은 지식의 양이 아니라, 도덕적 행동에 의해 결정된다"라고 강조했다. 칸트는 그의 윤리 철학에서 인간의 행위는 타인의 행복과 복지를 증진시키는 방향으로 나아가야 한다고 주장하면서, 오늘날 인성과 감성이 개인과 사회 모두에 얼마나 중요한지 설명한다.

그렇다면 우리의 다음 질문은 '아이들을 어떻게 가르쳐야 할 것인가?'가 되어야 한다. 미래 사회에서 인성을 높이기 위한 교육은 가정과 학교 모두에서 이루어져야 한다. 교육자들은 학업 성취를 목표로 하는 것이 아니라, 학생들에게 배려, 공감, 책임감을 심어주는 데 중점을 두어야 할 것이다.

핀란드는 세계적으로 협력과 존중을 강조한 교육 시스템의 모범 사례로 자주 언급된다. 핀란드의 교육 철학은 학생들이 각자 독립적으로 사고하고, 동시에 협력을 통해 타인을 존중하며 성장하도록 돕는 것을 목표로 한다. 이 철학은 "모든 학생은 성공할 권리가 있다"는 신념에 기반하며, 시험 성적보다 학습 과정과 팀워크가 더 중요하다는 의미를 담고 있다.

　　교육 과정에서 숙제와 시험 비중을 줄이고 프로젝트 기반 학습 PBL, Project-Based Learning을 도입하여 실생활의 문제 해결 능력을 키운다. 예를 들어 초등학생들이 지역 환경 문제를 조사하고 해결책을 제안하는 프로젝트를 진행하면서 과학적 사고와 사회적 책임을 동시에 배우는 활동이 대표적이다. 또한 교사들은 학생의 개인적 성장을 세심히 관찰하며, 필요에 따라 추가적인 지원을 제공한다. 이는 학생들에게 자율성과 책임감을 심어주고, 학업 성취를 넘어 공동체 의식을 강화하는 데 기여한다.

　　일본의 '도덕 교육'은 세계적으로도 매우 독특한 교육 시스템이다. 학생들에게 단순히 지식을 전달하는 것을 넘어 도덕적 가치와 공동체 의식을 심어주는 데 중점을 두는 교육 방식이다. 일본 정부는 2018년부터 도덕 교육을 필수 과목으로 지정했고, 이를 통해 전국적으로 일관된 교육 목표를 추진하고 있다. 이 교육의 목표는 학생들이 규율을 따르는 데 그치지 않고, 사회적 책임감을 가진 시민으로 성장하도록 돕는 것이다. 2021년에 발표된 일본 교육부 연구에 따르면, 이러한 도덕 교육을 받은 학생들은 협력 활동에서 높은 성과를 보였고, 학급 내 갈등 해결 능력이 크게 향상되었다. 특히 학생들이 지역 사회 프로젝트에 참여해 공공의 이익을 위해 행동하는 사례는 도덕 교육이 실질적으로 사회 변화를 이끄는 데 기여할 수 있음을 보여준다.

　　하지만 지금 우리나라는 어떤가. 상대적으로 성적 위주의 교육, 대입 위주의 교육, 의대를 보내기 위한 중·고교 학습에 지나치게 초점이 맞춰져 있다. 이러한 교육 체계는 학생들에게 경쟁에서 이기기 위한 도구로서 지식을 주입하는 데 그치며, 정작 사회적 책임감이나 공감 능력, 창의적 사고를 함양하는 데에는 소홀하다는 비판을 받는다. 특히 대학 입시에 모든 교육의 목적이 맞춰져 있는 현실은 아이들에게 학업 스트레스를 가중시키고, 진정한 성장과 사회적 성공을 위한 토대를 준비시키는 데 잘못된 방향을 가리키고 있는지도 모른다.

이러한 상황에서 우리는 아이들의 인성과 성품을 강조하는 방향으로 발상을 전환하고 실천적인 노력을 기울여야 한다. 인성을 중시하는 교육은 도덕적 이상을 추구하는 것을 넘어, 미래 사회에서 인간다움과 창의적 문제 해결 능력을 겸비한 리더를 양성하는 데 매우 필수적이다. 아이들이 공감과 협력을 배우며, 타인의 관점을 존중할 수 있도록 돕는 교육은 개인의 행복뿐만 아니라 사회 연대와 발전에 기여하는 것이다.

SMILE
실천 전략

다정함은 타인과의 관계에서 신뢰와 협력을 촉진하고, 유연성은 변화에 대한 적응력과 회복탄력성을 높여준다. 그러니 먼저 웃자. 사람들을 만날 때 먼저 다가가서 다정함을 보여주자. 필자들은 이 두 가지 덕목을 실천하고 강화하기 위한 일상에서의 다섯 가지 핵심 실천 전략으로 'SMILE'을 제안한다.

· 자기 연민 Self-compassion ·

자기 연민은 자신을 친절하고 따뜻하게 대하는 태도다. 실패나 어려움에 직면했을 때 자책하거나 비난하는 대신, 자신에게 너그럽고 이해심을 가지는 것이다. 마치 친구를 위로하듯 자신을 위로하고 격려하며, 스스로에게 용기를 불어넣는 것이 중요하다. 자기 연민은 자존감을 높이고, 스트레스를 줄이며, 정신건강을 증진시키는 데 도움을 준다. 자신을 존중하고 사랑하는 마음은 타인에 대한 다정함으로 이어질 수 있다.

· 마음챙김 Mindfulness ·

마음챙김은 현재의 순간에 집중하는 것이다. 과거에 대한 후회나 미래에 대한 걱정에 사로잡히지 않고, 지금 이 순간의 경험에 의식을 집중하는 연습이다. 마음챙김은 감정, 생각, 신체 감각을 알아차리고, 판단 없이 수용하는 것을 통해 감정 조절 능력을 향상시키고, 스트레스를 줄이며, 집중력을 높이는 데 도움을 준다. 또한 현재에 집중함으로써 주변 사람들과 환경에 대한 이해도를 높이고 공감 능력을 키울 수 있다.

· 포용성 Inclusivity ·

포용성은 다양성을 존중하고 모든 사람을 차별 없이 받아들이는 것이다. 배경, 문화, 성격, 가치관 등이 다른 사람들과의 관계에서 열린 마음으로 소통하고, 서로의 차이를 이해하려는 노력을 기울이는 것이 중요하다. 포용성은 다양한 관점을 수용하고, 편견을 줄이며, 협력 관계를 구축하는 데 도움을 준다. 또한 다양한 사람들과 교류함으로써 유연한 사고방식을 개발하고 새로운 아이디어를 창출할 수 있다.

• 경청 Listening •

경청은 상대방의 말에 귀 기울이고, 상대방을 진심으로 이해하려는 노력이다. 단지 듣는 것을 넘어 상대방의 감정과 생각을 파악하고 공감하는 태도를 갖는 것이 중요하다. 경청은 상대방과의 신뢰를 쌓고, 원활한 소통을 가능하게 하며, 갈등을 해결하는 데 도움을 준다. 경청을 통해 상대방의 관점을 이해하고 자신의 생각을 유연하게 조절할 수 있다.

• 공감 Empathy •

공감은 타인의 감정을 이해하고 함께 느끼는 능력이다. 상대방의 입장에서 생각하고, 그들의 감정을 공유하려는 노력을 기울이는 것이 중요하다. 공감은 타인과의 정서적 연결을 강화하여 친밀한 관계를 형성하는 데 도움을 준다. 또한 공감을 통해 타인의 요구를 이해하고 다정한 행동을 실천할 수 있다.

SMILE 전략은 다정함과 유연성을 실천하기 위한 구체적인 실천 방안이다. 일상생활에서 꾸준히 실천하다 보면 자신의 행복과 성공을 위한 핵심 경쟁력을 강화할 수 있을 것이다.

'뷰자데'는 인간의 창의력과 문제 해결 능력의 중요한 원천으로 작용한다.
이는 단순히 새로운 것을 추구하는 것뿐만 아니라,
이미 존재하는 익숙한 것에 대한 재해석을 통해
새로운 가능성을 발견하는 데 기여한다。

17

일상을 새롭게 바라보는
감성지능의 힘

예술가의
영혼을 울리는 감정

진정한 발견의 여정이란 새로운 광경을 찾는 것이 아니라 새로운 눈을 갖는 것이다 The real voyage of discovery consists not in seeking new landscapes, but in having new eyes.

• 마르셀 프루스트 •

예술은 인간의 내면 깊은 곳에서 솟아나는 감정의 파도를 형상화하는 작업이다. 예술가들은 시대를 초월하여 사랑, 슬픔, 분노, 기쁨, 절망 같은 다양한 감정을 화폭에 담아내고, 조각으로 형상화하며, 음률에 실어 표현해 왔다. 그들의 예술혼은 섬세한 감수성과 특별한 감정 경험을 통해 더욱 빛을 발하며 인류 역사에 길이 남을 위대한 작품들을 탄생시켰다.

빈센트 반 고흐는 격정적인 감정과 고뇌로 점철된 삶을 살았던 대표적인 예술가다. 그의 작품들은 강렬한 색채와 격동적인 붓 터치를 통해 내면의 불안과 고독, 그리고 희망을 향한 갈망을 드러낸다. 특히 정신적인 고통 속에서 그린 〈별이 빛나는 밤The Starry Night〉은 밤하늘의 별빛과 어우러진 소용돌이치는 듯한 필치에서 그의 혼란스러운 내면세계를 엿볼 수 있는 작품이다.

에드바르 뭉크는 어떤가. 불안과 공포, 죽음에 대한 강박적인 감정을 예술로 승화시킨 대표작 〈절규Skrik〉는 핏빛 하늘 아래에서 공포에 질린 인물의 모습을 통해 현대인의 불안과 소외감을 생생하게 드러낸다. 이 작품은 한 개인의 두려움만을 표현한 것이 아니라, 급격한 산업화와 도시화 속에서 인간이 느끼는 실존적 위기를 표현한다.

뭉크는 자신이 겪은 정신적 고통과 트라우마를 바탕으로 인간 내면에 숨겨진 어둡고 불안정한 감정들을 캔버스 위에 가감 없이 드러냈다. 그는 "내 삶을 분석하지 않았다면 나는 예술을 창조하지 못했을 것이다"라는 말을 통해 예술이 자신의 내적 갈등을 치유하고 표현하는 도구임을 강조했다. 그의 작업은 당시 사회 관습과 금기에 도전하는 혁명적인 시도로 평가받으며 표현주의Expressionism 예술의 선구자로 자리 잡았다.

우리가 잘 알고 있는 루트비히 반 베토벤은 고전음악에서 인간의 감정을 음악으로 표현하며 낭만주의 시대Romantic era를 연 위대한 음악가다. 베토벤의 작품들은 고통과 절망을 넘어선 승리의 감정을 담고 있다. 그의 고통과 인간적인 감성은 위대한 창작의 원천이 되어 불멸의 걸작들을 탄생시켰다. 청각을 잃는 비극적인 상황에서도 그는 내면에서 솟아오르는 감정을 음악으로 승화시켜 인간 의지의 위대함과 감정의 깊이를 표현했다. 이러한 특징은 베토벤을 음악가로서만 아니라 인간 경험의 본질을 담아내는 예술가로 자리매김하게 했다.

특히 교향곡 제5번 〈운명〉은 운명의 문을 두드리는 듯한 강렬한 동기로 시작되며, 인간이 어려움을 극복하고 희망을 찾아가는 과정을 그려낸다. 그의 음악은 단순한 미학적 아름다움을 넘어 인간의 의지와 감정의 힘을 보여주는 예술적 기록이다. 그리고 교향곡 제9번 〈합창〉은 인간애와 희망을 노래하는 곡으로 그의 인생과 예술 철학을 집대성한 작품이다. 그 웅장한 이름 뒤에 숨겨진 〈합창〉은 단순한 음악 작품을 넘어선 깊은 의미를 지닌다. 이 곡은 인류의 보편 가치인 인간애와 미래에 대한 희망을 숭고하게 노래하며, 격동적인 삶과 불굴의 예술혼을 불태웠던 베토벤의 음악 철학을 총체적으로 담아낸 역작으로 평가받는다. 특히 오케스트라의 다채로운 악기 연주와 인간의 목소리가 조화롭게 어우러져 빚어내는 4악장의 마지막 부분은, 이전까지의 교향곡 형식에서는 찾아볼 수 없었던 혁신적인 시도로, 음악사의 흐름을 완전히 뒤바꾼 강렬하고 감동적인 순간으로 영원히 기억되고 있다.

예술가들은 시대와 사회, 개인의 경험 속에서 다양한 감정을 느끼고, 이를 창조적 에너지로 전환시켜 작품으로 표현해 왔다. 그들의 작품은 인간 감정의 깊이와 다양성을 보여주는 거울이며, 우리에게 감동과 위로, 깨달음을 선사한다. 예술가들의 특별한 감정은 창의성의 원천이며, 예술 작품은 그 감정의 결정체다. 예술을 통해 우리는 인간 감정의 본질을 탐구하고, 삶의 의미를 되새기며, 더 나은 세상을 향한 희망을 발견할 수 있다.

감성지능이
만들어내는 창의성

창의성의 어원은 라틴어 'creare'에서 유래한다. 이는 '창조하다', '만들다'라는 의미다. 이 단어는 원래 종교적 맥락에서 신이 세상을 창조하는 행위를 나타내는 데 사용되었으나, 이후 점차 인간의 독창적 사고와 창조 활동을 의미하는 용어로 확장되었다.

창조는 단순히 무에서 유를 만들어내는 것만은 아니다. 기존의 경험과 지식을 활용하여 이미 있는 것들을 결합하여 새로운 기능을 만들어내는 능력까지도 포함한다. 특히 아이폰은 전화기, 카메라, 음악 재생기 등 기존의 기능을 하나로 연결해 공전의 히트를 쳤다. 스티브 잡스는 "창조는 기존에 있는 개념이나 사물의 기능을 연결하는 것이다Creativity is just connecting things"라고 말했다. 창의성이란 완전히 새로운 것을 창조하는 작업이 아니라, 이미 존재하는 요소들을 독창적으로 조합하고 재구성하는 데 그 본질이 있다고 강조한 것이다.

인간의 감정은 창의력과 깊은 관계를 맺고 있다. 감정은 양면성을 갖는다. 창의적 사고를 촉진하거나 방해할 수도 있다. 긍정적인 감정은 사고의 유연성을 높이고 새로운 아이디어를 탐색하는 동기를 부여한다고 알려져 왔다. 희로애락을 포함한 다양한 감정은 개인의 내면 상태를 반영하는 것을 넘어 창의적인 사고 과정과 문제 해결 능력에 깊숙이 관여한다. 특히 감성지능은 창의성을 발휘하는 데 중요한 촉매제 역할을 한다는 것이 여러 연구 결과를 통해 밝혀졌다.

핀란드의 야르베노야Järvenoja와 매키캉가스Mäkikangas는 긍정적인 감정을 경험한 참가자들이 그렇지 않은 참가자들에 비해 더 많은 아이디어를 제시했으며, 독창적이고 유연한 사고를 보이는 경향이 있었다는 연구 결과를 통해, 긍정적인 감정이 사고의 폭을 넓히고 고정관념에서 벗어나 자유롭게 사고할 수 있도록 돕는다는 것을 보여주었다. 이 연구는 긍정적인 감정 상태가 개인의 기분을 좋게 만드는 것에 그치지 않고, 창의적 문제 해결과 새로운 아이디어 탐색에 중요한 영향을 미친다는 점을 실증적으로 뒷받침했다. 예를 들어 긍정적인 감정을 경험한 그룹은 브레인스토밍 과제에서 평균적으로 30퍼센트 더 많은 아이디어를 생성했으며, 그 아이디어들은 독창성과 실행 가능성 면에서도 높은 평가를 받았다. 이는 긍정적인 감정이 정서적 반응을 넘어 인간의 창의적인 잠재력을 발휘하는 데 강력한 동기가 될 수 있음을 시사한다. 자기 인식, 자기 조절, 사회적 인식, 관계 관리와 같은 감성지능의 하위 요소들은 창의적인 협력, 효과적인 의사소통, 갈등 해결, 긍정적인 분위기 조성 등을 통해 창의성을 증폭시킨다.

국내에서는 박수진 교수 연구팀이 초등학생을 대상으로 감성지능 개발 프로그램을 실시하고 그 효과를 정밀히 분석했다. 이 프로그램은 공감 능력 향상, 감정 조절 훈련, 사회적 기술 증진 등을 목표로 설계되었으며, 학생들이 다양한 활동을 통해 감성지능을 체계적으로 개발하고 긍정적인 감정을 경험할 수 있도록 구성되었다. 연구 결과, 프로그램에 참여한 학생들은 창의적 문제 해결 능력이 35퍼센트 향상되었으며, 독창성과 정교성 점수가 각각 28퍼센트와 31퍼센트 증가한 것으로 나타났다. 특히 타인의 감정에 대한 이해도와 공감 점수가 40퍼센트 이상 높아지면서, 학생들은 좀 더 긍정적인 정서 상태를 유지하며 창의적인 사고를 촉진하는 효과를 보였다.

이 연구는 감성지능이 학습 환경에서 창의성과 문제 해결 능력을 증진하는 핵심 요소임을 입증하며, 감정 조절 능력이 학습 및 사회적 상호작용의 질을 향상시키는 데 중요한 역할을 한다는 점을 강조했다. 박 교수는 "감성지능 개발 프로그램은 정서적 훈련을 넘어 아이들이 타인과 협력하고 문제를 해결하는 능력을 기르는 데 기여할 수 있다"라고 언급하면서 이를 통해 미래 사회에서 필요한 창의적 인재를 양성할 수 있는 가능성을 제시했다.

암스테르담 대학의 바스Baas 교수 연구팀은 긍정적 감정이 창의적 사고에 미치는 영향을 정밀하게 분석한 또 다른 중요한 사례를 제공한다. 연구진은 긍정적 감정을 유발하기 위해 실험 참가자들에게 유쾌한 비디오를 시청하게 한 후, 다양한 주제의 브레인스토밍 과제를 부여했다. 이 과정에서 참가자들은 주어진 주제에 대해 가능한 많은 아이디어를 제시하도록 요청받았다. 긍정적 감정을 유도한 그룹과 중립적 또는 부정적 감정을 유도한 그룹 간의 아이디어 수와 독창성을 비교 분석한 결과, 긍정적 감정을 경험한 그룹이 상대적으로 더 많은 아이디어를 생성했을 뿐 아니라, 그 아이디어가 더 창의적이었다.

"창의성은 지능이 재미있게 노는 것이다"라는 알베르트 아인슈타인의 말처럼, 창의성은 지식이나 기술을 습득하는 것만으로는 발휘되지 않는다. 긍정적인 감정과 감성지능은 지능을 '재미있게' 사용할 수 있도록 돕는 중요한 요소다. 긍정적인 감정은 호기심, 즐거움, 열정을 불어넣어 창의적인 탐구와 도전을 지속하게 하고, 감성지능은 타인과의 협력과 소통을 통해 창의적인 아이디어를 발전시키고 실현할 수 있도록 돕는다.

창의적인 사고를 위한
감정 활용법

감정은 창의적인 사고 과정에서 마치 훌륭한 조력자처럼 다양한 방식으로 활용될 수 있다. 즐거움, 흥미, 호기심과 같은 감정은 새로운 경험에 대한 개방성을 높이고 창의적 탐구를 장려한다. 마치 예술가들이 영감을 얻기 위해 아름다운 자연을 감상하거나 좋아하는 음악을 듣는 것처럼 말이다. 반면, 부정적 감정은 문제 상황에 대한 비판적 사고를 촉진하고 개선을 위한 동기를 부여한다. 불만족, 좌절, 분노와 같은 감정은 문제의 근본 원인을 분석하고 혁신적인 해결 방안을 모색하도록 한다. 기업가들이 소비자들의 불만을 해결하기 위해 새로운 제품을 개발하거나 서비스를 개선하는 것이 그 예다. 따라서 창의적인 사고를 위해서는 긍정적 감정과 부정적 감정을 적절히 조절하고 전환하는 능력이 필요하다.

그렇다면 창의력을 키우기 위해 어떻게 감정을 활용해야 할까? 우선 창의적인 인재는 타인의 감정에 공감하고 이해하는 능력, 즉 공감 능력을 반드시 갖추어야 한다. 이를 위해 다양한 분야에서 인간 감정을 깊이 이해하고 활용하는 노력이 중요하다. 예를 들어 제품 디자이너는 심리학적 연구와 사용자 인터뷰를 통해 사용자의 요구와 감정을 세밀히 분석하여 사용자 친화적인 제품을 디자인한다. 마케터는 소비자 행동 데이터를 활용해 소비자의 감정 욕구를 겨냥하는 감동적인 광고 캠페인을 기획한다. 한편, 뛰어난 리더는 정기적으로 팀원들과 대화를 나누고, 그들의 감정 상태를 파악하며, 적절한 피드백과 격려를 통해 팀워크를 강화한다. 이처럼 감정에 대한 깊은 공감과 이해는 창의적인 해결책을 도출하고 혁신적인 결과물을 만들어내는 핵심 요소다.

이처럼 긍정적 감정이 창의력에 절대적인 영향을 미친다는 연구 결과를 보면 어떻게 긍정적 감정 상태를 유지할 수 있을까에 대한 궁금증도 뒤따른다. 일상생활에서 감사하는 마음을 갖는 것은 긍정적 감정을 증진시키는 가장 효과적인 방법이다. 감사 일기를 쓰거나 고마운 사람들에게 감사 편지를 쓰는 것은 감사하는 마음을 키우는 데 도움이 된다. 과거의 긍정적인 경험을 회상하는 것 또한 현재의 긍정적 감정을 증폭시키고 미래에 대한 긍정적인 기대를 갖도록 돕는 데 유용하다. 사진이나 영상을 보면서 긍정적인 경험을 떠올리거나 긍정적인 경험에 대한 이야기를 나누는 것은 긍정적 감정을 강화하는 데 효과적이다.

긍정적인 사람과 교류하는 것 또한 긍정적 감정을 전염시키며, 개인의 성장과 창의적인 사고를 촉진하는 강력한 원동력이 된다. 워렌 버핏은 "인생의 가장 중요한 투자는 자신을 둘러싼 사람들이다"라고 말하면서 자신의 성공 비결로 긍정적인 관계 형성을 꼽았다. 긍정적인 에너지를 가진 사람들과 교류하는 것은 새로운 기회와 아이디어를 발견하는 데 도움을 줄 뿐 아니라, 삶에 대한 동기와 희망을 북돋운다.

반면, 부정적인 사람들과의 교류는 에너지를 소모시키고 목표를 이루는 데 장애물이 될 수 있다. 실제로 스티브 잡스는 "나를 성장시키지 않는 사람들과는 단호히 관계를 끊어라"라고 강조함으로써 비생산적 관계를 단절하는 것이 중요하다고 역설했다. 부정적인 감정을 자주 표출하는 사람들과 지속적으로 상호작용을 하는 것은 정서적 소진burnout을 유발할 뿐 아니라, 창의성과 자신감마저 저하시킬 수 있다. 따라서 성공과 행복을 위해서는 긍정적인 사람들과 유대관계를 강화하고, 스스로를 성장시키지 못하는 관계를 과감히 정리하는 선택적 교류가 필요하다.

마지막으로 마음챙김 수련을 통해 현재 순간에 집중하고 자신의 감정을 알아차리는 연습을 하는 것이 매우 중요하다. 마음챙김은 명상에 그치지 않고, 자신의 감정적 상태를 깊이 이해하고 조절할 수 있는 능력을 키워준다. 특히 존 카밧 진이 창시한 마음챙김 기반 스트레스 감소MBSR 프로그램은 스트레스를 줄이고 긍정적 감정을 증진시키는 데 효과적인 방법으로 널리 알려져 있다. 연구에 따르면, 마음챙김 수련은 뇌의 전측대상피질과 해마를 활성화시켜 감정 조절 능력을 향상시키고, 현재에 대한 몰입을 도와 창의적인 아이디어를 도출할 가능성을 높인다. 이를 통해 우리는 감정적 혼란 속에서도 평온을 유지하고, 긍정적 사고와 창의성을 지속적으로 발휘할 수 있는 심리적 기반을 마련할 수 있다.

일상을 바라보는 두 시선, 데자뷰 vs. 뷰자데

데자뷰déjà vu와 뷰자데vuja de는 인간의 인식과 인지에 대한 흥미로운 측면을 보여주는 현상으로, 각각 우리 마음이 친숙함과 새로움을 어떻게 처리하는지에 대한 독특한 통찰력을 제공한다. '이미 본 것', 즉 기시감을 뜻하는 프랑스어 '데자뷰'는 일상적인 경험 속에서 익숙하지만 실제로는 한 번도 경험하지 않은 것을 이미 익숙하거나 예전에 본 것처럼 느끼는 독특하고 혼란스러운 심리 현상이다.

이 용어는 1876년 프랑스 철학자 에밀 보이락^{Émile Boirac}이 처음 사용했으며, 과거와 현재 경험의 충돌로 발생하는 감각이라 정의할 수 있다. 데자뷰는 일시적이며 일반적으로 몇 초 동안 지속되는데, 종종 섬뜩함이나 초현실적인 느낌을 수반한다. 이 현상은 뇌의 기억 처리 과정에서 미세한 오류 때문이거나 측두엽과 해마 사이의 신호 불일치로 일어난다고 알려져 있다. 그러나 심리학자 지그문트 프로이트는 이를 억압된 기억의 표출로 보았으며, 현대 신경과학은 기억 시스템의 단기적 왜곡으로 설명하고 있다.

반면에 미국 코미디언 조지 칼린이 이름 붙인 '뷰자데'는 데자뷰의 반대 개념으로, 익숙한 것이 갑자기 낯설고 새롭게 느껴지는 특별한 경험, 즉 미시감을 뜻한다. 이는 일상에서 반복적으로 접했던 사물, 상황, 혹은 아이디어를 마치 처음 보는 것처럼 느끼는 심리 상태다. 이러한 경험은 단순히 일시적인 감각 이상으로, 익숙한 환경이나 상황을 새로운 관점에서 바라볼 수 있는 기회를 제공한다. 예를 들어 데자뷰가 과거와 현재의 기억이 충돌하면서 친숙함을 느끼게 하는 뇌의 메커니즘에서 비롯된다면, 뷰자데는 기존의 사고 패턴을 깨고 새로운 연결과 가능성을 발견하게 하는 창의적 통찰로 이어진다.

뷰자데는 철학적, 심리학적 관점에서도 창의성과 혁신의 출발점으로 주목받고 있다. 조직 심리학자 애덤 그랜트는 뷰자데를 창의적 통찰을 촉진하는 핵심 요인으로 보며, 기존의 관습적 사고를 벗어나 독창적인 아이디어를 생성하는 데 중요한 역할을 한다고 주장한다. 이와 유사하게, 저명한 물리학자인 리처드 파인만은 "익숙한 것에 새로운 질문을 던지는 것이 과학적 발견의 핵심이다"라고 말하며 뷰자데의 중요성을 간접적으로 언급했다.

결국 뷰자데는 인간의 창의력과 문제 해결 능력의 중요한 원천으로 작용한다. 이는 단순히 새로운 것을 추구하는 것뿐만 아니라, 이미 존재하는 익숙한 것에 대한 재해석을 통해 새로운 가능성을 발견하는 데 기여한다. 뷰자데는 김정운 교수가 제시한 '에디톨로지 editology'의 핵심 원리와 연결될 수 있다. 김정운 교수는 에디톨로지를 통해 창조와 혁신이란 기존의 요소를 새로운 방식으로 재구성하는 것임을 강조했다. 이러한 철학은 뷰자데와 에디톨로지의 만남에서 특히 빛을 발한다.

세상을 바꾸는 것은 사람이고, 그 사람을 바꾸는 것은 교육이다.
교육은 개인의 사고방식, 가치관, 태도를 변화시키는 힘을 지닌다.
진정한 교육은 지식 습득을 넘어 인간다운 성찰과
더 나은 세상을 만들기 위한 행동으로 이어져야 한다.
그렇기 때문에 교육은 한 사람의 삶뿐만 아니라,
사회와 문명의 미래를 결정짓는 가장 중요한 요소로 자리 잡는다.

18

성장형 사고방식 교육, **세상을 바꾸다**

다양한 성장 패턴 유형과
자각의 필요

　　우리는 왜 매일 배우고 공부하는 것일까? 분명 일생이 학습의
연속이다. 그럼 왜 그럴까가 궁금하다. 많은 연구에서는 인간이 가진
'자신의 성장'에 대한 본능과 의식적 노력이 합쳐진 결과라고 얘기한
다. 그렇다면 사람들이 추구하는 이러한 성장은 어떤 과정을 거치는
지 궁금하다. 보통 이러한 성장은 모두 같은 방식으로 이루어지지 않
는다. 여러 가지 유형이 존재하며, 각각의 성장 패턴은 개인의 목표,
환경, 경험, 그리고 상황에 따라 다르게 나타난다. 이러한 성장 유형
을 이해하는 것은 자신의 발전 경로를 효과적으로 설계하는 데 중요
한 역할을 한다. 대표적인 성장 유형으로는 다음과 같은 여섯 가지가
있다.

• 선형적 성장 Linear Growth

일정한 속도로 꾸준히 나아가는 성장 형태로, 학습이나 기술 습득처럼 점진적이고 예측 가능한 성장이 특징이다. 이는 꾸준한 노력과 일관된 습관을 통해 성과를 축적하는 방식이다.

• 단계적 성장 Stepwise Growth •

일정한 기간 동안 정체된 변화 상태를 유지하다가 특정 시점에서 급격한 도약을 이루는 성장 패턴이다. 새로운 기술 습득, 진로 변경, 혹은 중요한 인생의 전환점에서 자주 발생하며, 이는 성숙을 위한 준비 기간과 도약의 시기가 명확히 구분된다.

• 변동적 성장 Fluctuating Growth •

성장과 후퇴를 반복하면서 점진적인 발전을 이루는 형태로, 불안정한 환경이나 변동성이 큰 분야에서 흔히 나타난다. 실패와 성공을 반복하는 가운데 배우고 적응하는 과정이 이 패턴의 핵심이다.

• 기하급수적 성장 Exponential Growth •

초기에는 성장 속도가 느리지만 일정한 임계점에 도달하면 급격한 변화와 성장을 이루는 패턴이다. 이는 기술 혁신이나 네트워크 효과가 큰 비즈니스 모델, 또는 개인의 역량이 빠르게 확장될 때 자주 관찰된다.

• 수렴적 성장 Convergent Growth •

다양한 경험과 지식이 축적되어 결국 하나의 명확한 목표나 방향으로 수렴하는 성장 과정이다. 이는 다양한 시도와 실패 끝에 자신만의 전문성을 구축하거나 명확한 목표를 발견하는 과정으로 이어진다.

메타 필링의 쓸모

• 순환적 성장 Cyclical Growth •

일정한 주기를 따라 성장과 후퇴를 반복하면서 점차 더 높은 수준으로 나아가는 패턴이다. 이는 경제 사이클, 계절 변화, 또는 개인의 심리 주기와 관련된 성장 과정에서 나타나며, 각 주기에서 새로운 교훈과 성장을 이룬다.

그렇다면 성장을 위해 우리는 무엇을 해야 할까? 우선적으로 가장 중요한 것은 자신이 위치한 분야의 성장 패턴을 정확히 이해하는 것이다. 이는 단순히 현재의 성과나 지표를 분석하는 것에 그치지 않고, 그 분야의 과거와 현재, 그리고 미래 트렌드까지 심층적으로 탐구하는 과정을 포함한다. 내가 서 있는 분야나 영역의 성장 패턴은 어떤지, 이 분야가 어떠한 주기로 변화하고 성장하는지에 대한 명확한 인식이 필요하다. 경쟁 환경, 시장의 수요 변화, 기술 발전, 그리고 사회적, 경제적 흐름 같은 외부 요인까지 고려해야 한다.

이를 통해 자신이 그 성장 곡선에서 어느 지점에 위치해 있는지 정확히 파악할 수 있다. 초기 단계에 있다면 기초 역량 강화와 네트워크 확장이 중요하며, 이는 기본적인 기술 습득, 시장 진입 전략 수립, 그리고 효과적인 인적 자원 관리 등을 포함한다. 이러한 과정은 견고한 토대를 마련하는 단계로 이후 성장 가속화를 가능하게 한다.

만약 성숙 단계에 이르렀다면 단순한 확장보다 차별화된 가치를 창출하는 것이 핵심 과제가 된다. 이는 기존의 성공 방식을 반복하기보다 새로운 혁신을 도입하거나, 더 나아가 시장의 경계를 넘어 새로운 분야로 확장하는 전략이 필요하다. 예를 들어 기존 시장에서의 포화 상태를 돌파하기 위해 제품 또는 서비스의 품질 향상, 고객 경험의 극대화, 혹은 기술 혁신을 통해 경쟁 우위를 확보할 수 있다.

더 나아가 쇠퇴 단계에 접어들었을 경우에는 기존의 접근 방식과 모델을 재정의하고, 과감한 구조 개혁이나 새로운 기회를 모색하는 전략이 요구된다. 이는 과거의 성공에 안주하지 않고, 변화하는 환경에 유연하게 대응하며 지속 가능한 성장을 추구하는 과정이다.

이와 관련된 좋은 사례가 있다. 세계적인 골프 선수인 타이거 우즈는 제일 잘나갈 때 자신의 스윙을 바꾸는 도전을 시도했다. 많은 사람들이 이해하기 어려운 결정이었지만, 그의 성장을 설명하는 중요한 사례로 남아 있다. 우즈는 이미 세계 최정상 골프 선수로 자리 매김했을 때에도 자신의 스윙 메커니즘에 한계를 느꼈다. 그에 따라 더 나은 퍼포먼스를 위해 기존의 방식을 과감히 버리고 새로운 기술을 습득하는 과정을 택했다. 이 과정은 단순한 기술적 변화가 아닌, 심리적, 신체적 도전과 자기 혁신의 과정이었다.

스윙 변경 과정은 짧지 않았다. 우즈는 새로운 스윙을 완성하기까지 많은 시행착오와 실패를 겪어야 했다. 일시적으로 성적이 하락하고 대중과 언론의 비판을 받기도 했으나, 그는 흔들리지 않고 자신의 선택을 믿었다. 이는 '항용유회'의 지혜와도 맞닿아 있다. 정점에 올랐을 때도 안주하지 않고, 변화와 혁신을 통해 또 다른 성장을 추구하는 태도였다. 결국 우즈는 이러한 도전 끝에 한층 더 강력한 경기력을 발휘하며 이전보다 더 높은 성취를 이뤄냈다.

성장을 위한
마음가짐

　　교육에는 꿀벌형, 개미형, 거미형 등 세 가지 유형이 있다. 거미형은 자기 지식과 경험에만 의존하여 새로운 시도를 거부하고 고집스럽게 기존의 틀에 머무는 유형이고, 개미형은 남들이 하는 대로 따라가면서 기존의 지식을 수동적으로 받아들이는 군집적 사고를 반영한다. 반면, 꿀벌형은 다양한 지식과 경험을 탐색하고, 이를 바탕으로 새로운 가치를 창출하는 창의적 학습자의 모습을 나타낸다.

　　최근 벌이 감소하면서 생태계에 큰 위협이 되듯, 교육에서도 꿀벌형 학습자가 감소하는 현상은 교육의 본질적 가치를 위태롭게 한다. 꿀벌이 주변의 꽃을 찾아다니며 새로운 꿀을 만들어내듯, 학생들도 다양한 지식을 융합하고 비판적으로 사고하여 새로운 지식을 창출해야 한다.

　　'교학상장教學相長'이라는 사자성어는 가르치고 배우는 과정이 서로의 성장을 이끈다는 의미를 담고 있다. 이 고사성어는 단순히 지식을 일방적으로 전달하는 것이 아닌, 가르치는 사람과 배우는 사람이 상호작용을 통해 함께 성장할 수 있다는 중요한 교육 철학을 반영한다. 가르치는 과정에서 교사는 학생들의 다양한 질문과 반응을 통해 자신의 지식을 더 깊이 성찰하고 새로운 시각을 발견하게 된다. 이는 '가르치면서 배우기learning by teaching' 개념과 연결되며, 가르침이 단순한 정보 전달이 아닌, 지식을 재구성하고 확장하는 중요한 학습 과정이라는 점을 시사한다.

　　'교학상장'은 배움과 겸손의 중요성을 강조하는데, 이는 지식을 가르치는 입장에 있는 사람이라도 끊임없이 배우고 성장해야 한다는 태도를 내포한다. 가르치는 사람은 자신의 지식에 안주하지 않고, 학생들과의 소통을 통해 새로운 배움을 얻고 이를 교육 현장에 반영함으로써 교육의 질을 향상시킬 수 있다. 따라서 학생뿐만 아니라 가르치는 선생도 지속적으로 공부해야 하며, 이러한 과정이 교육의 본질을 실현하는 핵심 요소가 된다. 결국 '교학상장'은 가르침과 배움이 분리된 것이 아니라, 서로를 보완하고 강화하는 상호 성장의 여정임을 보여준다.

우리는 이제 고정된 사고방식Fixed mindset에서 벗어나 성장형 사고방식Growth mindset을 갖고 학습해야 한다. 고정된 사고방식은 개인의 능력이 타고난 것으로 고정되어 있으며 변화하거나 발전할 수 없다고 믿는 태도를 의미한다. 이러한 사고방식은 실패를 두려워하고 도전을 회피하게 만들며, 성장을 방해하는 중요한 요소가 된다. 반면, 성장형 사고방식은 능력이 노력과 경험을 통해 발전할 수 있다고 믿는 태도로, 실패를 하나의 배움의 기회로 받아들이고 새로운 도전에 긍정적으로 반응하는 특징이 있다.

이러한 사고방식은 학생들에게만 국한되지 않는다. 교육의 중심에 있는 선생님들 역시 성장형 사고방식을 갖추어야 한다. 선생님들은 교육 현장에서 끊임없이 변화하는 학습 환경과 다양한 학생들의 요구에 적응해야 하며, 이를 위해 스스로 학습하고 발전하는 자세가 필요하다. 이러한 태도는 새로운 지식을 습득하는 것을 넘어, 자신이 가진 교육 방법과 철학을 지속적으로 성찰하고 개선해 나가는 과정이다. 선생님이 성장형 사고방식을 실천하면 학생들에게도 도전을 두

러워하지 않고 지속적으로 배우는 자세를 모범으로 보여줄 수 있다. 궁극적으로 이는 교육 공동체 전체의 성장과 발전으로 이어지며, 변화하는 시대에 걸맞은 창의적이고 유연한 사고를 가진 인재를 양성하는 데 중요한 역할을 한다.

이는 실패를 두려워하지 않고 도전과 성장을 중시하는 태도로, 교육의 진정한 목표를 지식 습득에만 두지 않고 사고를 확장하고 인격을 성장시키는 데 두고 있음을 뜻한다. 이러한 관점에서 교사는 학생보다 더 열심히 배우고 성장해야 한다. 교사는 지식 전달자에 머물면 안 된다. 끊임없이 배우고 변화하는 학습자로서 학생들에게 모범을 보여야 한다. 또한 이론적 지식뿐만 아니라 실천적 경험을 통해 교육의 본질을 구현해야 한다. 이러한 자세는 학생들이 스스로 탐구하고 성장할 수 있는 환경을 조성하는 데 중요한 역할을 한다. 결국 교육은 고정된 틀을 벗어나 끊임없이 확장되고 진화하는 사고의 과정이며, 이 과정 속에서 교사와 학생 모두가 함께 성장하는 것이 교육의 궁극적인 목표다.

한편 경제 마인드 셋economic mindset과 투자 마인드 셋investment mindset의 비교는 성장의 본질을 이해하는 데 중요한 관점을 제공한다. 경제 마인드 셋은 주로 즉각적인 결과와 효율성을 중시한다. '내가 5를 투자했으니 5의 결과를 기대한다'는 사고방식이 대표적이다. 이는 단기적인 수익과 명확한 가시적 성과에 집중하며, 리스크를 최소화하고 안정성을 중요시하는 경향이 있다. 이러한 사고방식은 일정한 범위 내에서 안정적인 성장을 도모할 수 있지만, 큰 도약이나 혁신적인 성장을 이루기에는 한계가 있다.

반면, 투자 마인드 셋은 장기적인 안목과 지속적인 투자의 가치를 강조한다. '100을 투자했음에도 단기적으로 1의 성과밖에 얻지 못하더라도, 장기적인 성장 가능성을 믿고 지속적으로 투자하는 것'이 투자 마인드 셋의 핵심이다. 이 접근법은 초기에는 눈에 띄는 성과가 부족할 수 있으나, 시간이 지남에 따라 기하급수적인 성장을 이루어 낼 수 있는 기반을 마련한다. 이는 단순한 자본 투자를 넘어서 시간, 노력, 경험, 학습 등 다양한 자원을 장기적으로 꾸준히 투입하는 과정을 포함한다.

기하급수적 성장은 이러한 투자 마인드 셋의 대표적인 결과물이다. 초기에는 성과가 미미하거나 거의 보이지 않을 수 있지만, 일정한 임계점에 도달하면 폭발적인 성장이 이루어진다. 이는 마치 눈덩이가 굴러가면서 점점 커지는 원리와 같다. 작은 변화와 꾸준한 노력이 쌓여 어느 순간 큰 도약으로 이어지는 것이다. 따라서 이런 성장 패턴을 이해하고, 단기적인 성과에 집착하기보다는 장기적인 비전을 가지고 끊임없이 투자하고 개선하는 자세가 필요하다.

스트리트 스마트 vs. 북 스마트

《논어》에 '학이불사즉망, 사이불학즉태學而不思則罔, 思而不學則殆'라는 글귀가 나온다. '배우기만 하고 생각하지 않으면 어둡고, 생각만 하고 배우지 않으면 위태롭다'는 의미로, 배움과 사고의 균형이 얼마나 중요한지 강조하는 글이다. 이 말은 단순한 지식의 축적이 아닌, 배움을 통해 사고력을 확장하고, 사고를 통해 배움을 심화해야 한다는 교육의 본질을 담고 있다. 교육은 단순한 정보 전달이 아니다. 지식과 사고가 상호작용하며 깊이 있는 이해를 형성하는 과정이다. 배우는 사람은 지식을 받아들이는 동시에 이를 비판적으로 분석하고 새로운 의미를 창출해야 한다. 또한 사고만으로는 한계가 있다. 이를 뒷받침할 새로운 지식과 경험이 필요하다. 결국 배움과 사고는 따로 떼어 놓을 수 없는 유기적 관계다. 이 두 가지가 조화를 이룰 때 진정한 성장과 발전이 이루어진다. 이러한 점에서 교육은 끊임없는 탐구와 성찰, 그리고 이를 통한 지속적인 자기계발의 과정임을 알 수 있다.

흔히 하는 말로 '스트리트 스마트Street Smart'와 '북 스마트Book Smart'라는 표현이 있다. 스트리트 스마트는 실천적 배움과 현장 경험을 통해 얻은 지혜와 문제 해결 능력을 의미한다. 실제 상황에서의 경험, 사람들과의 상호작용, 다양한 도전 과제를 통해 자연스럽게 습득되는 실용적인 지식과 직관을 반영한다. 이러한 배움은 빠르게 변화하는 환경 속에서 유연하게 대처하고, 새로운 상황에 적응하는 능력을 길러준다.

반면, 북 스마트는 주로 이론적 지식과 학문적 성취를 중심으로 한 학습을 의미하며, 교과서와 학문 자료를 통해 얻는 구조화된 지식을 강조한다. 하지만 북 스마트는 종종 이론에만 치우쳐 실생활에서의 적응력이 부족할 수 있다는 점에서 비판받는다.

교육의 관점에서 볼 때 진정한 학습은 스트리트 스마트와 북 스마트의 균형을 통해 이루어진다. 이론적 지식을 기반으로 사고의 깊이를 더하고, 이를 실제 경험을 통해 검증하고 확장하는 과정이 필요하다. 즉 지식의 습득과 실천적 적용은 상호보완적이며, 이러한 통합적 접근이 학생들의 창의력과 문제 해결 능력을 효과적으로 길러준다. 따라서 교육은 단순한 정보 전달을 넘어 학생들이 지식을 실제 상황에 활용하고, 이를 통해 스스로 성장할 수 있는 환경을 조성하는 것이 중요하다.

세상을 바꾸는 것은 사람이고, 그 사람을 바꾸는 것은 교육이다. 교육은 개인의 사고방식, 가치관, 태도를 변화시키는 힘을 지닌다. 넬슨 만델라가 말했듯이 "교육은 세상을 변화시키는 가장 강력한 무기이다." 이 명언은 교육의 진정한 힘이 개인의 내면을 변화시키고, 이를 통해 사회와 세계를 긍정적으로 변화시킬 수 있다는 사실을 강조한다.

교육은 사람에게 새로운 가능성을 열어주고, 잠재력을 발견하게 하며, 비판적 사고와 창의적 사고를 개발하도록 이끈다. 이 과정은 높은 시험 점수나 외적 성공의 추구에 머무는 것이 아니라, 개인이 자기 자신을 깊이 이해하고, 자신의 삶과 공동체에 긍정적인 영향을 미칠 수 있는 능력을 기르는 데 중점을 둔다. 진정한 교육은 지식 습득을 넘어 인간다운 성찰과 더 나은 세상을 만들기 위한 행동으로 이어져야 한다. 그렇기 때문에 교육은 한 사람의 삶뿐만 아니라, 사회와 문명의 미래를 결정짓는 가장 중요한 요소로 자리 잡는다.

우리는 흔히 부모와 학부모를 구분한다. 부모는 실질적인 아이의 성장에 관심이 많다. 그들은 아이가 어떤 사람이 되어가는지, 인격과 가치관, 자아 정체성을 어떻게 형성해 나가는지에 집중한다. 아이가 직면하는 어려움 속에서 배우고 성장하는 과정을 소중히 여기며, 실패조차도 중요한 학습 기회로 인식한다. 반면에 학부모는 주로 아이의 성과에 초점을 맞춘다. 시험 점수, 성적표, 입시 결과와 같은 외적인 성공 지표를 통해 자녀의 가치를 판단하는 경향이 있다.

그러나 진정한 부모의 역할은 단순한 성과를 넘어 아이의 내면적 성장과 행복을 위한 여정을 함께하는 것이다. 성장과 성공은 본질적으로 다르다. 성공은 일시적인 목표 달성일 수 있지만, 성장은 지속적인 과정이며, 실패와 도전을 통해 더 나은 자신으로 나아가는 여정이다. 아이를 정말 사랑한다는 것은 그들이 언제나 최고가 되기를 바라는 것이 아니라, 그들이 자기 자신을 발견하고, 자신의 길을 걸어가며, 스스로의 삶에 만족할 수 있도록 지지하는 것이다.

우리는 진정한 부모가 되어야 한다. 아이의 잠재력을 믿고, 그들의 여정에 함께하며, 성과가 아닌 성장의 가치를 중심으로 아이를 바라봐야 한다. 아이를 사랑한다는 것은 그들의 가능성을 제한하는 것이 아니라, 무한한 가능성을 펼칠 수 있는 토양을 마련해 주는 것이다.

상선약수와 거북이

《논어》에 '상선약수上善若水'라는 말이 나온다. '최고의 선은 물과 같다'는 뜻으로, 물의 본성과 그 흐름을 통해 인생과 교육의 중요한 가치를 되새기게 한다. 물은 가장 낮은 곳으로 흐르며, 누구와도 다투지 않고 스스로의 길을 찾아 나아가면서도 주변의 환경을 부드럽게 감싸 안는다. 이는 겸손과 포용, 그리고 끊임없이 변화하는 유연성을 상징한다.

한국 사람들이 누군가를 격려하거나 누군가에게 좋은 말을 건네야 할 때 많이 사용하는 표현 중 하나가 '최선을 다하자'라고 한다. 최선을 다하는 것이 최고의 선인 이유는, 물처럼 자신의 한계를 두지 않고 꾸준히 흐르며, 어떤 환경에서도 자신의 역할을 다하기 때문이다. 이와 같은 태도는 노력이라는 개념을 넘어 자신의 내면을 성장시키고 주변과 조화를 이루는 진정한 의미의 최선이다.

'Do Your Best'라는 표현은 미래 지향적인 메시지를 담고 있으며, 이는 상선약수의 의미와도 깊이 연결된다. 교육의 최상 가치는 바로 이러한 태도에서 비롯된다. 학생들이 자신의 한계에 도전하고, 실패를 두려워하지 않으며, 끊임없이 배우고 성장하는 자세를 갖는 것이 진정한 교육의 목표다.

물의 화학적 구조인 H_2O는 단순한 분자 구조를 넘어 Humility(겸손), Harmony(조화), 그리고 Openness(개방성)라는 교육적 가치의 약어로도 해석할 수 있다. '겸손'은 자신을 돌아보고 타인에게 배우려는 자세를, '조화'는 다양한 생각과 사람들과의 관계 속에서 균형을 이루는 능력을, '개방성'은 새로운 지식과 경험을 받아들이는 유연성을 의미한다. 이러한 가치는 교육 현장에서 학생들이 인격적으로 성장하고, 더 나은 사회를 만들어가는 데 필수 요소다. 결국 상선약수는 물처럼 유연하고 겸손한 태도로 배우고 성장하는 삶의 자세를 강조하며, 이는 교육의 본질적인 목표와도 일치한다.

마이클 잭슨의 노래 가사 중에 'heal the world, make it a

better place(세상을 치유하고, 더 나은 곳으로 만들다)'라는 표현이 있다. 이 노래는 사랑과 평화, 희망의 메시지를 담고 있으며, 우리 모두가 더 나은 세상을 만들 수 있다는 믿음을 강조한다. 이와 같은 신념은 교육의 본질적인 가치와도 깊이 연결된다. 교육은 단순히 지식을 전달하는 과정이 아니라, 사람들의 마음과 사고방식을 변화시키고, 나아가 사회 전반에 긍정적인 영향을 미치는 강력한 도구다.

교육은 개인의 잠재력을 깨우고, 비판적 사고와 창의적 문제 해결 능력을 키우며, 타인과의 공감과 협력을 통해 더 나은 사회를 형성하는 기초가 된다. 또한 교육은 정의, 평등, 인권과 같은 가치를 내면화시키고, 이를 실천하는 사람들을 길러낸다. 우리가 교육을 통해 가르치는 작은 배움과 깨달음이 모여 결국 더 나은 세상을 만들어가는 원동력이 되는 것이다.

따라서 우리는 교육을 단지 학습의 도구로 바라보는 것이 아니라, 더 나은 세상, 더 나은 미래를 위한 중요한 출발점으로 인식해야 한다. 교육은 한 사람의 인생을 변화시키고, 나아가 한 사회와 전 세계를 변화시킬 수 있는 가장 강력한 힘이다. 그렇기 때문에 우리는 교육을 통해 좀 더 나은 세상을 만들 수 있다는 신념을 가지고, 이를 실천하기 위해 끊임없이 노력해야 한다.

필자가 좋아하는 동물은 거북이다. 단순한 외형적인 특성 때문이 아니라, 그 속에 담긴 깊은 상징성과 삶의 철학 때문에 좋아한다. 거북이는 남을 의식하지 않고 자신이 가고자 하는 길을 묵묵히 걸어가는 존재다. 이는 현대 사회에서 흔히 볼 수 있는 빠른 성공을 향한 조급함과는 대조적인 태도로, 자신의 속도와 리듬을 유지하며 꾸준히 전진하는 모습은 성장과 성공의 본질을 상기시켜 준다.

거북이의 속성은 여러 가지로 해석될 수 있다. 첫째, 겸손이다. 거북이는 화려함이나 과시보다는 조용하고 안정된 태도를 유지하며 살아간다. 이는 성장 과정에서 외적인 인정보다 내적인 성찰과 꾸준한 노력이 더 중요하다는 것을 상징한다.

둘째, 목표 설정과 끊임없는 노력이다. 거북이는 느린 속도로 움직이지만, 절대 멈추지 않는다. 이는 '느리더라도 포기하지 않는 한, 결국 목표에 도달할 수 있다'는 강력한 메시지를 담고 있다.

셋째, 오래가는 것(장수)이다. 거북이는 수명이 매우 긴 동물로 유명하다. 이는 생존과 번식의 측면에서 탁월한 적응력을 의미한다. 이러한 특성은 단기적인 성과에 집중하기보다는 장기적인 목표를 바라보며 지속 가능한 성장을 추구해야 한다는 교훈을 준다. 거북이의 생존 전략은 빠른 변화보다는 환경에 맞춰 천천히, 그러나 확실하게 적응해 나가는 방식이다.

이처럼 거북이는 성장을 향한 여정에서 중요한 가치를 상징한다. 꾸준함, 인내, 자기 성찰, 그리고 장기적인 비전을 가졌으며, 이는 결국 원하는 목표에 도달하게 해준다. 이러한 거북이의 철학은 우리 삶의 방향성과 가치관에 깊은 영향을 미친다.

19

행복하기 위해
사는 것이 아니라
**행복해야만
살 수 있다**

행복은 결코 단순한 감정이 아니라 인간의 삶에서 필수적인 요소다.
행복은 순간의 감정이 아니라, 건강과 인간관계,
그리고 의미 있는 삶의 실천과 직결되어 있다.
따라서 우리는 행복을 목표로 삼는 것이 아니라,
매일의 삶 속에서 실천하고 지속해야 할 핵심 가치로 행복을 인식해야 한다.

행복은
준비된 사람에게 찾아온다

하버드 대학 그랜트 연구소의 행복 프로젝트는 1938년 시작되어 85년 이상 진행된 장기 연구 프로젝트다. 초기에는 하버드 대학에 재학 중이던 학생들을 대상으로 시작되었고, 이후 이들의 배우자들, 더 나아가 후손들까지 연구 대상에 포함되면서 현재까지 이어지고 있다. 이 연구의 핵심 목표는 인생 전반에 걸친 심리적, 신체적 행복이 무엇인지를 추적하고, 사람들이 나이 들어가면서 무엇이 그들의 건강과 행복을 결정하는지 밝히는 것이다. 연구팀은 수십 년 동안 참가자들의 상태를 면밀히 추적하며 정기적인 설문 조사와 면담, 그리고 의료 검진을 통해 삶의 변화 과정을 기록했다.

이 프로젝트를 통해 밝혀진, 사람들의 행복을 결정하는 가장 중요한 요소는 무엇이었을까? 초창기 연구의 책임자였던 의과대학 교수 조지 베일런트는 '성공적인 노화'라는 개념을 강조하며, 행복한 삶을 위한 핵심 요소로 따뜻한 인간관계, 건강한 생활습관, 그리고 긍정적인 사고방식을 꼽았다. 하버드 대학 의과대학 교수 로버트 월딩거는 TED 강연에서 이런 연구 결과를 소개하며, '좋은 삶은 좋은 관계에서 온다'는 핵심 메시지를 전달했다. 그의 강연은 전 세계적으로 수천만 명이 시청하며 폭발적인 반응을 얻었다.

전체 연구 결과를 간단하게 정리하면, 사람들의 행복과 건강을 결정하는 가장 중요한 요인은 권력, 부, 명예보다도 '좋은 인간관계 positive relationship'였다. 관계의 양보다 질이 중요하다. 많은 사람들과 복잡한 관계를 맺는 것보다 안정적이고 신뢰할 수 있는 우호적인 관계가 정신 안정과 육체 건강에 더 좋다는 것이다. 배우자, 가족, 친구, 동료와의 관계가 원만할수록 삶의 만족도가 높아지고 행복지수가 높았다.

알베르트 슈바이처 박사는 "행복은 준비된 사람에게 찾아온다"고 말했다. 이는 행복이 단순히 외부 환경에 의해 결정되는 것이 아니라, 개인의 내적 준비와 태도에서 비롯된다는 점을 뜻한다. 행복은 우연히 주어지는 것이 아니라 스스로 만들어가는 과정이다. 수동적으로 기다리는 것이 아니라 적극적으로 만들어가야 하는 것이다.

그렇다면 우리의 행복을 위해 우리가 행복해야만 하는 이유를 찾아보자. 미국 캘리포니아 대학의 긍정심리학자 소냐 류보머스키는 행복 연구의 선구자로 알려져 있다. 그녀는 자신의 저서 《행복의 방법The How of Happiness》에서 인간의 행복이 단순히 감정적 만족에 그치는 것이 아니라 삶의 질을 결정짓는 주요 요소라고 말했다. 그녀는 특히 긍정적인 정서와 면역 체계 간의 상관관계를 조사했다. 그녀는 실험 참가자들에게 긍정적 감정을 유도하는 활동(감사 일기 작성, 친절한 행동하기 등)을 일정 기간 실천하도록 한 후, 참가자들의 신체 반응을 측정했다. 그 결과, 긍정적인 감정을 유도한 그룹이 그렇지 않은 그룹에 비해 면역 체계가 더욱 강화되고 스트레스 호르몬 분비가 감소했다는 사실을 발견했다.

한편 행복과 생존의 상관관계는 동물 실험에서도 구체적으로 확인되었다. 스탠퍼드 대학의 로버트 새폴스키 박사는 원숭이를 대상으로 한 연구에서 사회성과 스트레스의 관계를 조사했다. 연구 과정에서 새폴스키는 특정 무리 내에서 다른 원숭이와 사이가 좋아서 사회적 지위가 높은 원숭이들이 스트레스를 덜 받고 면역 체계가 강화되어 더 오래 사는 경향이 있음을 발견했다.

행복은
강도가 아닌 빈도

미국의 소설가이자 극작가 리타 메이 브라운은 인간의 감정과 삶의 본질에 대한 통찰력 있는 글을 많이 썼다. 그녀는 "행복은 우리가 그것을 얼마나 자주 경험하는가에 달려 있다"고 말하면서 일상의 작은 순간들이 행복의 중요한 구성 요소임을 강조했다.

이 말은 《행복의 기원》이라는 책을 쓴 심리학자 서은국 교수의 주장과도 깊이 맞닿아 있다. 저자는 행복은 강렬한 한순간을 추구하기보다는 매일 반복되는 긍정적 순간을 통해 얻어질 수 있다고 말하며 행복해지기 위해서는 꾸준히 실천할 수 있는 작은 습관의 중요성을 강조했다.

그의 책에서 인용한 다음 글은 울림이 있다. "꿀벌은 꿀을 모으기 위해 존재하는 것이 아니고, 인간도 행복하기 위해 사는 것이 아니다. 벌도 인간도 자연의 일부이며 이 자연법칙의 유일한 주제는 생존이다. 꿀과 행복, 그 자체가 존재의 목적이 아니라 둘 다 생존을 위한 수단일 뿐이다. 간단히 말해 행복하기 위해 사는 것이 아니라 살기 위해 행복감을 느끼도록 설계된 것이 인간이다."

하지만 사람들은 일상에서 행복한 순간이 힘든 순간보다 더 많고, 실제로는 행복한 삶을 살고 있는데도 '에휴, 내 인생은 왜 이리 힘들고 불행하지?'라고 느낀다. 왜일까? 이는 인간의 신경학적 및 심리적 기능과 깊이 연관되어 있다.

뇌는 부정적인 경험을 좀 더 강렬하게 인식하고 저장하는 경향이 있다. 이는 생존을 위한 '적응적 기능adaptive function'으로, 위험한 상황을 학습하고 회피하기 위한 진화적 메커니즘으로 작용한다. 이는 사람들이 실제 경험하는 사건의 지속 시간보다 감정적 강도를 더 중요하게 기억하는 경향을 만든다. 고통스러운 순간은 신경적으로 더욱 깊이 각인되며, 이후 기억을 되새길 때 그 시간이 실제보다 길게 느껴진다. 반대로 즐거운 경험은 상대적으로 부정적인 자극보다 덜 강렬하게 처리되며, 시간의 흐름 속에서 더 빨리 희석되는 것이다. 우리가 일상에서 흔히 느끼는 것처럼, 힘들고 고통스러운 시간이 즐겁고 행복한 시간보다 더 길게 느껴지는 이유다.

또한 행복한 순간을 충분히 인지하지 못하는 이유 중 하나는 '쾌락 적응hedonic adaptation' 현상 때문이다. 소냐 류보머스키 교수 연구팀은 참가자들에게 일상에서 자주 느낄 수 있는 작은 행복 경험을 기록하게 하고, 이로 인한 심리적 및 생리적 변화를 분석했다. 참가자들은 매일 세 가지 작은 행복의 순간(맛있는 음식을 먹은 기쁨, 친구와의 짧은 대화, 아름다운 풍경을 본 순간)을 기록하도록 했다. 실험 결과, 이러한 긍정적 경험을 기록한 그룹은 스트레스 호르몬인 코르티솔 수치가 유의미하게 감소했으며, 전반적인 삶의 만족도가 향상되었다. 단순히 순간적인 기쁨을 넘어 지속적인 긍정적 감정의 습관화가 신체 건강과 정신 안정에 실질적인 영향을 미친다는 점을 보여준다.

그녀의 연구팀은 또한 행복을 증진시키기 위해 일상에서 구체적으로 실천할 수 있는 열두 가지 방법도 제안했다. 감사하기, 친절한 행동 실천하기, 낙관적으로 사고하기, 사회관계 강화하기, 의미 있는 목표 설정하기, 몰입 경험 늘리기, 스트레스 관리하기, 자신을 돌보는 자기 관찰, 신체 활동 증가, 긍정적인 환경 조성, 일상의 기쁨 찾기, 그리고 실패에서 배우기를 포함한다. 그녀는 이러한 노력이 단순히 일회성 행동이 아니라 지속적으로 실천될 때 개인의 행복과 웰빙에 실질적인 변화를 가져올 수 있다고 강조했다.

마틴 셀리그만의 PERMA

마틴 셀리그만은 인간의 긍정적인 감정과 경험을 연구한 현대 긍정심리학의 창시자다. 그는 전통적인 심리학이 정신 질환과 부정적인 감정에 초점을 맞춘다면, 긍정심리학은 개인의 행복과 번영을 촉진하는 요소들을 연구하는 것이라고 말했다.

셀리그만의 최근 저서 《플러리시Flourish》는 그의 긍정심리학 연구를 집대성한 책으로 인간이 어떻게 하면 단순한 행복을 넘어 의미 있고 충만한 삶을 살 수 있는지를 탐구한다. 긍정심리학이 감정적 행복을 넘어선다는 점을 강조하며, 개인의 강점을 개발하고 의미 있는 목표를 설정하는 것이 진정한 번영flourishing으로 이어진다고 그는 말한다. 이는 교육, 직장, 개인 성장 등 다양한 분야에 적용되며, 조직에서도 직원들의 웰빙을 증진하기 위한 전략으로 활용되고 있다.

셀리그만은 이런 플러리스한 삶을 위해 '페르마PERMA' 모델을 제안하면서, 이를 인간의 행복과 웰빙을 구성하는 핵심 요소로 설명했다. PERMA는 긍정적인 감정Positive Emotion, 몰입Engagement, 긍정적인 관계Relationships, 의미Meaning, 성취Accomplishment라는 다섯 가지 요소로 구성된다.

우선 '긍정적인 감정'은 삶에서 기쁨과 감사, 낙관적인 사고를 키우는 것을 의미하며, 이는 신체적, 정신적 건강에도 중요한 역할을 한다. 긍정적인 감정을 자주 경험하는 사람들은 스트레스 수준이 낮고 면역력이 향상되며, 장기적으로 건강한 삶을 영위할 가능성이 높다.

'몰입'은 사람들이 특정 활동에 완전히 빠져드는 경험을 의미하는데, 이는 흔히 '몰입 상태flow state'라고도 불린다. 몰입 이론의 창시자로 유명한 미하이 칙센트미하이의 연구에서도 몰입 상태는 행복과 창의성을 증가시키며, 개인의 역량을 극대화하는 중요한 요소로 작용한다. 셀리그만은 사람들이 몰입할 수 있는 활동을 발견하고 지속적으로 참여하는 것이 삶의 질을 높이는 데 필수적이라고 강조했다.

'긍정적인 관계'는 인간이 사회적 동물로 살아가는 데 가장 중요한 요소다. 하버드 대학 그랜트 연구에서도 인간관계의 질이 건강과 행복에 미치는 영향을 확인했듯이, 사회적 유대가 강한 사람들이 더 오래 살고 행복하다는 점이 입증되었다. 셀리그만은 이러한 연구 결과를 바탕으로 깊이 있는 긍정적 관계를 맺는 것이 개인의 웰빙을 높이는 데 필수적이라고 주장했다.

'의미'는 개인이 삶에서 가치 있는 목표를 가지고 살아가는 것을 뜻한다. 빅터 프랭클이 "의미 있는 삶이 인간이 극한의 고통을 견디고 성장할 수 있는 원동력이 된다"고 설명했듯이, 셀리그만은 개인이 자신의 삶에서 의미를 찾고, 타인에게 긍정적인 영향을 미칠 수 있는 활동을 할 때 웰빙이 극대화된다고 설명했다.

'성취'는 개인이 목표를 세우고 이를 달성하는 과정에서 느끼는 만족감을 의미한다. 이는 단지 성공이 아니라, 지속적인 노력과 성장을 통해 이루어지는 성취감을 말한다. 앤절라 더크워스의 《그릿Grit》에서 언급되었듯이, 성취를 이루어가는 과정에서 그 끈기와 노력도 웰빙을 증진하는 중요한 요소다.

미국의 심리학자인 바버라 프레드릭슨은 단순히 '기분이 좋으면 좋다'는 경험적인 사실을 넘어 긍정적인 감정이 개인에게 어떤 진화적 이점을 가져오는지에 대해서도 연구를 시작했다. 그녀는 1998년 〈What Good Are Positive Emotions?〉이라는 논문에서 긍정적인 감정들이 어떻게 우리 삶을 변화시키는지에 대한 과학적인 근거를 제시하여, 우리가 더 행복하고 건강한 삶을 살 수 있도록 돕는 중요한 단서를 제공했다

보통 사람들의 부정적 정서는 강력하고 명확한 신호를 보내지만, 긍정적 정서는 은은하고 점진적인 신호를 보내는 경향이 있다. 즉 부정적인 감정은 즉각적인 신체 반응이나 행동 변화를 유발하여 그 원인을 쉽게 파악할 수 있지만, 긍정적인 감정은 장기적으로 심리적 자원을 구축하는 등 눈에 보이지 않는 변화를 가져오기 때문에 그 효과를 바로 인지하기 어렵다는 것이다. 이러한 특성 때문에 사람들은 부정적인 감정에 대해서는 구체적인 경험과 지식을 가지고 있지만, 긍정적인 감정에 대해서는 상대적으로 추상적인 이해를 하는 경우가 많다. 그래서 기존의 감정 이론들은 주로 부정적 감정에 초점을 맞추어 연구를 진행해 왔다는 것이다.

프레드릭슨에 따르면, 인간이 느끼는 기쁨, 사랑, 만족, 흥미, 행복 등의 긍정적인 감정이 인지적 확장cognitive broadening을 촉발한다고 한다. 긍정적인 감정을 느낄 때 사람들은 다양한 생각을 하고, 새로운 경험을 추구하며, 문제를 해결하는 데 유연성을 발휘할 수 있게 된다. 이러한 인지적 확장은 단순히 순간적인 현상에 그치지 않고, 장기적으로 개인의 심리적 자원psychological resources을 구축하여 이후의 도전과 어려움을 극복하는 데 중요한 역할을 한다. 구축된 자원은 순환적으로 다시 긍정적인 감정을 증폭시키고 개인의 성장으로 이어진다. 이러한 과정을 통해 긍정적 감정이 개인의 전반적인 복지와 삶의 질을 향상시키는 핵심 요소로 작동함을 알 수 있다.

국내에서도 우울증 환자들의 인지적 취약성을 완화하기 위해 긍정적인 정서가 미치는 영향에 대한 연구가 있다. 임아람 교수 연구팀은 대학생들을 대상으로 우울 집단과 정상 통제 집단을 구분한 후, 우울 정도와 사고나 행동 간의 관계를 실험했다. 우선 집단별로 정서 유도 영상을 시청하게 한 후, 전체-국지 정보 처리 과제와 사고-행동 레퍼토리 과제를 수행하도록 했다. 전체-국지 처리 과제로는 시각적 주의를 측정하고, 사고-행동 레퍼토리 과제로는 다양한 생각과 행동을 얼마나 많이 떠올리는지를 평가했다. 그 결과 긍정적 정서가 주의와 인지적 유연성에 정적인 효과가 있음을 알아냈다. 그리고 긍정적 정서가 유도된 그룹에서는 전체적인 정보 처리가 증가하고, 다양한 사고와 행동 범주가 넓어지는 경향이 관찰됐다.

나아가 피스 카펠렌Peace Cappellen과 그의 연구팀은 종교 활동과 긍정 정서의 관계도 연구했다. 연구 결과 종교 활동이 인간의 사고와 행동을 확장하는 역할을 담당했다. 연구에 따르면, 경외감, 감탄, 감사와 같은 긍정적 정서는 종교적 실천을 지속하는 중요한 요인이었다. 긍정적 정서를 반복적으로 경험할수록 심리적, 사회적, 생물학적 자원이 구축되며, 이는 다시 종교 활동의 지속성을 강화하는 선순환 구조를 형성한다. 이는 종교 활동이 단순한 신앙 실천을 넘어 인간의 감정적 안정과 사회적 연대감을 높이는 중요한 요소임을 보여준다.

목표가 아닌 일상이 되어야 할 '행복'이라는 가치

이는 감정적 만족만을 의미하는 것이 아니라, 신체적 건강, 정신적 안녕, 그리고 사회적 관계 속에서 조화롭게 살아가는 것을 뜻한다. 아리스토텔레스는 자신의 저서 《니코마코스 윤리학》에서 행복을 인간 삶의 궁극적인 목적이라고 정의하며, 이를 '유다이모니아 Eudaimonia'라고 표현했다. 이는 단순한 쾌락이 아니라 도덕적 덕목을 바탕으로 한 충만한 삶을 의미한다.

신경과학적 관점에서도 행복은 필수 요소다. 예일 대학의 신경과학자 로리 산토스Laurie Santos는 인간의 뇌가 긍정적인 경험을 반복할수록 신경회로가 더욱 강하게 형성된다고 설명한다. 다시 말해, 행복을 지속적으로 경험할 때 신경 연결이 더욱 공고해지고, 스트레스와 불안을 조절하는 능력도 향상된다는 것이다. 이는 건강과 직결되며, 행복한 사람들이 우울증 같은 정신 질환에 걸릴 확률이 낮고, 면역력도 강한 경향이 있음을 시사한다.

삶의 질을 높이기 위해서는 행복을 우선순위로 두는 것이 중요하다. 행복한 삶을 위해 필요한 요소는 돈이나 성공이 아니라 긍정적인 사고방식과 따뜻한 인간관계, 그리고 의미 있는 목표를 추구하는 과정이다. 철학자 존 스튜어트 밀은 "행복을 직접 추구하는 사람보다 다른 목적을 위해 노력하는 사람이 더 큰 행복을 경험한다The only way to be truly happy is to pursue something greater than your own happiness"라고 주장했다.

긍정적인 감정이 인간의 건강과 수명에 미치는 영향은 다양한 연구를 통해 과학적으로 입증되었다. 미국의 가톨릭 수녀원을 대상으로 한 유명한 〈수녀 연구Nun Study〉에서도 긍정적인 감정과 수명의 연관성이 밝혀졌다. 이 연구는 1930년대부터 시작되어 동일한 생활방식을 유지하는 수녀들의 일기 내용을 분석함으로써 감정 상태와 장수 관계를 조사했다. 연구 결과, 긍정적인 감정을 많이 표현한 수녀들이 그렇지 않은 수녀들보다 평균적으로 7~10년 더 오래 살았다는 사실이 확인되었다. 이는 긍정적인 감정이 생리적 스트레스를 줄이고, 장기적으로 건강한 생활을 영위하는 데 도움을 줄 수 있음을 보여준다.

이와 유사한 연구로 예일 대학과 하버드 대학의 공동 연구에서 긍정적인 사고방식이 노화 과정에 미치는 영향이 조사되었다. 연구진은 50세 이상의 성인을 대상으로 20년 동안 추적 연구를 진행했으며, 긍정적인 노화 태도를 가진 사람들이 그렇지 않은 사람들보다 평균 7.5년 더 오래 산다는 결과를 도출했다. 이 연구는 긍정적인 감정이 단지 기분의 문제가 아니라, 실제 생리적 건강에도 영향을 미친다는 점을 강조했다.

마지막으로 미시간 대학의 심리학자 크리스 피터슨Chris Peterson과 마틴 셀리그만이 진행한 연구에서는 긍정적인 감정과 강점 기반 삶strength-based living이 장기적인 건강과 직결된다는 결과를 발표했다. 연구 결과, 감사gratitude나 낙관주의optimism와 같은 긍정적 감정을 자주 경험하는 사람들은 심혈관 질환 같은 만성 질환에 걸릴 확률이 낮아지고, 회복력이 높아진다는 점이 확인되었다.

행복은 결코 단순한 감정이 아니라 인간의 삶에서 필수적인 요소다. 아리스토텔레스의 '유다이모니아' 개념과 하버드 성인발달 연구, 신경과학적 연구 결과 들은 행복이 순간의 감정이 아니라 건강과 인간관계, 그리고 의미 있는 삶의 실천과 직결됨을 보여준다. 따라서 우리는 행복을 목표로 삼지 말고, 매일의 삶 속에서 실천하고 지속해야 할 핵심 가치로 행복을 인식해야 할 것이다.

20

메타필링 마스터가
되기 위한
인생의 지침

메타필링 마스터는 감정을 창의적인 표현의 도구로 활용한다.
그는 감정을 예술, 음악, 글쓰기, 연기 등 다양한 방식으로 승화시켜
자신의 내면을 표현하고, 타인에게 감동과 영감을 선사한다.
또한 감정을 통해 자신의 경험을 풍요롭게 만들고, 삶의 질을 향상시키며,
긍정적인 에너지를 주변에 전파한다.

메타필링 마스터,
감정의 연금술사

　　메타필링은 우리가 자신의 감정을 한층 더 높은 차원에서 인지하고 조절할 수 있도록 돕는 중요한 능력이다. 단순한 감정 경험을 넘어 감정을 이해하고 활용하는 이 능력은 우리가 불안감, 스트레스, 기쁨 등 다양한 감정을 효과적으로 관리할 수 있도록 돕는다. 특히 현대 사회에서는 강인함보다는 유연함과 다정함이 더 중요한 경쟁력이 되고 있으며, 메타감정은 이러한 변화에 적응하는 데 핵심적인 역할을 한다. 감정을 건강하게 표현하고 조절하는 능력은 개인의 삶의 질을 높이고, 인간관계를 더욱 깊고 의미 있게 만들며, 창의성과 문제 해결 능력을 향상시키는 원동력이 된다. 이를 위해 우리는 감정을 조절하는 다양한 방법을 배우고 실천해야 한다.

　　메타필링 능력을 극대화한 마스터, 즉 감성장인은 자신의 감정을 느끼는 존재를 넘어 감정의 흐름을 이해하고 조율하며, 나아가 감정을 자신의 성장과 성공을 위한 강력한 도구로 활용하는 연금술사와 같다. 사전적으로 '마스터'란 특정 분야에서 탁월한 능력을 보유한 전문가를 의미하는데, 이 책에서는 감정을 깊이 탐구하고 조절하는 능력을 체득한 사람을 지칭한다. 감성장인은 감정을 경험하는 데서 그치지 않고, 이를 의식적으로 분석하고 조절하며 긍정적인 방향으로 활용하는 존재다. 이러한 능력은 공감과 소통을 극대화할 뿐만 아니라, 개인의 내적 성장을 촉진하고 타인과의 관계를 더욱 깊이 있게 만들어준다.

그는 감정을 억누르거나 회피하지 않고, 감정의 복잡성을 인정하며, 그 안에 담긴 메시지를 읽어내고, 감정과 조화롭게 공존하는 방법을 터득한다. 메타필링 마스터는 자신의 감정에 대한 깊이 있는 통찰력을 바탕으로 감정을 객관적으로 바라보고, 감정의 기원을 분석하며, 감정이 자신의 생각, 행동, 그리고 의사결정에 미치는 영향력을 꿰뚫어 본다.

메타필링 마스터는 타인의 감정에 대한 공감 능력 또한 탁월하다. 그는 타인의 감정을 파악하는 단계에서 더 나아가 그 감정의 깊이를 이해하고, 타인의 입장에서 함께 느끼는 능력을 지닌다. 이러한 공감 능력은 그에게 진정성 있는 인간관계를 구축하고 유지하며, 타인과의 협력을 통해 시너지를 창출하는 능력을 선사한다. 그는 타인의 감정을 존중하고 배려하며, 상황에 맞는 적절한 방식으로 반응하고, 갈등을 지혜롭게 해결한다.

나아가 메타필링 마스터는 감정을 창의적인 표현의 도구로 활용한다. 그는 감정을 예술, 음악, 글쓰기, 연기 등 다양한 방식으로 승화시켜 자신의 내면을 표현하고, 타인에게 감동과 영감을 선사한다. 그는 감정을 통해 새로운 아이디어를 창출하고, 복잡한 문제를 해결하며, 혁신적인 솔루션을 제시하는 능력을 발휘한다. 또한 감정을 통해 자신의 경험을 풍요롭게 만들고, 삶의 질을 향상시키며, 긍정적인 에너지를 주변에 전파한다.

뿐만 아니라 메타 감성의 마스터는 감정을 통해 탁월한 리더십을 발휘한다. 그는 자신의 감정을 효과적으로 관리하고 통제하며, 타인의 감정을 공감하고 이해하는 능력을 바탕으로 팀을 이끌고, 조직을 변화시키는 영향력을 발휘한다. 그는 긍정적인 감정 에너지를 팀원들에게 전달하고, 동기를 부여하며, 공동 목표를 달성하도록 돕는다.

메타필링
마스터가 되는 법

마지막으로 메타필링의 마스터가 되기 위해 실천해야 하는 일곱 가지 행동 방안(F-E-E-L-I-N-G)과 이를 통해 추구하는 네 가지 핵심 가치(M-E-T-A)를 제안하고자 한다.

다음은 메타필링 함양을 위한 일곱 가지 행동 방안과 일상에서 실천할 수 있는 구체적인 방법이다.

• 감정 문해력 키우기 Foster Emotional Literacy •

'감정 단어장' 만들기 | 다양한 감정 단어를 익히고, 각 단어가 의미하는 미묘

한 차이를 이해하며, 자신의 감정 상태를 정확하게 표현하는 연습을 한다.

'감정 탐색 일기' 쓰기 | 매일 자신의 감정을 기록하고, 각 감정이 발생한 상황, 원인, 그리고 그 감정이 자신의 생각, 행동, 신체 반응에 미치는 영향을 분석한다.

'마음챙김 앱' 활용하기 | 다양한 마음챙김 앱을 활용하여 자신의 감정 변화를 추적하고 감정 조절 훈련을 한다.

• 공감적 경청 Embrace Empathetic Listening •

'적극적 경청' 연습 | 상대방의 말에 집중하고, 비언어적 신호(표정, 몸짓)를 관찰하며, 질문을 통해 상대방의 감정을 이해하려고 노력한다.

'감정 반영' 연습 | 상대방의 말을 요약하고 상대방의 감정을 추측하여 "지금 화가 나신 것 같네요." "속상하셨겠네요."처럼 자신의 이해를 표현한다.

'역지사지' 연습 | 상대방의 입장에서 생각하고 공감하며 상대방의 관점을 이해하려고 노력한다.

• 긍정적 감정 표현 Express Emotions Positively •

'긍정적인 감정 표현' 시도 | 그림, 음악, 글쓰기, 춤 등 다양한 예술 활동을 통해 자신의 감정을 긍정적이며 창의적으로 표현한다.

'다정한 말투의 대화' 연습 | 자신의 감정을 솔직하고 비난 없이 표현하고 상대방의 감정을 존중하며, 다정한 말투로 대화를 시도한다.

'감정 표현 워크숍' 참여 | 전문가의 도움을 받아 자신의 감정 표현 방식을 개선하고 다양한 감정 표현 기법을 익힌다.

• 성장형 사고방식 함양 Lead with Growth Mindset •

'도전' 즐기기 | 새로운 것에 도전하고 실패를 통해 배우고 성장하는 것을 즐긴다.

'비판적 피드백' 수용 | 비판적인 피드백을 자신의 발전 기회로 삼고 개선점을 찾으려고 노력한다.

'긍정적인 자기 대화' 연습 | 자신에 대한 긍정적인 믿음을 가지고 자기 효능감을 높이는 긍정적인 자기 대화를 연습한다.

• 감성적 가치 통합 Integrate Emotional Values •

'핵심 감정 가치' 정의 | 자신이 중요하게 생각하는 감정적 가치(사랑, 행복, 감사, 평화)를 정의하고 일상생활에서 그 가치를 실현하기 위해 노력한다.

'감성적 목표 및 실천 방안' 설정 | 자신의 감정적 행복과 웰빙을 위한 구체적인 목표를 설정하고 목표 달성을 위한 실천 계획을 세운다.

'감성적 영향력' 인식 | 자신의 감정이 주변 사람들에게 미치는 영향을 인식하고 긍정적인 감정 에너지를 전달하기 위해 노력한다.

• 감정 회복탄력성 키우기 Nurture Emotional Resilience •

'자기 칭찬' 연습 | 자신의 실수나 실패에 대해 자책하기보다 자신을 위로하고 격려하고 칭찬하며, 긍정적인 마음가짐을 유지한다.

'스트레스 관리' 기법 활용 | 명상, 요가, 운동, 취미 활동 등 자신만의 스트레스 해소 방법을 찾아 실천한다.

'전문가 도움' 활용 | 감정 조절이 어렵거나 부정적인 감정이 지속된다면 정신 건강 전문가의 도움을 받는 것을 고려한다.

• 감성지능 키우기 Grow Emotional Intelligence •

'객관적 자기 평가' 능력 향상 | 자신의 강점과 약점을 파악하고 자신의 감정이 다른 사람에게 미치는 영향을 이해한다.

'관계 관리' 능력 강화 | 다른 사람의 감정을 이해하고 공감하며 원만한 대인 관계를 형성하고 유지한다.

'팀워크' 향상 | 팀 구성원들의 감정을 고려하고 협력적인 분위기를 조성하여 팀 목표 달성을 위해 노력한다.

메타필링 마스터가 되기 위한 일곱 가지 실천은 분명 우리를 달라지게 할 것이다. 스스로의 자기 인식이나, 감정 조절, 개인의 성장, 대인관계, 그리고 사회적 성취감 차원에서 변화를 가져올 것이다. 마지막으로 이러한 일곱 가지 실천 방안을 통해 궁극적으로 추구하는 네 가지 핵심 가치는 다음과 같다.

• 마음챙김 인식 Mindful Awareness •

의미 | 메타필링 능력 향상을 통해 자신의 감정, 생각, 신체 감각을 현재의 순간에 집중하여 알아차리고 이해하는 것을 의미한다. 이는 자기 인식의 핵심이며 정서적 안정과 균형을 이루는 데 중요한 역할을 한다.

일곱 가지 실천 노력과의 연관성 | 감정 문해력 키우기, 자기 성찰, 마음챙김 활동 참여는 자신의 내면을 관찰하고 이해하는 데 도움을 주어 마음챙김 인식을 높여준다.

예시 | 명상, 요가, 산책 등을 통해 현재의 순간에 집중하고, 자신의 감정 변화를 객관적으로 관찰하며, 자동적인 생각 패턴을 인식하는 삶.

• 주체적인 행복 Empowered Happiness •

의미 | 메타필링 능력 향상을 통해 자신의 감정적, 정신적, 신체적 행복을 스스로 책임지고 관리하며, 건강하고 행복한 삶을 만들어가는 것을 의미한다.

일곱 가지 실천 노력과의 연관성 | 감정 회복탄력성 키우기, 스트레스 관리 기법 활용, 감정적 가치 통합은 자신의 행복을 위한 능력을 키워주고, 주체적으로 삶을 설계하도록 돕는다.

예시 | 건강한 생활 습관을 실천하고, 스트레스를 효과적으로 관리하며, 자신의 감정적 필요를 충족시키는 활동을 통해 행복한 삶을 영위하는 것.

• 번성하는 관계 Thrived Relationship •

의미 | 메타필링 능력 향상을 통해 타인과의 관계를 깊이 이해하고, 공감하며, 진솔한 소통을 통해 서로에게 긍정적인 영향을 미치는 관계를 만들어가는 것을 의미한다.

일곱 가지 실천 노력과의 연관성 | 공감적 경청, 감정 표현 방식 혁신, 감성지능으로 리드하기는 타인과의 관계를 개선하고 서로 존중하고 협력하는 관계를 구축하도록 돕는다.

예시 | 타인의 감정을 존중하고 공감하며, 갈등을 건설적으로 해결하고, 서로 지지하고 성장하는 건강한 관계를 만들어가는 삶.

• 진정한 리더십 Authentic Leadership •

의미 | 메타감성 능력 향상을 통해 자신과 타인의 감정을 잘 이해하고 조절하며, 진정성 있는 리더십을 발휘하여 긍정적인 영향을 미치는 것을 의미한다.

일곱 가지 실천 노력과의 연관성 | 감성지능으로 리드하기, 감정적 가치 통합은 자기 인식 능력을 높이고 타인에 대한 이해를 바탕으로 긍정적인 리더십을 발휘하도록 돕는다.

예시 | 솔선수범하고, 공감 능력을 바탕으로 팀을 이끌며, 공동의 목표 달성을 위해 협력하는 리더십.

META FEELING MASTER
감성장인

Ⓜ️Ⓔ️Ⓣ️Ⓐ️

❶ **M**indful Awareness　　　　　마음챙김 인식

❷ **E**mpowered Happiness　　　　주체적인 행복

❸ **T**hrived Relationship　　　　　번성하는 관계

❹ **A**uthentic Leadership　　　　　진정한 리더십

네 가지 핵심 가치(Core Value)

F E E L I N G

1 **F**oster Emotional Literacy　　　감정 문해력 키우기

2 **E**mbrace Empathetic Listening　　　공감적 경청

3 **E**xpress Emotions Positively　　　긍정적 감정 표현

4 **L**ead with Growth Mindset　　　성장형 사고방식 함양

5 **I**ntegrate Emotional Values　　　감성적 가치 통합

6 **N**urture Emotional Resilience　　감정 회복탄력성 키우기

7 **G**row Emotional Intelligence　　　감성지능 키우기

일곱 가지 실천 방안(Practice)

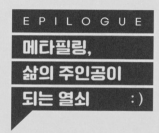

     이 책의 본문에서는 자신의 성장과 행복, 그리고 사회적 성공을 위해 요즘 시대에 더 절실해진 '메타필링'에 대해 자세히 다루었다. 다시 한번 간단하게 그 의미를 정리해 보자.

     메타필링이란 자신과 타인의 감정 상태를 폭넓게 인지하고 이를 적절히 해석하며, 다양한 맥락에서 감정을 조율하여 문제를 해결할 수 있는 능력을 뜻한다. '감정'이 느끼는 기분이라면 '감성'은 감각을 통해 느낀 것을 인식하고 표현할 수 있는 능력이다. 어쩌면 감성은 이성과 대립되는 개념이고 또한 능력이라는 차원에서 감정보다는 큰 개념이다. 그런 면에서 메타감성이 더 정확한 표현일 수는 있다. 메타필링 개념을 새롭게 던지는 이유는 어떤 감정을 느끼고, 다른 사람과 감정을 교류하고, 조직과 사회 속에서 주고받는 감정의 맥락을 파악하고, 스스로 자신의 감정을 표현하면서 대인관계를 유지하고, 그 과정에서 자신의 판단을 결정하는 모든 과정이 매우 동적이고 다이내믹하기 때문이다.

인간은 감정의 바다를 항해하는 존재다. 때로는 격렬한 파도에 휩쓸리고, 때로는 잔잔한 물결에 몸을 맡긴다. 기쁨, 슬픔, 사랑, 미움, 희망, 절망 등 다채로운 감정의 파도를 헤쳐 나가며 존재 의미를 탐색하고 삶의 방향을 찾아간다.

이 책은 감정이라는 미지의 세계를 탐구하며 우리를 삶의 주인공으로 만들어주는 특별한 능력에 주목한다. 메타필링은 감정을 느끼는 것을 넘어 자신의 감정을 객관적으로 바라보고 이해하며, 조절하고 활용하는 능력이다. 감정은 단순한 반응이 아니라 인생을 움직이는 가장 강력한 원동력인 것이다. 특히 긍정적 감정은 기분을 넘어서 인간의 사고를 확장시키고, 가능성을 열어주며, 더 나은 미래를 만들어가는 힘이 된다. 나아가 창의성을 자극하고 도전을 두려움이 아닌 성장의 기회로 바꾼다. 뿐만 아니라 타인과 연결을 강화하며 공동체 속에서 더 깊은 의미와 만족을 경험하게 한다. 결국 감정을 다스릴 줄 아는 사람은 자신의 삶을 설계하는 사람이 되고, 긍정적인 감정을 키우는 사람은 자신의 삶을 더 빛나게 만드는 사람이 된다. 이런 사람들은 자신이 행복하다고 생각할 것이다.

"자신의 감정을 다스리는 자가 세상을 다스린다"는 격언이 있다. 메타필링은 삶의 주인공이 될 수 있는 열쇠다. 감정이란 그저 스쳐 지나가는 바람이 아니다. 삶을 움직이는 거대한 에너지원이다. 메타필링을 통해 감정의 격랑에 휘둘리는 않고, 이를 조종하는 능숙한 조타수가 되면 좋겠다.

우리 내면에서 일어나는 감정의 흐름을 이해하고 조절하는 것은 삶의 방향을 주체적으로 결정하는 힘과도 같다. 감정이 나를 지배하는 것이 아니라 내가 감정을 다스릴 때, 우리는 진정한 자유와 평온을 얻는다. 메타필링을 익힌 자는 인생의 험난한 바다를 항해하는 선장이며, 감정을 다룰 줄 아는 자는 자기 삶의 나침반을 손에 쥔 사람이다.

인생은 긴 여정이다. "행복은 목적이 아니라 과정이다"라는 말처럼, 행복은 우리의 삶 속에서 끊임없이 만들어가야 할 경험이다. 진정한 행복은 외부에서 주어지는 것이 아니다. 우리 내면에서 시작된다. 감정을 이해하고 조절하며 긍정적인 감성을 키우는 과정 속에서 우리는 삶의 의미를 발견하고 깊은 만족감을 느낄 수 있다. 메타필링을 통해 우리는 매 순간 긍정적인 감정을 경험하고 자신의 감정을 주체적으로 조절하며 삶의 풍요로움을 확장할 수 있을 것이다. 우리는 각자의 삶 속에서 크고 작은 감정의 파도를 마주하며 살아간다. 때로는 고단함 속에서 방향을 잃기도 하고, 때로는 기쁨 속에서 온전한 자신을 발견하기도 한다. 중요한 것은 감정을 피하려 하지 않고 그것을 이해하고 조절하며 삶의 원동력으로 삼는 것이다. 감정은 우리를 나약하게 만드는 것이 아니라, 우리를 더욱 단단하게 성장시키는 힘이다.

행복은 감정을 다스리고 긍정적인 에너지를 키워 나가는 과정 속에서 발견된다. 매일 매일의 일상 속에서 자신의 존재 가치를 온전히 느끼고 감정을 조절하며 행복하고 의미 있는 삶을 만들어가길 바란다. 독자들이 자신의 감정을 존중하고 메타필링을 통해 삶의 주인공으로 살아가길 진심으로 응원한다.

참고문헌

국내 문헌

강수진 (2019), 《스트레스 관리와 심리적 안녕》, 학지사.

강신주 (2013), 《감정 수업》, 민음사.

강영희 (2015), 「청소년의 정서 지능과 학교 적응의 관계」, 《교육심리연구》 29권 1호, 67~89쪽.

강준만 (2007), 《감정 독재: 감정은 어떻게 우리 행동을 지배하는가?》, 인물과 사상사.

강태우 (2015), 「감정의 사회적 구성과 표현 방식에 대한 연구」, 《한국사회학》 49, 223~251쪽.

고영건, 김진영 (2016), 《행복의 품격》, 한국경제신문i.

고은영 (2018), 《마음챙김 명상의 이론과 실제》, 불광출판사.

고현범 (2012), 「감정의 병리학: 칸트 철학에서 감정의 개념과 위상」, 《헤겔연구》 32, 169~188쪽.

고현범 (2016), 「누스바움의 혐오 회의론」, 《철학탐구》 43, 131~160쪽.

고현범 (2016), 「도덕 철학에서 감정의 위상」, 《순천향 인문과학논총》 35(2), 57~85쪽.

곽금주 (2014), 《내 삶의 의미는 무엇인가: 불안한 시대, 인간학의 지혜를 찾다》, 갤리온.

권혁성 (2016), 「아리스토텔레스 철학에 나타나는 감정의 본성」, 《미학》 82(3), 89~137쪽.

김경호 (2016), 「직무 스트레스가 정신 건강에 미치는 영향」, 《산업심리학연구》 32권 3호, 201~223쪽.

김나영 (2020), 《정서 조절의 과학: 이론과 응용》, 시그마프레스.

김도연 (2017), 「스트레스와 대처 전략: 심리적 요인의 매개 효과」, 《한국심리학회지: 건강》 22권 4호, 345~367쪽.

김도연 (2020), 《감성지능 코칭법》, 시그마북스.

김도훈 (2019), 《감정과 문화: 감정이론의 다양한 접근》, 소명출판.

김미경 (2016), 《인간의 감성을 리딩하라: 인공지능 시대》, 책과나무

김미라 (2015), 《마음을 읽는 미술치료》, 학지사.

김미정 (2019), 《감정의 이해와 표현》, 교육과학사.

김병수 (2016), 《감정의 온도》, 경향BP.

김상욱 (2017), 「공감과 감정 전이의 심리적 기제 연구」, 《심리연구》 42, 87~112쪽.

김상운 (2017), 《마음을 비우면 얻어지는 것들》, 21세기 북스.

김선현 (2016), 《그림의 힘 2》, 8.0(에이트 포인트).

김성태 (2022). 데이톨로지. 이른비.

김성환 (2016), 《긍정 에너지》, 소울메이트.

김수정 (2018), 「정신 건강 증진을 위한 긍정 심리학적 접근」, 《상담학연구》 19권 2호, 89~112쪽.

김영민 (2015), 《마음의 과학: 심리학 개론》, 박영사.

김용태 (2012), 《가짜 감정》, 덴스토리 (Denstory).

김은주 (2019), 「스피노자의 감정 모방 원리와 인간 공동체의 코나투스: 스피 노자 철학에서 개체의 복합성과 코나투스」, 《현대유럽철학연구》 54, 107~145쪽.

김은지 (2016), 「정서 지능이 대인 관계에 미치는 영향」, 《사회심리학연구》 21권 1호, 45~68쪽.

김재훈 (2017), 《스트레스와 건강: 통합적 접근》, 한울아카데미.

김정운 (2014), 《에디톨로지: 창조는 편집이다》, 21세기북스. 김중순 (2005), 《문화가 디지털을 만났을 때》, 계명대학교출판부

김정호 (2020), 《내 마음에 작은 쉼표가 필요할 때》, 상상출판.

김지현 (2019), 「감정 노동과 직무 만족도의

관계」,《산업경영논집》44권 2호, 77~99쪽.

김진수 (2018),《정신 건강과 사회 복지》, 나남출판.

김태형 (2016),「정서 조절 능력이 학업 성취에 미치는 영향」,《교육심리연구》30권 3호, 123~145쪽.

김하나 (2020),《마음챙김 기반 스트레스 감소 프로그램의 효과》, 학지사.

김현주 (2017),「정신 건강 증진을 위한 음악 치료의 효과」,《예술심리치료연구》13권 1호, 89~112쪽.

김혜남 (2016),《당신과 나 사이》, 메이븐.

김혜련 (2010),「감정 소통매체로서의 영화와 도덕적 상상력」,《철학논총》61, 259~279쪽.

김혜진 (2019),《감정 표현과 정신 건강》, 시그마프레스.

남궁희 (2018),「현대 한국 사회에서 감정 노동의 실태와 대응 방안」,《사회과학논총》33, 47~79쪽.

남지현 (2018),「스트레스 관리 프로그램이 직장인의 정신 건강에 미치는 영향」,《산업보건연구》44권 1호, 55~78쪽.

노수진 (2017),《정서 지능 개발을 위한 프로그램 개발》, 교육과학사.

문요한 (2016),《감정 사용 설명서》, 생각 정원.

박경수 (2020),《감정의 역사: 감정이 어떻게 사회와 문화를 형성하는가》, 문학과지성사.

박경희 (2016),「감정 표현 훈련이 우울증 환자에게 미치는 영향」,《임상심리연구》25권 2호, 101~123쪽.

박미라 (2008),《치유하는 글쓰기》, 한겨레출판.

박민수 (2019),《스트레스와 면역 체계의 관계》, 한울아카데미.

박상우 (2018),「정신 건강과 사회적 지지의 관계」,《사회복지연구》49권 3호, 201~223쪽.

박소영 (2017),《감정 조절을 위한 인지 행동 치료》, 시그마프레스.

박수진 (2019),「스트레스 대처 전략이 직무 만족도에 미치는 영향」,《산업심리학연구》35권 2호, 145~167쪽.

박수진 (2022). The Effectiveness of Emotional Intelligence Development Programs for Elementary Students. Korean Journal of Educational Psychology.

박영민 (2016),《마음의 평화: 명상과 심리 치료》, 불광출판사.

박용철 (2020),《감정 조절》, 자유로운 상상.

박은영 (2018),「정서 지능이 리더십에 미치는 영향」,《조직심리연구》22권 1호, 89~112쪽.

박정훈 (2017),《스트레스 관리의 이론과 실제》, 학지사.

박지현 (2019),「감정 노동이 서비스 품질에 미치는 영향」,《서비스경영학회지》20권 2호, 77~99쪽.

박진수 (2018),《정신 건강과 상담 이론》, 나남출판.

박혜진 (2016),「정서 조절 전략이 대인 관계에 미치는 영향」,《사회심리학연구》23권 3호, 123~145쪽.

변지영 (2019),《나의 감정 사용법》, 대림북스.

서민정 (2019),《마음챙김 기반 인지 치료의 효과》, 시그마프레스.

서영희 (2017),「스트레스와 수면의 관계: 심리적 요인의 매개 효과」,《건강심리학연구》24권 1호, 45~68쪽.

서윤정 (2016),「감정 표현의 언어적 양상 연구」,《국어학》78, 201-229쪽.

서은국 (2021). 행복의 기원. 21세기 북스.

서지현 (2018),《감정 표현과 예술 치료》, 교육과학사.

성민수 (2016),「정신 건강 증진을 위한 운동 프로그램의 효과」,《운동심리학연구》15권 2호, 101~123쪽.

손민지 (2019),《스트레스와 식습관의 관계》, 한울아카데미.

손수진 (2017),「정서 지능이 학업 성취에 미치는 영향」,《교육심리연구》31권 2호, 89~112쪽.

손정락 (2019),《마음챙김의 발견》, 불광출판사.

송남용 (2020),《내 마음에 말 걸기》, 박영스토리.

송민호 (2018),《마음의 치유: 심리 치료의 이론과 실제》, 박영사.

송오현 (2006). 공감의 힘. 랜덤하우스.

송오현 (2014). 감성교육. SEC.

안문석 (2019),「인공감정지능이 가져올 미래의 모습: 인간과 인공지능 사이의 공감과 교류가 진화한다」,《지역정보화》114권, 54~57쪽.

안호석·최진영 (2007),「감정 기반 로봇의 연구 동향」,《제어로봇시스템학회지》13(3), 19~27쪽.

양선이 (2019),「사회적 감정으로서의 분노: 흄의 철학에 나타난 분노감정의 도덕적친 사회적 기능에 관하여」,《동서철학연구》93, 121~142쪽.

양창순 (2010),《나는 까칠하게 살기로 했다》, 센추리원.

유은정 (2012),《혼자 잘해주고 상처받지 마라》, 21세기 북스.

윤대현 (2014),《마음 아프지 마》, 해냄.

이민규 (2011),《실행이 답이다》, 더난출판.

이배환 (2019),《감성과학》, 범문에듀케이션.

이선 (2020),「예술적 힘으로서의 정동: 니체 철학을 중심으로」,《동서철학연구》98, 465~491쪽.

이영돈 (2015),《감정 조절: 감정의 주인이 되는 법》, 거름.

이재환 (2018),「데카르트의 감정 이론은 비인지주의인가?」,《근대철학》12, 83~101쪽.

이준호 (2005),《데이비드 흄: 인간 본성에 관한 논고》, 살림.

이중원·신상규 외 (2017),《디지털 시대 인문학의 미래》, 푸른역사.

이지영 (2020),《오늘도 행복하기》, 바이북스.

이지효 (2016),《대담한 디지털 시대》, Bain & Company.

이찬규 (2020),《미래는 AI의 것일까?: 인공지능과 미래사회》, 사이언스북스.

이찬종 (2009),「로봇의 감정 인식」,《로봇과 인간》6(3), 16~19쪽.

임아람 (2021). The Impact of Positive Emotions on Cognitive Vulnerability in Depressed Individuals. Korean Journal of Clinical Psychology.

임은주 (2018),《감정 공부》, 다산북스.

장근영 (2020),《감정은 언제나 옳다》, 동아시아.

장대익 (2022). 공감의 반경. 바다출판사.

장현갑 (2016),《마음챙김》, 학지사.

전현수 (2016),《정신과 의사의 체험으로 보는 사마타와 위빠사나》, 불광출판사.

정영수 (2018),「체화된 감정으로서 정: 순자 철학을 중심으로」,《공자학》34, 77~107쪽.

조관일 (2016),《감정 노동에서 나를 지키는 방법》, 올림.

질병관리청. (2022). 2022 국민건강통계. 질병관리청.

천현득 (2008),「감정은 자연종인가: 감정의 자연종 지위 논쟁과 감정 제거주의」,《철학사상》27, 317~346쪽.

최항섭 (2009),「레비의 집단지성: 대중지성을 넘어 전문가지성의 가능성 모색」,《사이버커뮤니케이션학보》26권 3호, 287~322쪽.

최현석 (2011),《인간의 모든 감정》, 서해문집.

홍성민 (2016),「주자 철학에서 감정의 적절성과 도덕성」,《동방학》35, 105~137쪽.

국외 문헌

Alexander, C. (1977). A Pattern Language: Towns, Buildings, Construction. New York: Oxford University Press.

Allais, M. (1953). "Le Comportement de l'Homme Rationnel Devant le Risque: Critique des Postulats et Axiomes de l'Ecole Americaine." Econometrica, 21(4), 503~546.

American Psychological Association. (2021). Stress in America: The State of Our Nation. APA.

American Psychological Association. (2021). Workplace Stress Statistics Report. APA.

Anderson, B., & Colleagues. (2005). The Role of Frequent Contact and Communication in Enhancing Psychological Well-being and Trust among Friends. Journal of Social Psychology.

Anderson, M. (2018). The Impact of Emotional Labor on Patient Trust and Satisfaction in Nursing. Johns Hopkins University Press.

Andreasen, N. C. (2001). Brave New Brain: Conquering Mental Illness in the Era of the Genome. Oxford University Press.

Aners, George (2018), 김미선 옮김, 《왜 인문학적 감각인가: 인공지능 시대, 세상은 오히려 단단한 인문학적 내공을 요구한다》, 사이.

Aplyard, N. A. (2020). The Power of Compassion in Organizations. University of Chicago Press.

Argyle, M. (2001). The Psychology of Happiness. Routledge.

Ariely, D. (2008). Predictably Irrational: The Hidden Forces That Shape Our Decisions. HarperCollins.

Aristotle. (350 BCE). Nicomachean Ethics. Translated by W. D. Ross. Oxford University Press.

Aristotles (2020), 박문재 옮김, 《아리스토텔레스 수사학》, 현대지성.

Asch, S. E. (1956). Studies of independence and conformity: I. A minority of one against a unanimous majority. Psychological Monographs: General and Applied, 70(9), 1~70.

Ashkanasy, N. M., & Daus, C. S. (2005). "Rumors of the Death of Emotional Intelligence in Organizational Behavior Are Vastly Exaggerated." Journal of Organizational Behavior, 26(4), 441~452.

Aspinwall, L. G., & Staudinger, U. M. (2003). A Psychology of Human Strengths: Fundamental Questions and Future Directions for a Positive Psychology. American Psychological Association.

Baars, B. J. (1997). In the Theater of Consciousness: The Workspace of the Mind. Oxford University Press.

Bacon, Francis (2014), 김홍표 옮김, 《노붐 오르가눔》, 지식을 만드는 지식.

Baker, David (1994), "Parenting Stress and ADHD: A Comparison of Mothers and Fathers," Journal of Emotional and Behavioral Disorders 2 (1), pp. 46~50.

Bandura, A. (1977). Social Learning Theory. Prentice Hall.

Bar-On, R. (2006). "The Bar-On Model of Emotional-Social Intelligence (ESI)." Psicothema, 18, 13~25.

Bargh, J. A. (1994). The Four Horsemen of Automaticity: Awareness, Intention, Efficiency, and Control in Social Cognition. In R. S. Wyer & T. K. Srull (Eds.), Handbook of Social Cognition (Vol. 1, pp. 1~40). Lawrence Erlbaum Associates.

Bargh, J. A., Chen, M., & Burrows, L.

(1996). Automaticity of social behavior: Direct effects of trait construct and stereotype activation on action. Journal of Personality and Social Psychology, 71(2), 230~244.

Barret, Lisa F. (2017), 최호영 옮김,《감정은 어떻게 만들어지는가?》, 생각연구소.

Barrett, L. F. (2015). Emotional Context and Memory Retention in High School Students. Harvard Educational Review, 85(4), 623~645.

Batson, D. C. (1991). The Altruism Question: Toward a Social-Psychological Answer. Lawrence Erlbaum Associates.

Baudrillard, Jean (2001), 하태환 옮김,《시뮬라시옹》, 민음사.

Baudrillard, Jean (2011), 배영달 옮김,《사물의 체계》, 지식을 만드는 지식.

Baumeister, R. F., & Leary, M. R. (1995). "The Need to Belong: Desire for Interpersonal Attachments as a Fundamental Human Motivation." Psychological Bulletin, 117(3), 497~529.

Baumeister, R. F., & Tierney, J. (2011). Willpower: Rediscovering the Greatest Human Strength. Penguin Press.

Baumeister, R. F., & Vohs, K. D. (2004). Handbook of Self-Regulation: Research, Theory, and Applications. Guilford Press.

Bechara, A., Damasio, H., & Damasio, A. R. (2000). Emotion, Decision Making and the Orbitofrontal Cortex. Cerebral Cortex, 10(3), 295~307.

Bell, D. E. (1982). "Regret in Decision Making Under Uncertainty." Operations Research, 30(5), 961~981.

Belyaev, D. (1979). Destabilizing Selection as a Factor in Domestication. Journal of Heredity, 70(5), 301~308.

Biswas-Diener, R., & Dean, B. (2007).

Positive Psychology Coaching: Putting the Science of Happiness to Work for Your Clients. Wiley.

Bjork, R. A. (2007). Spacing Effects in Learning: Enhancing Retention through Distributed Practice. Journal of Experimental Psychology: Learning, Memory, and Cognition, 33(4), 567~582.

Boyatzis, R. E. (1982). The Competent Manager: A Model for Effective Performance. Wiley.

Boyatzis, R. E. (2006). "An Overview of Intentional Change from a Complexity Perspective." Journal of Management Development, 25(7), 607~623.

Boyatzis, R. E., & McKee, A. (2005). Resonant Leadership: Renewing Yourself and Connecting with Others Through Mindfulness, Hope, and Compassion. Harvard Business Review Press.

Boyatzis, R. E., Rochford, K., & Taylor, S. N. (2015). "The Role of the Positive Emotional Attractor in Vision and Shared Vision: Toward Effective Leadership, Relationships, and Engagement." Frontiers in Psychology, 6, 670.

Boyatzis, R. E., Smith, M. L., & Van Oosten, E. B. (2019). Helping People Change: Coaching with Compassion for Lifelong Learning and Growth. Harvard Business Review Press.

Brackett, M. (2019). Permission to feel: Unlocking the power of emotions to help our kids, ourselves, and our society thrive. Celadon Books.

Brackett, M. A., Rivers, S. E., & Salovey, P. (2011). Emotional intelligence: Implications for personal, social, academic, and workplace success. Social and Personality Psychology Compass, 5(1), 88~103.

Brackett, Marc (2020), 임지연 옮김,《감정

의 발견》, 북라이프.

Briggs, Jean (1971), Never in Anger: Portrait of an Eskimo Family, Harvard University Press.

Brooks, D. (2011). The Social Animal: The Hidden Sources of Love, Character, and Achievement. Random House.

Brooks, D. (2015). The Road to Character. Random House.

Brooks, D. (2019). The Second Mountain: The Quest for a Moral Life. Random House.

Brown, A. et al. (2020). The Influence of Vocal Pitch on Attraction and Relationship Development. Oxford University Press.

Brown, A. S. (2004). The Déjà Vu Experience: Essays in Cognitive Psychology. Psychology Press.

Brown, B. (2010). The Gifts of Imperfection: Let Go of Who You Think You're Supposed to Be and Embrace Who You Are. Hazelden Publishing.

Brown, B. (2012). Daring Greatly: How the Courage to Be Vulnerable Transforms the Way We Live, Love, Parent, and Lead. Avery.

Brown, D. (2018). The Psychology of Eye Contact: Emotional and Self-Perception Implications. Harvard Psychological Review, 55(2), 102~118.

Brown, J. (2019). The 8-Second Miracle: Enhancing Athletic Performance through Cognitive Training. Harvard Sports Science Journal, 34(2), 56-72.

Brown, R. M. (1988). Starting from Scratch: A Different Kind of Writer's Manual. Bantam Books.

Brown, R., & Kulik, J. (1977). Flashbulb memories. Cognition, 5(1), 73~99.

Brown, R., & Kulik, J. (1982). "Flashbulb Memories and Historical Events." In U. Neisser (Ed.), Memory Observed: Remembering in Natural Contexts (pp. 23~39). W.H. Freeman.

Cacioppo, J. T., & Patrick, W. (2008). Loneliness: Human Nature and the Need for Social Connection. W.W. Norton & Company.

Camerer, C. F., Issacharoff, S., Loewenstein, G., O'Donoghue, T., & Rabin, M. (2003). "Regulation for Conservatives: Behavioral Economics and the Case for 'Asymmetric Paternalism'." University of Pennsylvania Law Review, 151(3), 1211~1254.

Cannon, W. B. (1932). The Wisdom of the Body. W. W. Norton & Company.

Cappellen, P., & Colleagues. (2017). Religious Practices and Positive Emotions: A Psychological Perspective. Journal of Positive Psychology.

Carnegie Institute of Technology. (n.d.). Research on Success Factors Among CEOs.

Carnegie, D. (1936). How to Win Friends and Influence People. Simon & Schuster.

Carter, C. S. (2014). "Oxytocin Pathways and the Evolution of Human Behavior." Annual Review of Psychology, 65(1), 17~39.

Caruso, D. R., & Salovey, P. (2004). The Emotionally Intelligent Manager: How to Develop and Use the Four Key Emotional Skills of Leadership. Jossey-Bass.

Chalmers, D. (1996). The Conscious Mind: In Search of a Fundamental Theory. Oxford University Press.

Chalmers, David (1996), The Conscious Mind, Oxford University Press.

Christopherson, P., et al. (2020). The Impact of Urban Green Spaces on Mental Health: A Study in Swedish Cities. Lund

University Environmental Psychology Research Report.

Cialdini, R. B. (2006). Influence: The Psychology of Persuasion. Harper Business.

Conway, M. A., & Pleydell-Pearce, C. W. (2000). "The Construction of Autobiographical Memories in the Self-Memory System." Psychological Review, 107(2), 261~288.

Côté, S. (2014). "Emotional Intelligence in Organizations." Annual Review of Organizational Psychology and Organizational Behavior, 1(1), 459~488.

Covey, S. R. (1989). The 7 Habits of Highly Effective People: Powerful Lessons in Personal Change. Free Press.

Csikszentmihalyi, M. (1990). Flow: The Psychology of Optimal Experience. Harper & Row.

Csikszentmihalyi, M. (1997). Finding Flow: The Psychology of Engagement with Everyday Life. Basic Books.

Csikszentmihalyi, M. (2003). Good Business: Leadership, Flow, and the Making of Meaning. Penguin Books.

Csikszentmihalyi, M. (2004). Good Business: Leadership, Flow, and the Making of Meaning. Penguin Books.

Cuddy, A. (2015). Presence: Bringing Your Boldest Self to Your Biggest Challenges. Little, Brown and Company.

Damasio, A. (1995). Toward a Neurobiology of Emotion and Feeling. Psychological Science, 6(3), 211~218.

Damasio, A. (1999). The Feeling of What Happens: Body and Emotion in the Making of Consciousness. Harcourt Brace.

Damasio, A. (2000). The Neurobiology of Emotion: A Comparative Perspective. In M. Gazzaniga (Ed.), The New Cognitive Neurosciences (pp. 1015~1034). MIT Press.

Damasio, A. (2003). Feelings of Emotion and the Self. Annals of the New York Academy of Sciences, 1001(1), 253~261.

Damasio, A. (2003). Looking for Spinoza: Joy, Sorrow, and the Feeling Brain. Harcourt.

Damasio, A. (2006). Descartes' Error Revisited. Journal of Consciousness Studies, 13(1-2), 36~39.

Damasio, A. (2010). Self Comes to Mind: Constructing the Conscious Brain. Pantheon Books.

Damasio, A. (2018). The Strange Order of Things: Life, Feeling, and the Making of Cultures. Pantheon Books.

Damasio, A. (2021). Feeling & Knowing: Making Minds Conscious. Pantheon Books.

Damasio, A., & Carvalho, G. B. (2013). The Nature of Feelings: Evolutionary and Neurobiological Origins. Nature Reviews Neuroscience, 14(2), 143~152.

Damasio, A., Tranel, D., & Damasio, H. (1991). Somatic Markers and the Guidance of Behavior: Theory and Preliminary Testing. In H. S. Levin, H. M. Eisenberg, & A. L. Benton (Eds.), Frontal Lobe Function and Dysfunction (pp. 217~229). Oxford University Press.

Damasio, H., Grabowski, T. J., Frank, R., Galaburda, A. M., & Damasio, A. (1994). The Return of Phineas Gage: Clues About the Brain from the Skull of a Famous Patient. Science, 264(5162), 1102~1105.

Danner, D. D., Snowdon, D. A., & Friesen, W. V. (2001). Positive emotions in early life and longevity: Findings from the nun study. Journal of Personality and Social Psychology, 80(5), 804~813.

Davachi, L. (2006). "Item, Context and Relational Episodic Encoding in Humans." Current Opinion in Neurobiology, 16(6), 693~700.

Davachi, L. (2016). Emotional Arousal and Long-Term Memory Formation: Evidence from fMRI and SCR Studies. Journal of Neuroscience, 36(12), 3456~3470.

Davachi, L., Mitchell, J. P., & Wagner, A. D. (2003). "Multiple Routes to Memory: Distinct medial temporal lobe processes build item and source memories." Proceedings of the National Academy of Sciences, 100(4), 2157~2162.

Davidson, D. (1980). Essays on Actions and Events. Oxford University Press.

Davidson, R. J., & Begley, S. (2012). The Emotional Life of Your Brain. Hudson Street Press.

Davis, C. (2015). The Role of Eye Contact in Building Trust and Cooperation. Harvard Journal of Social Psychology, 42(3), 215~230.

De Beauvoir, S. (1949). The Second Sex. Vintage Books.

Deci, E. L., & Ryan, R. M. (1985). Intrinsic Motivation and Self-Determination in Human Behavior. Springer Science & Business Media.

Deci, E. L., & Ryan, R. M. (2000). "The 'What' and 'Why' of Goal Pursuits: Human Needs and the Self-Determination of Behavior." Psychological Inquiry, 11(4), 227~268.

Deci, E. L., & Ryan, R. M. (2017). Self-Determination Theory: Basic Psychological Needs in Motivation, Development, and Wellness. Guilford Publications.

Dehaene, S. (2014). Consciousness and the Brain: Deciphering How the Brain Codes Our Thoughts. Viking.

Dehaene, S. (2021). How We Learn: Why Brains Learn Better Than Any Machine... for Now. Viking.

Dennett, D. C. (1991). Consciousness Explained. Little, Brown and Co.

Diana, R. A., Yonelinas, A. P., & Ranganath, C. (2007). "Imaging Recollection and Familiarity in the Medial Temporal Lobe: A Three-Component Model." Trends in Cognitive Sciences, 11(9), 379~386.

Diener, E. (2000). "Subjective Well-Being: The Science of Happiness and a Proposal for a National Index." American Psychologist, 55(1), 34~43.

Diener, E. (2013). The Remarkable Changes in the Science of Subjective Well-Being. Perspectives on Psychological Science, 8(1), 6~11.

Diener, E., & Biswas-Diener, R. (2008). Happiness: Unlocking the Mysteries of Psychological Wealth. Wiley-Blackwell.

Diener, E., & Seligman, M. E. P. (2002). "Very Happy People." Psychological Science, 13(1), 81~84.

Diener, E., Oishi, S., & Lucas, R. E. (2003). "Personality, Culture, and Subjective Well-Being: Emotional and Cognitive Evaluations of Life." Annual Review of Psychology, 54(1), 403~425.

Diener, E., Suh, E. M., Lucas, R. E., & Smith, H. L. (1999). "Subjective Well-Being: Three Decades of Progress." Psychological Bulletin, 125(2), 276~302.

Duckworth, A. (2016). Grit: The Power of Passion and Perseverance. Scribner.

Duckworth, A. L., Steen, T. A., & Seligman, M. E. P. (2005). "Positive Psychology in Clinical Practice." Annual Review of Clinical Psychology, 1, 629~651.

Durant, W. (1935). The Story of Civilization. Simon and Schuster.

Dweck, C. S. (2006). Mindset: The New Psychology of Success. Random House.

Eagleman, D. (2011). Incognito: The Secret Lives of the Brain. Pantheon Books.

Ebbinghaus, H. (1880). "The Forgetting Curve and Memory Retention." Psychological Monographs, 10(3), 1~35.

Ebbinghaus, H. (1885). Memory: A Contribution to Experimental Psychology. Dover Publications.

Ebbinghaus, H. (1890). "The Measurement of Intelligence." Philosophical Review, 1(1), 1~24.

Ebbinghaus, H. (1902). "Fundamentals of Cognitive Processes." Journal of Experimental Psychology, 2(4), 215~237.

Ebbinghaus, H. (1913). On Memory: Contributions to Experimental Psychology. Teachers College, Columbia University.

Edelman, G. M. (2004). Wider than the Sky: The Phenomenal Gift of Consciousness. Yale University Press.

Edmondson, A. C. (1999). "Psychological Safety and Learning Behavior in

Work Teams." Administrative Science Quarterly, 44(2), 350~383.

Edmondson, A. C. (2004). "Psychological Safety, Trust, and Learning in Organizations: A Group-Level Lens." In R. M. Kramer & K. S. Cook (Eds.), Trust and Distrust in Organizations: Dilemmas and Approaches (pp. 239~272). Russell Sage Foundation.

Edmondson, A. C. (2012). Teaming: How Organizations Learn, Innovate, and Compete in the Knowledge Economy. Jossey-Bass.

Edmondson, A. C. (2014). "The Fearless Organization: Creating Psychological Safety in the Workplace for Learning, Innovation, and Growth." Harvard Business Review Press.

Edmondson, A. C., & Lei, Z. (2014). "Psychological Safety: The History, Renaissance, and Future of an Interpersonal Construct." Annual Review of Organizational Psychology and Organizational Behavior, 1(1), 23~43.

Edwards, W. (1962). "Subjective Probabilities Inferred from Decisions." Psychological Review, 69(2), 109-135.

Eisenberger, N. I. (2006). Social Pain and the Brain: The Neural Basis of Social Exclusion. Science, 302(5643), 290~292.

Ekman, P. (1999). Emotions Revealed: Recognizing Faces and Feelings to Improve Communication and Emotional Life. Times Books.

Ellsberg, D. (1961). "Risk, Ambiguity, and the Savage Axioms." Quarterly Journal of Economics, 75(4), 643~669.

Emerson, R. W. (1841). Essays: First Series. Boston: James Munroe and Company.

Emmons, R. A. (2007). Thanks!: How the New Science of Gratitude Can Make You Happier. Houghton Mifflin Harcourt.

European Commission. (2020). European Workplace Stress Report. European Union Publications.

Faulkner, A. et al. (2009). Capuchin Monkey Gesture Imitation and Nonverbal Communication. Science, 324(5931), 102~105.

Feldman Barrett, L. (2006). "Solving the Emotion Paradox: Categorization and the Experience of Emotion." Personality and Social Psychology Review, 10(1), 20~46.

Feldman Barrett, L. (2013). "Psychological Construction: The Darwinian Approach to the Science of Emotion." Emotion Review,

5(4), 379~389.

Feldman Barrett, L. (2015). "Constructionist Models of Emotion: From Circumplex to Conceptual Act." In L. F. Barrett & J. A. Russell (Eds.), The Psychological Construction of Emotion (pp. 1~30). Guilford Press.

Feldman Barrett, L. (2016). "The Theory of Constructed Emotion: An Active Inference Account of Interoception and Categorization." Social Cognitive and Affective Neuroscience, 11(1), 1~23.

Feldman Barrett, L. (2017). How Emotions Are Made: The Secret Life of the Brain. Houghton Mifflin Harcourt.

Feldman Barrett, L. (2020). Seven and a Half Lessons About the Brain. Houghton Mifflin Harcourt.

Feldman Barrett, L., & Satpute, A. B. (2013). "Large-Scale Brain Networks in Affective and Social Neuroscience: Towards an Integrative Functional Architecture of the Brain." Current Opinion in Neurobiology, 23(3), 361~372.

Finnish Ministry of Education. (2018). The Impact of Playtime on Elementary School Students' Learning Attitudes and Emotional Stability. Finnish Ministry of Education Publications.

Flavell, J. H. (1979). "Metacognition and Cognitive Monitoring: A New Area of Cognitive–Developmental Inquiry." American Psychologist, 34(10), 906~911.

Flavell, J. H. (1985). Cognitive Development (2nd ed.). Prentice Hall.

Flavell, J. H. (1992). "Perspectives on Perspective Taking." In H. Beilin & P. Pufall (Eds.), Piaget's Theory: Prospects and Possibilities (pp. 107~139). Psychology Press.

Flavell, J. H. (2004). "Theory-of-Mind Development: Retrospect and Prospect." Merrill-Palmer Quarterly, 50(3), 274~290.

Flavell, J. H., Green, F. L., & Flavell, E. R. (1995). "Young Children's Knowledge about Thinking." Monographs of the Society for Research in Child Development, 60(1), 1~96.

Frankfurt, H. (1988). The Importance of What We Care About. Cambridge University Press.

Frankl, V. E. (2006). Man's Search for Meaning. Beacon Press.

Fredrickson, B. L. (2001). "The Role of Positive Emotions in Positive Psychology: The Broaden-and-Build Theory of Positive Emotions." American Psychologist, 56(3), 218~226.

Fredrickson, B. L. (2004). "The Broaden-and-Build Theory of Positive Emotions." Philosophical Transactions of the Royal Society B: Biological Sciences, 359(1449), 1367~1377.

Fredrickson, B. L. (2009). Positivity: Top-Notch Research Reveals the 3-to-1 Ratio That Will Change Your Life. Crown.

Fredrickson, B. L. (2013). Love 2.0: Finding Happiness and Health in Moments of Connection. Hudson Street Press.

Fricker, M. (2007). Epistemic Injustice: Power and the Ethics of Knowing. Oxford University Press.

Gable, S. L., & Haidt, J. (2005). "What (and Why) Is Positive Psychology?" Review of General Psychology, 9(2), 103~110.

Gabriel, J. (2021). The Impact of Empathetic Leadership on Team Performance. Harvard University Press.

García, H., & Miralles, F. (2016). Ikigai: The Japanese Secret to a Long and Happy Life. Penguin Books.

Garcia, J., et al. (2003). The Psychological Impact of Unstable Environments on Social Interaction. UCLA Department of Psychology Research Report.

Gardner, H. (1999). Intelligence Reframed: Multiple Intelligences for the 21st Century. Basic Books.

Gazzaniga, M. S. (2011). Who's in Charge?: Free Will and the Science of the Brain. Ecco.

Gazzaniga, M. S. (2018). The Consciousness Instinct: Unraveling the Mystery of How the Brain Makes the Mind. Farrar, Straus and Giroux.

Gigerenzer, G. (2007). Gut Feelings: The Intelligence of the Unconscious. Viking.

Gilbert, D. (2006). Stumbling on Happiness. Knopf.

Gladwell, M. (2000). The Tipping Point: How Little Things Can Make a Big Difference. Little, Brown.

Gladwell, M. (2005). Blink: The Power of Thinking Without Thinking. Little, Brown.

Gladwell, M. (2008). Outliers: The Story of Success. Little, Brown.

Gladwell, M. (2013). David and Goliath: Underdogs, Misfits, and the Art of Battling Giants. Little, Brown.

Goffman, E. (1959). The Presentation of Self in Everyday Life. New York: Anchor Books.

Goleman, D. (1995). Emotional Intelligence: Why It Can Matter More Than IQ. Bantam Books.

Goleman, D. (2006). Social Intelligence: The New Science of Human Relationships. Bantam Books.

Goleman, D. (2017). Emotional Intelligence and Negotiation Success. Harvard Business Review, 95(3), 112~120.

Gopnik, A. (2009). The Philosophical Baby: What Children's Minds Tell Us About Truth, Love, and the Meaning of Life. Farrar, Straus and Giroux.

Gottman, J. (1999). The Seven Principles for Making Marriage Work. Harmony Books.

Gottman, J., & Silver, N. (1999). The Seven Principles for Making Marriage Work. Harmony Books.

Gould, E., Tanapat, P., McEwen, B. S., Flugge, G., & Fuchs, E. (1998). Proliferation of granule cell precursors in the dentate gyrus of adult monkeys is diminished by stress. Proceedings of the National Academy of Sciences, 95(6), 3168~3171.

Grant, A. (2013). Give and Take: Why Helping Others Drives Our Success. Viking.

Green, R. (2021). The Role of Sensory Integration in Learning: A Neuroscientific Perspective. Journal of Cognitive Neuroscience, 33(4), 567~582.

Hackman, R. (2002). Leading Teams: Setting the Stage for Great Performances. Harvard Business Review Press.

Hackman, R. (2018). Transforming Emotional Labor Through Positive Workplace Culture. Harvard Business School Press.

Haidt, J. (2006). The Happiness Hypothesis: Finding Modern Truth in Ancient Wisdom. Basic Books.

Hall, E. T. (1966). The Hidden Dimension. Garden City, NY: Doubleday.

Haller, R. (2018). Hass: Die Macht der zerstörerischen Gefühle. Patmos Verlag.

Hanson, R. (2013). Hardwiring Happiness: The New Brain Science of Contentment, Calm, and Confidence. Harmony.

Hare, B., & Woods, V. (2020). Survival of the Friendliest: Understanding Our Origins and Rediscovering Our Common Humanity. Random House.

Hari, J. (2022). Stolen Focus: Why You Can't Pay Attention--and How to Think Deeply Again. Crown Publishing Group.

Harvard Business School. (2010). Longitudinal Study on CEO Success Factors. Harvard Business Review.

Hasson, U., Nir, Y., Levy, I., Fuhrmann, G., & Malach, R. (2004). Intersubject Synchronization of Cortical Activity During Natural Vision. Science, 303(5664), 1634~1640.

Hazan, C., & Shaver, P. (1987). "Romantic Love Conceptualized as an Attachment Process." Journal of Personality and Social Psychology, 52(3), 511~524.

Heath, C., & Heath, D. (2007). Made to Stick: Why Some Ideas Survive and Others Die. Random House.

Heath, C., & Heath, D. (2010). Switch: How to Change Things When Change Is Hard. Crown Business.

Heidegger, M. (1927). Being and Time. Translated by J. Macquarrie & E. Robinson. Harper & Row.

Hellmann, P. (2017). You Have 8 Seconds: Communication Secrets for a Distracted World. AMACOM.

Hochschild, A. R. (1983). The Managed Heart: Commercialization of Human Feeling. University of California Press.

Hume, D. (1739). A Treatise of Human Nature. Oxford University Press.

Iacoboni, M. (2009). Mirroring People: The New Science of How We Connect with Others. Farrar, Straus and Giroux.

James, W. (1890). The Principles of Psychology. Harvard University Press.

James, W. (1902). The Varieties of Religious Experience: A Study in Human Nature. Longmans, Green & Co.

James, W. (1912). Essays in Radical Empiricism. Longmans, Green & Co.

Janis, I. L. (1982). Groupthink: Psychological Studies of Policy Decisions and Fiascoes. Houghton Mifflin.

Järvenoja, H., & Mäkikangas, A. (2020). The Role of Positive Emotions in Enhancing Creative Problem Solving. Finnish Journal of Psychology.

Johnson, S. (2018). Nutritional Intake and Cognitive Performance: A Study on the Effects of Diet on Learning. Journal of Nutritional Science, 37(2), 145~160.

Jordan, P. J., Ashkanasy, N. M., & Härtel, C. E. J. (2002). "Emotional Intelligence as a Moderator of Emotional and Behavioral Reactions to Job Insecurity." Academy of Management Review, 27(3), 361~372.

Kabat-Zinn, J. (1990). Full Catastrophe Living: Using the Wisdom of Your Body and Mind to Face Stress, Pain, and Illness. Delacorte Press.

Kahneman, D. (2011). Thinking, Fast and Slow. Farrar, Straus and Giroux.

Kahneman, D., & Tversky, A. (1979). "Prospect Theory: An Analysis of Decision under Risk." Econometrica, 47(2), 263~291.

Kahneman, D., & Tversky, A. (1984). "Choices, Values, and Frames." American Psychologist, 39(4), 341~350.

Kandel, E. R. (2006). In Search of Memory: The Emergence of a New Science of Mind. W.W. Norton & Company.

Kashdan, T. B., & Ciarrochi, J. (2013). Mindfulness, Acceptance, and Positive

Psychology: The Seven Foundations of Well-Being. New Harbinger Publications.

Keltner, D. (2009). Born to Be Good: The Science of a Meaningful Life. W.W. Norton & Company.

Keltner, D., & Haidt, J. (1999). "Social Functions of Emotions at Four Levels of Analysis." Cognition & Emotion, 13(5), 505~521.

Keyes, C. L. M. (2002). "The Mental Health Continuum: From Languishing to Flourishing in Life." Journal of Health and Social Behavior, 43(2), 207~222.

Kierkegaard, S. (1843). Either/Or: A Fragment of Life. Penguin Classics.

Kim, K. (2021). The Impact of Meta-Feeling on Academic Performance in Elementary Students. Korean Journal of Educational Psychology, 35(2), 145~167.

Klein, S. B. (2013). The Science of Personal Identity. MIT Press.

Koch, C. (2012). Consciousness: Confessions of a Romantic Reductionist. MIT Press.

Kyoto University Research Team. (2020). The Relationship Between Natural Environments and Mental Health: A Quantitative Analysis. Kyoto University Journal of Environmental Psychology.

LeDoux, J. (1989). "Cognitive-Emotional Interactions in the Brain." Cognition & Emotion, 3(4), 267~289.

LeDoux, J. (1996). The Emotional Brain: The Mysterious Underpinnings of Emotional Life. Simon & Schuster.

LeDoux, J. (2000). "Emotion Circuits in the Brain." Annual Review of Neuroscience, 23(1), 155~184.

LeDoux, J. (2002). Synaptic Self: How Our Brains Become Who We Are. Viking.

LeDoux, J. (2007). "The Amygdala." Current Biology, 17(20), R868~R874.

LeDoux, J. (2012). "Rethinking the Emotional Brain." Neuron, 73(4), 653~676.

LeDoux, J. (2015). Anxious: Using the Brain to Understand and Treat Fear and Anxiety. Viking.

LeDoux, J. (2017). "Using Neuroscience to Help Understand Fear and Anxiety: A Two-System Framework." American Psychologist, 72(6), 576~588.

LeDoux, J. (2019). The Deep History of Ourselves: The Four-Billion-Year Story of How We Got Conscious Brains. Viking.

LeDoux, J., & Brown, R. (2017). "A Higher-Order Theory of Emotional Consciousness." Proceedings of the National Academy of Sciences, 114(10), E2016-E2025.

Lee, J. et al. (2018). The Role of Vocal Cues in Emotional Communication. Stanford University Press.

Lee, M., & Carter, S. (2017). The Power of Self-Talk in Overcoming Failure: Psychological Insights from Longitudinal Studies. Colorado University Press.

Lee, S. (2015). The Impact of Spaced Learning on Long-Term Memory Retention. Journal of Educational Psychology, 107(6), 980~995.

Lefebvre, H. (1991). The Production of Space. Oxford: Blackwell.

Lenahan, S. (2010). Psychological Resilience in Human Subjects: A Study on Adaptive Coping Mechanisms. Harvard Journal of Psychology, 45(2), 112~130.

Levy, B. R., & Slade, M. D. (2002). Positive self-perceptions of aging and longevity: Findings from the Yale-Harvard longitudinal study. Journal of Personality and Social Psychology, 83(2), 261~270.

Lewis, M., Haviland-Jones, J. M., & Barrett, L. F. (Eds.). (2008). Handbook of Emotions (3rd ed.). The Guilford Press.

Lieberman, M. D. (2010). Social cognitive neuroscience: A review of core processes. Annual Review of Psychology, 61, 243~270.

Lindquist, K. A., & Feldman Barrett, L. (2008). "Constructing Emotion: The Experience of Fear as a Conceptual Act." Psychological Science, 19(9), 898~903.

Loewenstein, G. (2005). Hot-Cold Empathy Gap: The Psychology of Decision Making. Cambridge University Press.

Loewenstein, G., & Ubel, P. (2008). "Hedonic Adaptation and the Role of Decision and Experience Utility in Public Policy." Journal of Public Economics, 92(8-9), 1795~1810.

Loomes, G., & Sugden, R. (1982). "Regret Theory: An Alternative Theory of Rational Choice Under Uncertainty." Economic Journal, 92(368), 805~824.

Luca, M. (2016). Reviews, Reputation, and Revenue: The Case of Yelp.com. Harvard Business School.

Lyubomirsky, S. (2007). The How of Happiness: A New Approach to Getting the Life You Want. Penguin Press.

Lyubomirsky, S. (2008). The How of Happiness: A New Approach to Getting the Life You Want. Penguin Books.

Lyubomirsky, S. (2013). The Myths of Happiness: What Should Make You Happy, but Doesn't, What Shouldn't Make You Happy, but Does. Penguin Books.

Lyubomirsky, S., King, L., & Diener, E. (2005). "The Benefits of Frequent Positive Affect: Does Happiness Lead to Success?" Psychological Bulletin, 131(6), 803~855.

Maguire, E. A., Gadian, D. G., John-srude, I. S., Good, C. D., Ashburner, J., Frackowiak, R. S., & Frith, C. D. (2000). Navigation-related structural change in the hippocampi of taxi drivers. Proceedings of the National Academy of Sciences, 97(8), 4398~4403.

Mareschal, I., Calder, A. J., & Clifford, C. W. (2013). Humans have an expectation that gaze is directed toward them. Journal of Vision, 13(6), 1~16.

Markinson, J. (2020). Empathetic Communication Between Teachers and Students: Impact on Academic Performance and Emotional Well-being. University of British Columbia.

Markowitz, H. (1952). "Portfolio Selection." Journal of Finance, 7(1), 77~91.

Mayer, E. V. (2011). The Chocolate Test: Impulse Control and Delayed Gratification. Journal of Experimental Child Psychology, 110(4), 467~482.

Mayer, J. D., & Salovey, P. (1997). "What Is Emotional Intelligence?" In P. Salovey & D. Sluyter (Eds.), Emotional Development and Emotional Intelligence: Educational Implications (pp. 3~31). Basic Books.

Mayer, J. D., Roberts, R. D., & Barsade, S. G. (2008). "Human Abilities: Emotional Intelligence." Annual Review of Psychology, 59, 507~536.

McEwen, B. S. (1998). Protective and damaging effects of stress mediators. New England Journal of Medicine, 338(3), 171~179.

McGonigal, K. (2015). The Upside of Stress: Why Stress Is Good for You, and How to Get Good at It. Avery.

McKinsey Global Institute. (2018). Artificial Intelligence: The Next Digital Frontier?. McKinsey & Company.

Mehrabian, A. (1971). Silent Messages:

Implicit Communication of Emotions and Attitudes. Wadsworth Publishing.

Merzenich, M. M., Jenkins, W. M., Johnston, P., Schreiner, C., Miller, S. L., & Tallal, P. (1996). Temporal processing deficits of language-learning impaired children ameliorated by training. Science, 271(5245), 77~81.

Microsoft Canada. (2015). Attention spans: Consumer insights report. Microsoft Corporation.

Mikolajczak, M., Petrides, K. V., Coumans, N., & Luminet, O. (2009). "The Moderating Effect of Trait Emotional Intelligence on Mood Deterioration Following Laboratory-Induced Stress." International Journal of Clinical and Health Psychology, 9(3), 455~477.

Mill, J. S. (1863). Utilitarianism. Parker, Son, and Bourn, West Strand.

Miller, S., et al. (2021). Emotional Stability in Preferred Places and Its Impact on Social Relationships. Harvard University Psychology Research Report.

Ministry of Education, Culture, Sports, Science and Technology. (2018). Moral Education Curriculum Guidelines. Japanese Government Publications.

Mischel, W., & Ebbesen, E. B. (1970). Attention in delay of gratification. Journal of Personality and Social Psychology, 16(2), 329~337.

Mischel, W., Shoda, Y ., & Rodriguez, M. L. (1989). Delay of gratification in children. Science, 244(4907), 933~938.

Moran, J. (2012). The Role of Informal Communication in Enhancing Workplace Collaboration. Harvard University Press.

Mullainathan, S., & Shafir, E. (2013). Scarcity: Why Having Too Little Means So Much. Times Books.

Nagel, T. (1974). "What Is It Like to Be a Bat?" Philosophical Review, 83(4), 435~450.

Neff, K. (2011). Self-Compassion: Stop Beating Yourself Up and Leave Insecurity Behind. HarperCollins.

Neisser, U., & Harsch, N. (1992). "Phantom Flashbulbs: False Recollections of Hearing the News about Challenger." In E. Winograd & U. Neisser (Eds.), Affect and Accuracy in Recall: Studies of 'Flashbulb' Memories (pp. 9~31). Cambridge University Press.

Nichols, R. (2003). The Power of Listening: Enhancing Relationships through Active Attention. Journal of Applied Psychology, 88(4), 732~748.

Noelle-Neumann, E. (1980). Die öffentliche Meinung: Unsere soziale Haut. Ullstein.

Nussbaum, M. C. (2001). Upheavals of Thought: The Intelligence of Emotions. Cambridge University Press.

Panksepp, J. (1998). Affective Neuroscience: The Foundations of Human and Animal Emotions. Oxford University Press.

Peterson, C. (2006). A Primer in Positive Psychology. Oxford University Press.

Peterson, C., & Seligman, M. E. P. (2004). Character Strengths and Virtues: A Handbook and Classification. Oxford University Press.

Phelps, E. A. (2004). "Human Emotion and Memory: Interactions of the Amygdala and Hippocampal Complex." Current Opinion in Neurobiology, 14(2), 198~202.

Phelps, E. A. (2006). "Emotion and Cognition: Insights from Studies of the Human Amygdala." Annual Review of Psychology, 57, 27~53.

Phelps, E. A., & LeDoux, J. E. (2005).

"Contributions of the Amygdala to Emotion Processing: From Animal Models to Human Behavior." Neuron, 48(2), 175~187.

Phelps, E. A., Lempert, K. M., & Sokol-Hessner, P. (2014). "Emotion and Decision Making: Multiple Modulatory Neural Circuits." Annual Review of Neuroscience, 37, 263~287.

Pink, D. H. (2009). Drive: The Surprising Truth About What Motivates Us. Riverhead Books.

Pinker, S. (1997). How the Mind Works. W.W. Norton & Company.

Pitman, R. K. (1989). "Post-traumatic Stress Disorder, Hormones, and Memory." Biological Psychiatry, 26(3), 221~223.

Pitman, R. K., Orr, S. P., & Shalev, A. Y. (1993). "Once Bitten, Twice Shy: Beyond the Single-Prolonged Stress Model." Biological Psychiatry, 33(3), 145~146.

Pitman, R. K., Rasmusson, A. M., Koenen, K. C., Shin, L. M., Orr, S. P., Gilbertson, M. W., & Liberzon, I. (2012). "Biological Studies of Post-Traumatic Stress Disorder." Nature Reviews Neuroscience, 13(11), 769~787.

Pitman, R. K., Sanders, K. M., Zusman, R. M., Healy, A. R., Cheema, F., Lasko, N. B., & Orr, S. P. (2002). "Pilot Study of Secondary Prevention of Posttraumatic Stress Disorder with Propranolol." Biological Psychiatry, 51(2), 189~192.

Pitman, R. K., Shin, L. M., & Rauch, S. L. (2001). "Investigating the Pathogenesis of Posttraumatic Stress Disorder with Neuroimaging." Journal of Clinical Psychiatry, 62(Suppl 17), 47~54.

Plato. (375 BCE). The Symposium. Translated by B. Jowett. Hackett Publishing.

Porges, S. W. (2003). "The Polyvagal Theory: Phylogenetic Substrates of a Social Nervous System." International Journal of Psychophysiology, 42(2), 123~146.

Putnam, R. D. (2000). Bowling Alone: The Collapse and Revival of American Community. Simon & Schuster.

Ramachandran, V. S. (1998). Phantoms in the Brain: Probing the Mysteries of the Human Mind. Harper Perennial.

Ramachandran, V. S. (2011). The Tell-Tale Brain: A Neuroscientist's Quest for What Makes Us Human. W.W. Norton & Company.

Ranganath, C., & Davachi, L. (2006). "Memory: Following the Route to Retrieval." Nature Neuroscience, 9(7), 733~735.

Rizzolatti, G., & Craighero, L. (2004). The Mirror-Neuron System. Annual Review of Neuroscience, 27, 169~192.

Roberts, A., et al. (2018). The Impact of Open Office Spaces on Collaboration and Creativity. Harvard University Social Psychology Research Report.

Roediger, H. L., & Karpicke, J. D. (2011). The Benefits of Testing for Learning: Retrieval Practice and Long-Term Retention. Perspectives on Psychological Science, 16(3), 249~255.

Rosenberg, M. (1999). Nonviolent Communication: A Language of Life. PuddleDancer Press.

Rosenthal, D. (2018). The Influence of Positive Language on Stress Reduction and Social Bonding. Journal of Psychological Science, 24(3), 112~127.

Russell, B. (1921). The Analysis of Mind. George Allen & Unwin.

Russell, J. A., & Feldman Barrett, L. (1999). "Core Affect, Prototypical Emotional Episodes, and Other Things Called Emotion: Dissecting the Elephant." Journal of Personality and Social Psychology, 76(5), 805~819.

Ryan, R. M., & Deci, E. L. (2017). Self-Determination Theory: Basic Psychological Needs in Motivation, Development, and Wellness. Guilford Publications.

Ryff, C. D., & Singer, B. (1998). "The Contours of Positive Human Health." Psychological Inquiry, 9(1), 1~28.

Ryle, G. (1949). The Concept of Mind. Hutchinson & Co.

Sacks, O. (1985). The Man Who Mistook His Wife for a Hat. Summit Books.

Sacks, O. (2007). Musicophilia: Tales of Music and the Brain. Knopf.

Salovey, P., & Mayer, J. D. (2000). Emotional Intelligence in the Workplace: Impacts on Performance and Leadership. Journal of Organizational Behavior, 21(5), 523~541.

Samuelson, P. A. (1963). "Risk and Uncertainty: A Fallacy of Large Numbers." Scientia, 98, 108~113.

Santos, L. (2019). The Science of Well-Being. Yale University Press.

Sapolsky, R. M. (2004). Why Zebras Don't Get Ulcers: The Acclaimed Guide to Stress, Stress-Related Diseases, and Coping. Henry Holt and Company.

Schacter, D. L. (1996). Searching for Memory: The Brain, the Mind, and the Past. Basic Books.

Scherer, K. R., & Feldman Barrett, L. (2011). "Emotion Measurement." Affective Science, 31(2), 1~36.

Schiller, D., & Phelps, E. A. (2011). "Does Reconsolidation Occur in Humans?" Frontiers in Behavioral Neuroscience, 5, 24.

Schoenfeld, A. H. (1985). Mathematical Problem Solving. Academic Press.

Schoenfeld, A. H. (1992). "Learning to Think Mathematically: Problem Solving, Metacognition, and Sense-Making in Mathematics." In D. Grouws (Ed.), Handbook of Research on Mathematics Teaching and Learning (pp. 334~370). Macmillan.

Schoenfeld, A. H. (2010). How We Think: A Theory of Human Decision-Making with an Application to Mathematics Education. Routledge.

Schopenhauer, A. (1844). The World as Will and Representation. Translated by J. Norman. Dover Publications.

Schwartz, B. (2004). The Paradox of Choice: Why More Is Less. Harper Perennial.

Seligman, M. E. P. (2002). Authentic Happiness: Using the New Positive Psychology to Realize Your Potential for Lasting Fulfillment. Free Press.

Seligman, M. E. P. (2011). Flourish: A Visionary New Understanding of Happiness and Well-being. Free Press.

Seung, S. (2012). Connectome: How the Brain's Wiring Makes Us Who We Are. Houghton Mifflin Harcourt.

Sheldon, K. M., & King, L. (2001). "Why Positive Psychology Is Necessary." American Psychologist, 56(3), 216~217.

Slovic, P., Fischhoff, B., & Lichtenstein, S. (1977). "Behavioral Decision Theory." Annual Review of Psychology, 28(1), 1~39.

Smith, A. (1759). The Theory of Moral Sentiments. Cambridge University Press.

Smith, A., & Johnson, B. (2015). Neural Mechanisms of Self-Compassion and Positive Self-Talk. Colorado University Press.

Smith, J. D., & Brown, L. T. (2020). The Role of Self-Testing in Enhancing Learning Motivation and Retention. Journal of

Educational Psychology, 112(5), 789~803.

Smith, M. (2020). The Impact of Protein Intake on Cognitive Function and Memory Retention. Cambridge Journal of Neuroscience, 45(3), 210~225.

Solomon, R. C. (2007). True to Our Feelings: What Our Emotions Are Really Telling Us. Oxford University Press.

Stanford University. (2017). The Impact of Play-Based Learning on Student Engagement and Academic Performance. Stanford University Press.

Stanford University. (2018). Interpersonal Psychology Study on Empathy and Negotiation Outcomes. Stanford University Press.

Stanford University. (2022). The Impact of Emotional Intelligence on Organizational Performance. Stanford University Press.

Staresina, B. P., & Davachi, L. (2009). "Mind the Gap: Binding Experiences across Space and Time in the Human Hippocampus." Neuron, 63(2), 267~276.

Stewart, M., & Team. (2004). The Relationship Between Stress and Resilience in Rodents. Journal of Neuroscience Research, 78(5), 1023~1035.

Strawson, G. (2008). Real Materialism and Other Essays. Oxford University Press.

Sunstein, C. R. (2014). Why Nudge?: The Politics of Libertarian Paternalism. Yale University Press.

Talarico, J. M., & Rubin, D. C. (2003). "Confidence, Consistency, and Accuracy in Flashbulb Memories." Psychological Science, 14(5), 455~461.

Tanaka, H., & Nakamura, Y. (2018). The Apple Test: Early Emotional Regulation and Its Impact on Adult Success and Well-being. Japanese Journal of Developmental Psychology, 29(2), 134~150.

Taub, E., Uswatte, G., & Pidikiti, R. (1999). Constraint-Induced Movement Therapy: A new family of techniques with broad application to physical rehabilitation. Journal of Rehabilitation Research and Development, 36(3), 237~251.

Thaler, R. H. (2015). Misbehaving: The Making of Behavioral Economics. W.W. Norton & Company.

Thaler, R. H., & Sunstein, C. R. (2008). Nudge: Improving Decisions About Health, Wealth, and Happiness. Yale University Press.

Thaler, R. H., & Sunstein, C. R. (2008). Nudge: Improving Decisions About Health, Wealth, and Happiness. Yale University Press.

Todorov, A., Mandisodza, A. N., Goren, A., & Hall, C. C. (2005). Inferences of competence from faces predict election outcomes. Science, 308(5728), 1623~1626.

Tolman, E. C. (1948). Cognitive Maps in Rats and Men. The Psychological Review, 55(4), 189~208.

Tononi, G. (2008). "Consciousness as Integrated Information: A Provisional Manifesto." Biological Bulletin, 215(3), 216~242.

Tononi, G. (2012). Phi: A Voyage from the Brain to the Soul. Pantheon Books.

Tuan, Y.-F. (1974). Topophilia: A Study of Environmental Perception, Attitudes, and Values. Englewood Cliffs, NJ: Prentice-Hall.

Tulving, E. (1985). Elements of Episodic Memory. Oxford University Press.

Tulving, E. (2001). Episodic Memory and Storytelling: Experimental Evidence from Word Lists. Journal of Experimental Psychology: Learning, Memory, and Cognition, 27(3), 567~579.

Tversky, A., & Kahneman, D. (1992). "Advances in Prospect Theory: Cumulative Representation of Uncertainty." Journal of Risk and Uncertainty, 5(4), 297~323.

Uchino, B. N. (2006). "Social Support and Health: A Review of Physiological Processes Potentially Underlying Links to Disease Outcomes." Journal of Behavioral Medicine, 29(4), 377~387.

Ulrich, R. S. (1984). View through a window may influence recovery from surgery. Science, 224(4647), 420~421

UNICEF. (2020). The State of the World's Children 2020: Children, Food and Nutrition. UNICEF.

University of Pennsylvania. (2010). The Impact of Prosocial Behavior on Social Support Networks and Life Satisfaction. University of Pennsylvania Press.

Vaillant, G. E. (2008). Spiritual Evolution: A Scientific Defense of Faith. Broadway Books.

van der Kolk, B. (2014). The Body Keeps the Score: Brain, Mind, and Body in the Healing of Trauma. Viking.

Vicary, J. (1957). Subliminal Advertising Experiment. Journal of Marketing Research.

Waugh, C. E., & Fredrickson, B. L. (2006). "Nice to Know You: Positive Emotions, Self-Other Overlap, and Complex Understanding in the Formation of a New Relationship." Journal of Positive Psychology, 1(2), 93~106.

Werner, E. E. (1989). High-risk children in young adulthood: A longitudinal study from birth to 32 years. American Journal of Orthopsychiatry, 59(1), 72~81.

Whalen, P. J. (1998). Fear, vigilance, and ambiguity: Initial neuroimaging studies of the human amygdala. Current Directions in Psychological Science, 7(6), 177~188.

Williams, J. (2019). The Role of Omega-3 Fatty Acids in Cognitive Enhancement. Harvard Medical Journal, 52(4), 312-328.

Williams, R., et al. (2017). The Impact of Co-working Spaces on Team Collaboration and Trust. Oxford University Social Psychology Research Report.

Wilson-Mendenhall, C. D., Barrett, L. F., Simmons, W. K., & Barsalou, L. W. (2011). "Grounding Emotion in Situated Conceptualization." Neuropsychologia, 49(5), 1105~1127.

Wilson, E. et al. (2021). The Impact of Vocal Tone on Leadership Effectiveness. Leadership and Communication Journal.

Wilson, E., Smith, J., & Taylor, R. (2021). The Impact of Vocal Tone on Leadership Effectiveness. Leadership and Communication Journal, 15(2), 45~63.

Wilson, T. D. (2004). Strangers to Ourselves: Discovering the Adaptive Unconscious. Harvard University Press.

World Economic Forum. (2020). The Future of Jobs Report 2020. World Economic Forum.

World Health Organization. (2019). Global Status Report on Stress. WHO.

World Health Organization. (2021). Depression and Other Common Mental Disorders: Global Health Estimates. WHO.

Wright, F. L. (1939). Fallingwater: A Masterpiece of Organic Architecture. Architectural Digest.

Yamaguchi, M. (2018). The Miracle of 7 Times: Repetition and Memory Retention. Journal of Educational Psychology, 42(2), 189~205.

Zajonc, R. B. (1968). Attitudinal Effects of

Mere Exposure. Journal of Personality and Social Psychology, 9(2, Pt.2), 1~27.

Zeidner, M., Matthews, G., & Roberts, R. D. (2004). "Emotional Intelligence in the Workplace: A Critical Review." Applied Psychology, 53(3), 371~399.

Zell, K. (2014). The Evolutionary Role of Schadenfreude in Human Social Hierarchies. Journal of Social Psychology, 58(4), 321~340.

Zimbardo, P. (2007). The Lucifer Effect: Understanding How Good People Turn Evil. Random House.

Zimmerman, B. J. (1986). Becoming a Self-Regulated Learner: Which Are the Key Subprocesses?. Contemporary Educational Psychology, 11(4), 307~313.

Zimmerman, B. J. (1989). "A Social Cognitive View of Self-Regulated Academic Learning." Journal of Educational Psychology, 81(3), 329-339.

Zimmerman, B. J. (2000). "Attaining Self-Regulation: A Social Cognitive Perspective." In M. Boekaerts, P. R. Pintrich, & M. Zeidner (Eds.), Handbook of Self-Regulation (pp. 13~39). Academic Press.

Zimmerman, B. J. (2002). "Becoming a Self-Regulated Learner: An Overview." Theory into Practice, 41(2), 64~70.

Zimmerman, B. J. (2008). "Investigating Self-Regulation and Motivation: Historical Background, Methodological Developments, and Future Prospects." American Educational Research Journal, 45(1), 166~183.

Zimmerman, B. J., & Schunk, D. H. (2010). Self-regulated learning and academic achievement: Theoretical perspectives. Educational Psychology Review, 22(1), 1~4.

Zimmerman, B. J., & Schunk, D. H. (2011). Self-Regulated Learning and Academic Achievement: Theoretical Perspectives. Routledge.

메타필링 감성지능 측정 설문지

Meta-Feeling & Emotional Intelligence

이 설문지는 메타필링 능력을 측정하기 위해 고안된 평가 도구로, 예일 대학 감성지능 센터 설립자인 마크 브래킷의 RULER 모델을 기반으로 구성되었다. 최근 전세계적으로 활용되고 있는 다양한 감성지능[티] 평가 문항들을 비교 분석하여, 실제적인 감정 상태의 인식·이해·표현·명명·조절 능력 등을 정밀하게 측정할 수 있도록 최적화되어 설계되었다.

다음 문항들은 여러분의 감정에 대한 다양한 요인들의 수준을 알아보기 위한 것이다. 문항에 대한 정답은 없으며, 평소 자신의 생각과 가장 가깝다고 생각하는 정도를 솔직하게 응답하면 된다.

질문	전혀 그렇지 않다	그렇지 않다	보통 이다	그렇다	매우 그렇다
	0점	1점	2점	3점	4점
감정 인식 Recognizing Emotions **자신과 타인의 감정 알아차리기**					
1. 나는 내 기분이 변하는 것을 빨리 알아차린다.	☐	☐	☐	☐	☐
2. 나는 다른 사람의 표정이나 몸짓만 보고도 그들의 감정을 잘 파악하는 편이다.	☐	☐	☐	☐	☐
3. 나는 내 안의 미묘한 감정 변화를 잘 알아차린다.	☐	☐	☐	☐	☐
4. 나는 대화 중 분위기나 상대방의 감정 변화를 민감하게 감지한다.	☐	☐	☐	☐	☐
5. 나는 상대방이 실제 감정을 숨기려 할 때 이를 알아차리는 경우가 많다.	☐	☐	☐	☐	☐
6. 나는 주변 사람이 평소와 다른 분위기를 보일 때 그 이유를 감정적으로 추론하려 한다.	☐	☐	☐	☐	☐
7. 나는 온라인 대화에서도 상대방의 감정을 어느 정도 유추할 수 있다.	☐	☐	☐	☐	☐
8. 나는 여러 사람이 함께 있을 때 분위기 흐름이나 감정의 긴장도를 잘 감지한다.	☐	☐	☐	☐	☐
9. 나는 나에게 감정을 숨기려는 사람들의 미세한 단서(억지웃음, 시선 회피 등)를 잘 포착한다.	☐	☐	☐	☐	☐

합계 :   점

질문	전혀 그렇지 않다 0점	그렇지 않다 1점	보통 이다 2점	그렇다 3점	매우 그렇다 4점
감정 이해 Understanding Emotions 감정의 원인과 결과 이해하기					
10. 나는 내가 특정 감정을 느끼는 이유를 잘 이해한다.	☐	☐	☐	☐	☐
11. 나는 내 감정이 내 생각이나 행동에 어떤 영향을 미치는지 안다.	☐	☐	☐	☐	☐
12. 나는 특정 상황에서 다른 사람이 어떤 감정을 느낄지 예상할 수 있다.	☐	☐	☐	☐	☐
13. 나는 여러 감정이 복합적으로 섞여 있을 때 그 관계를 이해하려고 노력한다.	☐	☐	☐	☐	☐
14. 나는 감정이 시간이 지남에 따라 어떻게 변하는지 이해한다.	☐	☐	☐	☐	☐
15. 나는 특정 감정이 다른 감정으로 전이되는 과정을 인지할 수 있다.	☐	☐	☐	☐	☐
16. 나는 감정의 원인이 외부 자극인지, 내면의 상태인지 구분할 수 있다.	☐	☐	☐	☐	☐
17. 나는 반복적으로 느끼는 감정 패턴을 분석하여 그 의미를 이해하려 한다.	☐	☐	☐	☐	☐
18. 나는 타인의 감정 반응이 그들의 과거 경험에서 비롯되었을 수 있음을 고려한다.	☐	☐	☐	☐	☐
19. 나는 복잡한 사회적 상황에서 감정이 서로 어떻게 상호작용하는지 이해할 수 있다.	☐	☐	☐	☐	☐

합계 :   점

감정 명명 Labeling Emotions 감정에 정확한 이름 붙이기

20. 나는 내가 느끼는 감정을 정확한 단어로 표현할 수 있다.	☐	☐	☐	☐	☐
21. 나는 다양한 감정을 묘사할 수 있는 풍부한 어휘를 가지고 있다.	☐	☐	☐	☐	☐
22. 나는 비슷한 감정들(실망, 좌절 등) 사이의 미묘한 차이를 구분할 수 있다.	☐	☐	☐	☐	☐
23. 나는 다른 사람이 자신의 감정을 명확히 표현하도록 도울 수 있다.	☐	☐	☐	☐	☐
24. 나는 내 감정을 표현할 때 모호한 단어보다는 구체적인 단어를 사용하려고 노력한다.	☐	☐	☐	☐	☐
25. 나는 복합적인 감정을 경험할 때 각 감정을 분리하여 이름 붙일 수 있다.	☐	☐	☐	☐	☐
26. 나는 내 감정이 특정 상황에 따라 어떻게 명확히 달라지는지 설명할 수 있다.	☐	☐	☐	☐	☐
27. 나는 감정을 시각적/비유적 언어('속이 타들어간다' 등)로 표현하여 그 의미를 구체화할 수 있다.	☐	☐	☐	☐	☐

합계 :   점

질문	전혀 그렇지 않다 0점	그렇지 않다 1점	보통 이다 2점	그렇다 3점	매우 그렇다 4점
감정 표현 Expressing Emotions **감정을 적절하게 표현하기**					
28. 나는 상황과 상대방을 고려하여 내 감정을 적절하게 표현한다.	☐	☐	☐	☐	☐
29. 나는 내 감정을 솔직하게 표현하면서도 상대방과의 관계를 해치지 않으려 노력한다.	☐	☐	☐	☐	☐
30. 나는 어떤 상황에서는 감정 표현을 자제하는 것이 더 낫다는 것을 안다.	☐	☐	☐	☐	☐
31. 나는 내 감정을 말로 표현할 때 나의 비언어적 표현(표정, 몸짓)도 일치시키려고 한다.	☐	☐	☐	☐	☐
32. 나는 긍정적인 감정뿐만 아니라 부정적인 감정도 건설적인 방식으로 표현할 수 있다.	☐	☐	☐	☐	☐
33. 나는 감정 표현이 갈등을 예방하거나 해결하는 데 어떤 영향을 미치는지 인식하고 있다.	☐	☐	☐	☐	☐
34. 나는 감정을 표현할 때 타인의 감정 상태를 고려하여 표현 방식을 조절한다.	☐	☐	☐	☐	☐
35. 나는 감정을 문자, 그림, 음악 등 다양한 방식으로 표현할 수 있다.	☐	☐	☐	☐	☐
36. 나는 감정을 억제하거나 과장하지 않고 진솔하게 전달하는 것이 중요하다고 생각한다.	☐	☐	☐	☐	☐

합계 :   점

감정 조절 Regulating Emotions 감정을 효과적으로 다루거나 관리하기

37. 나는 스트레스를 받거나 화가 날 때 스스로를 진정시키는 방법을 알고 있다.

38. 나는 어려운 상황에서도 긍정적인 태도를 유지하려고 노력한다.

39. 나는 감정에 휩쓸려 충동적으로 행동하는 것을 조절할 수 있다.

40. 나는 불쾌한 감정을 다루기 위해 효과적인 전략들을 사용한다.

41. 나는 목표 달성을 위해 감정을 관리하고 활용할 줄 안다.

42. 나는 예상치 못한 상황에서도 침착함을 유지할 수 있다.

43. 나는 감정을 억누르지 않고 건강하게 표현하거나 해소할 방법을 찾는다.

44. 나는 감정이 내 신체 상태(심박수, 근육 긴장 등)에 어떤 영향을 주는지 알고 조절에 활용한다.

45. 나는 긴장되거나 불안할 때 자신만의 안정 기제를 사용할 수 있다.

46. 나는 감정적으로 격한 대화를 할 때 차분한 태도를 유지하려 노력한다.

47. 나는 감정이 나의 판단력에 영향을 미칠 때 이를 자각하고 중립적인 시각을 회복하려 한다.

48. 나는 감정의 상승과 하강 곡선을 인지하고 그 흐름을 따라가며 조절할 수 있다.

49. 나는 스트레스 상황에서도 효율적으로 집중력을 유지할 수 있다.

50. 나는 감정을 조절해 인간관계를 유지하거나 회복하는 데 기여할 수 있다.

합계 :   점

50문항 총합 :   점

메타필링 감성지능 결과 해석표

자신의 MFEI(메타필링 감성지수)를 다음 순서로 해석한다.

1. 앞에서 측정한 문항의 점수를 다음처럼 변환한다(100점 점수로 환산).

- 전체 MFEI 평가 　총합 (　　　　　) 점을 2로 나눈다: (　　　　　)점
- 감정 인식 　　　합계 (　　　　　) 점을 2로 나눈다: (　　　　　)점
- 감정 이해 　　　합계 (　　　　　) 점을 2로 나눈다: (　　　　　)점
- 감정 명명 　　　합계 (　　　　　) 점을 2로 나눈다: (　　　　　)점
- 감정 표현 　　　합계 (　　　　　) 점을 2로 나눈다: (　　　　　)점
- 감정 조절 　　　합계 (　　　　　) 점을 2로 나눈다: (　　　　　)점

2. 자신의 점수를 '대한민국 국민의 MFEI 분포 유형'에 따라서 어느 그룹에 속하는지 확인한다. 총합점수 그룹과 'RULER' 요인별 그룹을 각각 확인한다.

	평균	표준편차	A-3	A-2
MFEI 총합	**63.7**	**12.6**	**38.4 이하**	**38.5~51.4**
감정 인식	11.9	2.7	7.8 이하	7.9~9.1
감정 이해	13.1	2.8	8.8 이하	8.9~10.2
감정 명명	9.7	2.6	4.2 이하	4.3~6.9
감정 표현	11.9	2.4	8.2 이하	8.3~9.4
감정 조절	17.0	4.4	8.1 이하	8.2~12.5

● 이 데이터는 2025년 4월 고려대학교 감정지능전략센터와 'Market Link' 리서치사가 진행한 '대한민국 전국표본(N=500, 성별, 연령대 쿼터샘플)에 대한 서베이 분석'을 중심으로 분류되었다(신뢰도95%, SE=4.3).

● 여러분의 성별/연령대를 고려하여 다음 분석 결과를 참고해서 해석 가능하다. 전체 점수를 비교한 위 표의 값에 아래 점수를 확인해서 그 차이를 감안하여 판단하면 된다. 예를 들어 여성의 경우는 0.8점 정도 더 낮게, 남성의 경우는 0.4점을 높게 비교하고, 29세 이하의 경우는 1.9점을 더 높게, 30-40대는 1.4점을 낮게, 50세 이상은 0.8점을 높게 비교하면 된다.
• **성별 : 남(64.1) 〉 여(62.9), 연령대 : 29세이하(65.6), 30-49세(62.3), 50세이상(64.5)**

● 본 MFEI 측정은 전 세계적으로 많이 이용되는 마크 브래킷의 RULER 요인을 기준으로 설계되었고, 측정 요인별 가중치는 감정과 데이터분석 전문가 20여 명의 Pilot 설문을 통해 산출되었으며, 이러한 다섯 요인의 가중치를 감안해서 50문항의 총합 100점이 도출되었다. 가중치 제안 근거는 감정 인식, 명명, 표현은 기본이지만, 이해와 조절은 감정을 더 깊이 다루고 관리하는 고차원적 능력으로 간주했다. 이 가중치는 일반적인 기준이며, 연구 목적이나 조직의 특성 혹은 측정 방법에 따라서 달라질 수 있다. 본 MFEI의 구성 요인 가중치는 인식(Recognizing) 18%, 이해(Understanding) 20%, 명명(Labeling) 16%, 표현(Expressing) 18%, 관리와 조절(Regulating) 28%이다.

A-1	A (표준)	A+1	A+2	A+3
51.5~57.3	57.4~69.9	70~76.2	76.3~88.8	88.9 이상
9.2~10.5	10.6~13.2	13.3~14.5	14.6~17.2	17.3 이상
10.3~11.6	11.7~14.4	14.5~15.8	15.9~18.6	18.7 이상
7.0~8.3	8.4~10.9	11.0~12.2	12.3~14.8	14.9 이상
9.5~10.6	10.7~13.0	13.1~14.2	14.3~16.6	16.7 이상
12.6~14.7	14.8~19.1	19.2~21.3	21.4~25.7	25.8 이상

MFEI 지수 정규분포곡선과 7그룹 특징 비교

A-3	A-2	A-1	A (Average)	A+1	A+2	A+3
2.3%	13.6%	19.1%	38.3%	19.1%	13.6%	2.3%
EI 최하위	EI 열등	EI 성장 가능	EI 표준	EI 안정 활용	EI 우수	EI 탁월

| | 38.5 | 51.5 | 57.4 | 63.7 | 70 | 76.3 | 88.9 |

A+3 EI 탁월	• 상위 2.3% 이상 그룹 (Z스코어 ﹥ +2.0) 감성지능의 모든 영역에서 매우 높은 수준의 역량을 보여주는 매우 드문 사례다. 뛰어난 자기 성찰 능력과 감정 조절 능력, 깊은 공감 능력과 탁월한 사회적 기술을 바탕으로 주변에 긍정적인 영향을 미치며 리더십을 발휘할 잠재력이 매우 높은 그룹이다.
A+2 EI 우수	• 상위 16% 이상 그룹 (+1.0 ﹤ Z ﹤ +2.0) 평균보다 확연히 높은 감성지능을 보유하면서 자기 인식, 자기 관리, 사회적 인식, 관계 관리 능력이 뛰어나며, 복잡한 감정 상황에서도 효과적으로 대처하고 긍정적인 관계를 형성하는 데 능숙한 그룹이다.
A+1 EI 안정 활용	• 상위 35% 이상 그룹 (+0.5 ﹤ Z ﹤ +1.0) 평균보다 다소 높은 감성지능 수준을 보이며, 자신의 감정을 잘 이해하고 긍정적으로 활용하는 경향이 있다. 대인관계에서도 비교적 안정적이고 효과적인 상호작용을 하는 그룹이다.
A EI 표준	• 평균 중심의 표준 그룹 (-0.5 ﹤ Z ﹤ +0.5) 정규분포상 가장 많은 사람이 속하는 그룹으로 평균적인 감성지능 수준을 보인다. 일상적인 상황에서 자신의 감정을 이해하고 관리하며, 타인과의 관계를 비교적 원만하게 유지하는 역량을 가진 그룹이다.
A-1 EI 성장 가능	• 하위 35% 이내 그룹 (-1.0 ﹤ Z ﹤ -0.5) 평균보다는 다소 낮지만, 기본적인 감성지능 역량을 갖추기 시작하며 성장가능성을 보이는 단계다. 특정 상황에서는 감정 조절이나 공감에 어려움을 느낄 수 있으나, 점차 발전해 나가는 그룹이다.
A-2 EI 열등	• 하위 약 16% 이내 그룹 (-2.0 ﹤ Z ﹤ 1.0) 평균보다 상대적으로 낮은 감성지능 수준을 보이며, 감정 인식 및 조절, 대인관계 기술 등에서 개선의 여지가 많다. 감성지능 개발의 필요성을 느끼고 노력을 시작해야 하는 그룹이다.
A-3 EI 최하위	• 하위 2.3% 이내 그룹 (Z스코어 ﹤ -2.0) 감정지능의 개념이나 중요성에 대한 인식이 상대적으로 낮거나 자신의 감정 및 타인의 감정을 이해하는 데 어려움을 겪는 단계로 감성지능 개발 최초 시작점에 있는 그룹이다.

성공과 행복을 결정짓는 감정의 기술
메타필링

제1판 1쇄 인쇄 I 2025년 5월 8일
제1판 1쇄 발행 I 2025년 5월 15일

지은이 I 송오현·김성태
펴낸이 I 하영춘
펴낸곳 I 한국경제신문 한경BP
출판본부장 I 이선정
편집주간 I 김동욱
책임편집 I 마현숙
외부기획 I 이진아콘텐츠컬렉션
외부디자인 I 이윤임
저작권 I 박정현
홍　보 I 서은실·이여진
마케팅 I 김규형·박도현
디자인 I 이승욱·권석중

주　소 I 서울특별시 중구 청파로 463
기획출판팀 I 02-3604-556, 584
영업마케팅팀 I 02-3604-595, 562　FAX I 02-3604-599
H I http://bp.hankyung.com　E I bp@hankyung.com
F I www.facebook.com/hankyungbp
등　록 I 제 2-315(1967. 5. 15)

ISBN 978-89-475-0157-6　03190